冰球竞赛
国家技术官员教学手册

张立恒　刘佳奇　主编

北京体育大学出版社

策划编辑：李志诚
责任编辑：李志诚　仝杨杨
责任校对：原子茜
版式设计：华泰联合

图书在版编目（CIP）数据

冰球竞赛国家技术官员教学手册 / 张立恒, 刘佳奇主编. -- 北京 : 北京体育大学出版社, 2021.12
ISBN 978-7-5644-3519-6

Ⅰ. ①冰… Ⅱ. ①张… ②刘… Ⅲ. ①冰球运动—体育教学—手册 Ⅳ. ①G862.32-62

中国版本图书馆CIP数据核字(2021)第269666号

冰球竞赛国家技术官员教学手册
BINGQIU JINGSAI GUOJIA JISHU GUANYUAN JIAOXUE SHOUCE
张立恒　刘佳奇　主编

出版发行：北京体育大学出版社
地　　址：北京市海淀区农大南路1号院2号楼2层办公B-212
邮　　编：100084
发 行 部：010-62989320
邮 购 部：北京体育大学出版社读者服务部　010-62989432

印　　刷：北京昌联印刷有限公司
开　　本：787 mm × 1092 mm　1/16
成品尺寸：185 mm × 260 mm
印　　张：18
字　　数：451千字
版　　次：2021 年 12 月第 1 版
印　　次：2021 年 12 月第 1 次印刷
定　　价：79.00 元

编委会

目录

2022 年国际冰联公共宣告员范文

2021—2022 赛季国际冰联运动条例

国际冰联场外裁判手册

2022 年国际冰联锦标赛条例

Hydra Orion 用户手册

Hydra Gemini 使用手册

Hydra 上场时间操作手册

国际冰联视频监门系统指南

国际冰联成绩经理手册

2022 年国际冰联公共宣告员范文

2022 IIHF ANNOUNCER SCRIPTS

2022 年国际冰联世界冰球顶级锦标赛公共宣告员范文

对于男子世界锦标赛（简称“世锦赛”）、男子世锦赛 20 岁及以下组、男子世锦赛 18 岁及以下组、女子世锦赛、女子世锦赛 18 岁及以下组有效。

公共宣告员的职责和规则

宣告员的职责是依照当前国际冰联规则将信息宣告出去。宣告员在记录员的监督下工作。在比赛开始之前，宣告员应当：

—— 从记录员处获得《队伍组成表》或者《官方比赛记录表》的复印件。

—— 研究运动员、队伍官员、裁判员和边线裁判员的姓名，并掌握他们姓名的正确读音。

—— 与记录员一起讨论比赛。

—— 与安保负责人会面，讨论紧急情况下的宣告。

—— 至少在比赛开始前 50 分钟到达官方记录席，为开始宣告做准备。

—— 检查官方记录席的话筒是否能正常使用。

—— 复核在赛前、赛中、赛后必须播报的所有内容。

—— 首先用英语宣告，然后用承办国官方语言宣告。如果承办国的队伍参加比赛，可以先用承办国官方语言宣告。

公共宣告员范文必须严格按照赛前倒计时程序！

1 比赛之前的宣告

时间	宣告 / 活动环节
–60:00	在比赛计时钟上开始进行 20 分钟倒计时。
–42:00	介绍场上进行热身的队伍______号，______（姓名），按号码升序排列。
–40:00	在比赛计时钟上开始进行 20 分钟赛前热身倒计时。 鸣汽笛，通知队伍赛前热身开始。 **女士们，先生们！晚上好 / 下午好。欢迎观看 2022 年国际冰联______（赛事名称），______队（主队）与______队（客队）之间的比赛。**
–20:00	在比赛计时钟上开始进行 20 分钟赛前倒计时。 鸣汽笛，通知队伍赛前热身结束。
–10:00	**女士们，先生们！晚上好 / 下午好。欢迎观看____年国际冰联_______（赛事名称），______队（主队）与______队（客队）之间的比赛。** **______队（客队）身着______色赛服，全队阵容是：** 守门员：　______号，______（姓名），按号码升序排列。 一组：　______号，______（姓名），按号码升序排列。 二组：　______号，______（姓名），按号码升序排列。 三组：　______号，______（姓名），按号码升序排列。 四组：　______号，______（姓名），按号码升序排列。 教练员：　主教练：______（姓名）。 　助理教练：______（姓名）。 **______队（主队）身着______色赛服，全队阵容是：** 守门员：　______号，______（姓名），按号码升序排列。 一组：　______号，______（姓名），按号码升序排列。 二组：　______号，______（姓名），按号码升序排列。 三组：　______号，______（姓名），按号码升序排列。 四组：　______号，______（姓名），按号码升序排列。 教练员：　主教练：______（姓名）。 　助理教练：______（姓名）。
–02:45	**本场比赛的裁判员均由国际冰球联合会认证和指派。** **本场比赛的裁判员是：______（姓名 1）和______（姓名 2）。** **边线裁判员是：______（姓名 1）和______（姓名 2）。** （注：由于所有场内裁判均为国际冰球联合会的裁判，因此比赛裁判的国籍将不会被宣告。）

-01:45　（客队）首发阵容的六名队员是：

守门员：　______号，______（姓名）。
后卫：　______号，______（姓名），按号码升序排列。
　______号，______（姓名），按号码升序排列。
前锋：　______号，______（姓名），按号码升序排列。
　______号，______（姓名），按号码升序排列。
　______号，______（姓名），按号码升序排列。

（主队）首发阵容的六名队员是：

守门员：　______号，______（姓名）。
后卫：　______号，______（姓名），按号码升序排列。
　______号，______（姓名），按号码升序排列。
前锋：　______号，______（姓名），按号码升序排列。
　______号，______（姓名），按号码升序排列。
　______号，______（姓名），按号码升序排列。

2 比赛期间的宣告

2.1 进球的相关宣告

2.1.1 进球得分——由宣告员宣告

______队得分。
______号______（姓名）射中，
______号______（姓名）和
______号______（姓名）协助。
时间：______。

2.1.2 得分更正—— 由宣告员宣告

得分更正：______队的第______（1，2，3，4……）个得分
由______号______（姓名）射中，
______号______（姓名）和
______号______（姓名）协助。

2.1.3 没有得分的原因——由宣告员宣告

——球没有完全越过球门线。
——球门移位后，球才进入球门。
——在本局比赛时间结束之后，球才进入球门。
——球被进攻球员用身体的一部分有意导入 / 击入 / 抛入球门。
——球触碰场内裁判后直接进入球门。
——球被高于球门横梁的球杆高杆击入 / 导入球门。
——球以不正当方式进入球门。
——球未在连贯动作中进入球门。
——守门员被干扰。

2.1.4 视频回看——由裁判员和宣告员宣告

宣告员在裁判员回看视频之前宣告：“**比赛正在进行回看。**”

裁判员或宣告员（取决于是否使用裁判员播报系统）：

a）**维持场内裁判判定。**
在原判是进球有效的情况下：“经过视频回看，维持原判，进球有效。”

b）**维持场内裁判判定。**
在原判是没有得分的情况下：“经过视频回看，维持原判，没有得分。”

c）场内裁判的判定被推翻。
在原判是没有得分的情况下：“经过视频回看，推翻原判，进球有效。”

d）场内裁判的判定被推翻。
在原判是进球有效的情况下：“经过视频回看，推翻原判，没有得分。”

备注：
选项a和c后，由宣告员继续宣告“进球得分”内容（第6页/2.1.1）。
选项b和d后，由宣告员继续宣告“没有得分的原因”（第6页/2.1.3）。

2.1.5 教练员挑战的视频回看——由宣告员宣告

宣告员：______**队发起教练员挑战。**

比赛正在进行回看。

回看/教练员挑战的结果：______________。

裁判员或宣告员（取决于是否使用裁判员播报系统）：

教练员挑战潜在的越位：

a）维持场内裁判判定。
在回看结果是进球有效的情况下：“经过视频回看，维持原判，进球有效。”继续宣告：“挑战的队伍受队小罚”或“挑战队伍受双重队小罚”。

b）场内裁判的判定被推翻。
在回看结果是没有得分的情况下：“经过视频回看，推翻原判，判定比赛中发生越位，没有得分。”继续宣告：“时间将重置到××分:××秒。”（例如04:20）

备注：选项a后，由宣告员继续宣告“进球得分”内容（第6页/2.1.1）。

教练员挑战攻区中遗漏的比赛停止事件所导致的进球：

a）维持场内裁判判定。
进球有效的情况下：“经过视频回看，维持原判，进球有效。”继续宣告：“挑战队伍受队小罚”或“挑战队伍受双重队小罚”。

b）场内裁判判定被推翻。
没有得分的情况下：“经过视频回看，推翻原判，比赛应当在进球之前停止——没有得分。”继续宣告“时间将重置到××分:××秒。”（例如04:20）

备注：选项a后，由宣告员继续宣告“进球得分”内容（第6页/2.1.1）。

教练员挑战潜在的干扰守门员：

a）维持场内裁判判定（进球有效）。

在原判是进球有效的情况下："经过视频回看，维持原判——进球有效。"继续宣告"挑战队伍受队小罚"或"挑战队伍受双重队小罚"。

b）维持场内裁判判定（进球无效）。

在原判是进球无效的情况下："经过视频回看，维持原判——没有得分。"继续宣告"挑战队伍受队小罚"或"挑战队伍受双重队小罚"。

c）场内裁判判定被推翻（进球有效）。

在原判是进球无效的情况下："经过视频回看，推翻原判——进球有效。"

d）场内裁判判定被推翻（进球无效）。

在原判是进球有效的情况下："经过视频回看，推翻原判——存在对守门员的干扰——没有得分。"

备注：选项 a 和 c 后，由宣告员继续宣告"进球得分"内容（第 6 页 /2.1.1）。

2.1.6　判罚的视频回看——由宣告员宣告

宣告员：**"比赛正在进行回看，以确认场内的判罚。"**

裁判员：**"经过视频回看，______队______号______（姓名）______犯规（判罚原因），受_____（小罚 / 双重小罚 / 大罚 / 大罚加严重违例 / 停赛）处罚。"**

或

裁判员：**"经过视频回看，没有判罚。"**

2.2　判罚的相关宣告

2.2.1　小罚 —— 由裁判员和宣告员宣告

______队 ______号______（姓名）______（判罚原因）犯规，受 2 分钟处罚，时间：______。

2.2.2　守门员的小罚 ——由裁判员和宣告员宣告

______ 队______号______（姓名）______（判罚原因）犯规，受 2 分钟处罚。
时间：______。
判罚由______号______（姓名）执行。

2.2.3　同等时间判罚 ——由裁判员和宣告员宣告

______队(客队)______号 ______(姓名)______(判罚原因)犯规，受 2 分钟处罚。

______队(主队)______号 ______(姓名)______(判罚原因)犯规，受 2 分钟处罚。

时间：______。

2.2.4　延误比赛的队小罚——由裁判员和宣告员宣告

______队延误比赛犯规受队小罚。

时间：______。

判罚由______号______（姓名）执行。

2.2.5　场上多人的队小罚—— 由裁判员和宣告员宣告

______队场上多人犯规受队小罚。

时间：______。

判罚由______号 ______（姓名）执行。

2.2.6　双重小罚—— 由裁判员和宣告员宣告

______队______号______（姓名）______（判罚原因）犯规，受双重小罚。

时间：______。

2.2.7　大罚和严重违例 ——由裁判员和宣告员宣告

______队______号______（姓名）______（判罚原因）犯规，受 5 分钟大罚加自动严重违例。

时间______。

判罚由______号 ______（姓名） 执行。

2.2.8　大罚 ——由裁判员和宣告员宣告

______队______号______（姓名）______（判罚原因）犯规，受 5 分钟大罚加自动严重违例。

时间______。

2.2.9　任意球 —— 由宣告员宣告

______队由于对方______（判罚原因）犯规获得任意球。

时间______。

任意球由______号 ______（姓名）执行。

2.2.10 判罚相关的进一步宣告—— 由宣告员宣告

情况		宣告
之前	之后	
A–B	A–B	
5–5	5–4	判罚宣告
5–5	4–4	判罚宣告 + **两队人数相等**
5–4	5–5	**两队人数满额**
5–4	5–3	判罚宣告
5–4	4–4	判罚宣告 + **两队人数相等**
5–3	5–4	没有宣告
5–3	4–3	判罚宣告 **______（B）队人数缺少**
4–4	5–4	**______（A）队人数满额**
4–4	5–5	**两队人数满额**
4–4	4–3	判罚宣告
4–3	4–4	**两队人数相等**
4–3	5–3	**______（A）队人数满额**
4–3	3–3	判罚宣告 + **两队人数相等**
3–3	4–3	没有宣告
3–3	5–3	**______（A）队人数满额**

2.3 其他规定的宣告

2.3.1 比赛剩余分钟数 ——由宣告员宣告

在第 1 局 19:00 分钟时：**第 1 局比赛还有 1 分钟**。
在第 2 局 19:00 分钟时：**第 2 局比赛还有 1 分钟**。
在第 3 局 18:00 分钟时：**第 3 局比赛还有 2 分钟**。

2.3.2 守门员的替换——由宣告员宣告

______队替换守门员。

______号______（姓名）下，

______号______（姓名）上。

时间：______。

2.3.3 守门员的错误替换—— 由宣告员宣告

守门员的错误替换导致比赛停止。

2.3.4 暂停——由宣告员宣告

______队请求暂停。

暂停结束。

2.3.5 观众人数—— 由宣告员宣告

在第 3 局中段：

今天 / 今晚的观众人数是______，非常感谢您前来观赛。

或**今天 / 今晚比赛的门票**已售完，非常感谢您前来观赛。

2.3.6 其他场馆的比分 ——由宣告员宣告

在每局比赛倒计时进行到大约第 14 分钟和第 7 分钟的比赛停止时以及每局比赛结束后播报：

在______（另一个男子世锦赛城市）进行的______（主队）和 ______（客队）的比赛的比分是______比______。

2.4 加时赛 —— 由宣告员宣告

循环赛、预赛轮次的比赛：

由于比赛常规时间之后的比分相等，休息 3 分钟后，将进行 5 分钟“突然死亡法”加时赛，加时赛每队的队员人数为 1 名守门员和 3 名球员。

晋级赛、升降级赛、排位赛、铜牌争夺赛：

由于比赛常规时间之后的比分相等，休息 3 分钟后，将进行 10 分钟“突然死亡法”加时赛，加时赛每队人数为 1 名守门员和 3 名球员。

金牌争夺赛：

由于比赛常规时间之后的比分相等，休息 15 分钟后，将进行 20 分钟“突然死亡法”加时赛，加时赛每队人数为 1 名守门员和 3 名球员。比赛将持续进行，直到制胜

球决定金牌的归属，而不采用射门比赛。

如果在加时赛后仍未决出金牌归属：

女士们，先生们！由于第（1、2、3）轮加时赛之后比分仍然相等，休息 15 分钟后，将再进行一轮 20 分钟“突然死亡法”加时赛。

2.4.1　射门比赛——由宣告员宣告

由于加时赛之后的比分相等，接下来将进行射门比赛，每队将选派 5 名球员。

交替：

A 队第 1 个任意球由______号______（姓名）执行。

B 队第 1 个任意球由______号______（姓名）执行。

A 队第 2 个任意球由______号______（姓名）执行。

B 队第 2 个任意球由______号______（姓名）执行。

依此类推。

2.5　每局比赛结束后的宣告

2.5.1　每局比赛之后的比分—— 由宣告员宣告

第 1 局比赛之后的比分是：______队（主队）______（得分），______队（客队）______（得分）。

第 2 局比赛之后的比分是：______队（主队）______（得分），______队（客队）______（得分）。

2.5.2　有效射门 —— 由宣告员宣告

第______（1 或者 2）局比赛有效射门：

（客队）______。

（主队）______。

2.6　小组赛比赛结束的宣告

2.6.1　最终比分——由宣告员宣告

最终比分：______队（主队）______（得分），______队（客队）______（得分）。

2.6.2　有效射门 —— 由宣告员宣告

第 3 局比赛有效射门：

（客队）______。

（主队）______。

全场比赛有效射门：

（客队）______。

（主队）______。

2.6.3　最佳运动员颁奖——由宣告员宣告

两队都在各自的蓝线站好之后：

女士们，先生们！____年国际冰联世界冰球锦标赛______（比赛名称）赞助商______（赞助商名称）将为两队最佳运动员颁奖，奖品是______（奖品）。

______（公司）______（职务）______（姓名）将为最佳运动员颁奖。

第一位，______（头衔）______（姓名）。

第二位，______（头衔）______（姓名）。

______队（负队）最佳运动员是______号______（姓名）。

______队（胜队）最佳运动员是______号______（姓名）。

2.6.4　国歌 ——由宣告员宣告

在两名最佳运动员颁奖之后：

女士们，先生们！请全体起立，奏______（胜队）国歌。

2.6.5　下一场比赛 —— 由宣告员宣告

在两队握手程序结束之后：

2022 年国际冰联______（赛事名称），______队（主队）对阵______队（客队）的比赛将于今天 / 明天____时____分（时间）在______（冰场名称）继续进行。

2.7　计时钟发生故障

在比赛中，如果计时钟发生故障，宣告员必须：

—— 按照记录员的要求，立即由公共广播系统通报给观众和球队。

—— 宣告比赛的时间和所有受罚队员的受罚时间。

—— 当计时钟恢复正常工作时，要通报观众和球队。

—— 每次比赛停止时，应通报观众和球队相关时间信息。

2.7.1 改用手动计时 ——由宣告员宣告

女士们，先生们！比赛时间现在用秒表进行手动计时。

2.7.2 有关比赛时间的信息——由宣告员宣告

第______局进行了______分______秒，或者

比赛 / 局还剩______秒。

2.7.3 有关剩余受罚时间的信息 ——由宣告员宣告

剩余的受罚时间是：

______队______号______（姓名）还剩______分______秒，

______队______号______（姓名）还剩______分______秒，

等等。

2.7.4 换回使用比赛官方计时钟——由宣告员宣告

女士们，先生们！现在比赛计时钟上的时间是准确的。

3 宣告员的基本要求

——英文必须宣告为 IIHF，不能宣告为 double IHF。

——英文宣告日期应为**日 / 月 / 年**，例如：21st of May 2thousand20。

——英文宣告得分 / 判罚时间，例如：nineteen fifty-eight 而不是 19 min 58 seconds。

——英文宣告分数为 0 时应被宣告为 ZERO。

——英文宣告比赛一词应用 game，而不是 match。

——请仔细阅读附录 1 ——裁判员和边线裁判员手势，以便理解。

4 冰面问题比赛停止

4.1 第 1 次宣告——由宣告员宣告

女士们，先生们！在比赛重新开始前，冰面不得不（再次）进行准备。现在的冰面不能达到国际冰球赛事标准，因此比赛只能暂停（如果比赛还未开始，则宣告“延迟”）。

我们将优先考虑队员和裁判员的安全。一旦制冰工作人员离开冰面后，比赛将立刻继续（开始）。我们请求您的理解。

4.2 第 2 次宣告——由宣告员宣告

女士们，先生们！由于________（原因），目前比赛暂停。
大约____分钟后，裁判员将对冰面进行评估，以决定比赛是否可以继续。谢谢！

4.3 比赛继续进行的情况——由宣告员宣告

女士们，先生们！ 告知大家一个好消息！
裁判员对冰面进行了评估，问题已经解决。比赛将于____分钟后恢复，非常感谢您的理解。

4.4 比赛不能继续进行的情况——由宣告员宣告

女士们，先生们！
由于短时间内无法解决冰面问题，比赛将不得不推迟。我们将优先考虑队员和裁判员的安全。一经确认后我们将尽快告知您后续安排，非常感谢您的理解！

5　紧急情况的宣告

本安全通知规程涵盖不同级别的国际冰联锦标赛。安全通知应在与场馆安全负责人和国际冰联现场负责人的协商下宣告。在锦标赛开赛前以及每场比赛前，相关负责人都应对此进行沟通。

5.1　飞出的冰球信息——由宣告员宣告

女士们，先生们！尽管场馆具备严格的安全措施，但请注意飞入观众席的冰球和其他物体，谨防受到严重伤害。请随时保持警惕，即使是在热身期间和比赛停止后。

5.2　赛事开始前的安全通知——由宣告员宣告

女士们，先生们！以下是一则安全通知。由于出现赛事组织方面的小问题，______队（主队）和______队（客队）的比赛推迟几分钟开始。赛事组织者将尽快解决这个问题。非常感谢您的理解。

5.3　赛事进行中的安全通知——场馆疏散——由宣告员宣告

女士们，先生们！以下是一则安全通知。由于出现技术方面的小问题，比赛将不得不短暂中断，请勿担忧。请听从场馆安保的指挥，有序地离开场馆。赛事组织者将努力使比赛尽快恢复。非常感谢您的理解。

5.4　确认发生的紧急事件——场馆快速疏散——由宣告员宣告

女士们，先生们！以下是一则安全通知。由于出现技术方面问题，请您通过标识的紧急出口迅速有序地离开场馆，到指定的地点集合。请遵照安保部门和执法部门的进一步指示。非常感谢您的理解。

5.5　赛事进行中的通用宣告——由宣告员宣告

女士们，先生们！以下是一则安全通知。由于出现紧急情况，比赛必须短暂中断。请您保持镇定，坐在原位，我们将尽快告知您后续安排。非常感谢您的理解。

5.6　电力中断——由宣告员宣告

女士们，先生们！我们将有一段时间的电力中断，请勿担忧。赛事组织者正在尽力修复电力故障，我们将尽快告知您后续安排。非常感谢您的理解。

附录1——裁判员和边线裁判员手势

规则 24：任意球

规则 41：向界墙猛烈冲撞

规则 42：加速冲撞

规则 43：背后冲撞

规则 44：扑倒绊人

规则 45：肘顶人

规则 48：非法冲撞头部或颈部

规则 49：踢人

规则 50：膝顶人

规则 51：粗暴 / 打架

规则 54：抱人

规则 56：干扰

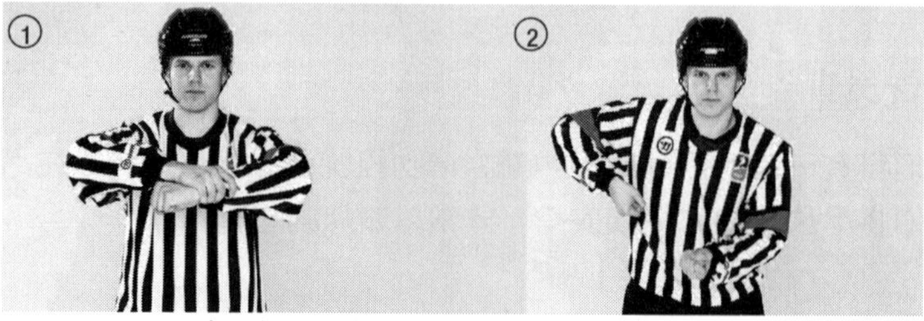
规则 54：握对方球杆（两段手势）

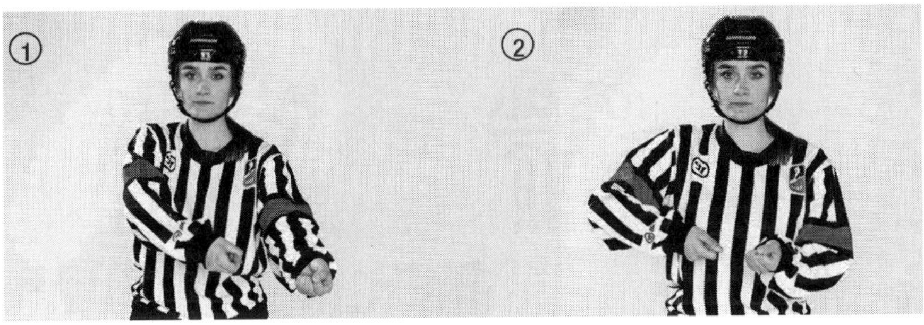

规则 55：勾人（两段手势）

规则 57：绊人

规则 58：杆柄杵人

规则 59：横杆推阻

规则 60：高杆

规则 61：用杆击打

规则 64：假摔 / 假装

规则 74：场上多人

规则 75：违反体育道德

规则 78：球进入球门

规则 87：暂停

规则 101.1：女子冰球 —非法撞人

规则 79：手传球

规则 81：死球手势

规则 81：判定死球

规则 76：争球违例警告

规则 80：高杆击球

规则 87：暂停

规则 62：杆刃刺人（两段手势）

不同规则：边线裁判员好球手势；表示不是越位、不是死球等

规则 83：越位缓判

规则 83：判定越位

不同规则：裁判员好球手势；没有进球；不是手传球；不是高杆击球等

规则 63：延误比赛
规则 53：投扔装备
规则 47：头部冲撞
规则 52：踢脚绊人
无手势

附录 2——赛前倒计时程序

以下为所有赛事的赛前倒计时程序。

国际冰球联合会赛事：男子世锦赛，男子世锦赛甲级 A 组和 B 组，男子世锦赛 20 岁及以下组别，男子世锦赛 18 岁及以下组别，女子世锦赛，女子世锦赛 18 岁及以下组别。场馆的比赛计时钟是所有环节中的关键计时设备。比赛计时钟必须与承办方电视直播保持同步。所有相关方都要遵守这些程序和时间，以确保赛前程序、比赛本身和赛后活动的有序进行。

如果两队和 / 或场内裁判更衣室之间的距离需要提前或推迟出发，以适应时间的要求，队伍和场内裁判进入冰面的时间必须由当地组委会调整，以满足下面描述的进入冰面的时间。

下列所有时间均表示“正式比赛开始前的分钟数”。例如，–60:00 是指“比赛开始前的 60 分钟”。

时间	活动	巨型屏幕 / 电视直播（如有）	音乐 / 宣告员
–90:00	官方记录员将空白的队伍阵容表（C48A）交给参赛球队		场馆内播放音乐（可选）
–60:00	两队将填写完整并由主教练签字的队伍阵容表（C48A）交给官方记录员	比赛计时钟开始赛前准备活动 20 分钟倒计时	
–60:00	场内裁判准备活动		
–45:00	场内裁判结束准备活动		
–43:00	灯光全部点亮（如果之前有调光）		
–42:00	介绍准备活动的队伍		宣告员介绍队伍阵容
–40:00	两队上冰进行赛前准备活动，宣告员欢迎观众	比赛计时钟开始赛前准备活动 20 分钟倒计时	准备活动音乐(可选)，宣告员欢迎观众
–40:00	记录员将比赛首发队伍阵容表（C48B）交给两队，媒体中心获取队伍阵容表的复印件（C54B）		
–21:00	提示两队还有 1 分钟	实时源	
–20:00	两队离开冰面然后重新浇冰	比赛计时钟开始赛前 20 分钟倒计时	
–20:00	两队将包含首发阵容、队长及代理队长的比赛首发队伍阵容表（C48B）交给官方记录员		

续表

时间	活动	巨型屏幕 / 电视直播（如有）	音乐 / 宣告员
–10:00	球队、场内裁判和兴奋剂检查中心均收到一份官方记录表的复印件		
–05:00	巨型屏幕动画结束	电视转播静音（如有转播，此时不得播放广告或声音）	
–05:00	灯光全亮	国际电视信号开始（开场动画）	
–03:45	提示两队还有 1 分钟的时间到达冰面。场内裁判离开更衣室，走向冰面		
–02:45	场内裁判进入冰面，两队离开更衣室		宣告员介绍赛事场内裁判
–02:30	主队进入冰面并在他们一侧的冰面滑行		播放国际冰联“队伍上冰”音乐
–02:15	客队进入冰面并在他们一侧的冰面滑行		
–02:00	裁判员吹哨，两队在各自蓝线上列队，向观众致敬		
–01:45	两队队长在裁判员区与裁判员和边线裁判员致意		宣告员介绍两队的首发阵容
–00:45	完成赛前礼节后，两队除各自首发的 6 位队员之外，其余队员进入队员席		
–00:15	裁判员召唤两队到冰场中央准备开球		
–00:00	开球		

2021—2022 赛季国际冰联运动条例

2021—2022 IIHF SPORT REGULATIONS

前 言

国际冰球联合会（简称“国际冰联”）制定该运动条例，面向国际冰联全体成员国家协会发布，目的是指示并引导参赛国和承办方管理、组织及运营国际冰联批准的锦标赛赛事。读者可从中获知国际冰联文件中提供解释的相关事项列表。

2021 年，国际冰联对《国际冰联运动条例》的内容进行了更新。2021 年《国际冰联运动条例》代替了之前此条例的所有版本。

因此，我们向国际冰联全部成员国家协会呈现目前所用版本，在国际冰联授权下，为安排和参与各项批准的赛事提供指引。我们相信，此文件中的说明能为国际冰联成员国、成员国的球队和队员，在国际冰联赛事中进行公平、具有体育精神的竞争提供必要的细节指导和帮助。

关于适用于国际冰联锦标赛技术组织方面的各项规定，如国际队员转会、竞赛、纪律及比赛规则，请参照国际冰联相关规则和条例文件。如对所附内容或未提及的主题有任何疑问，请直接联系国际冰联办公室。

球队分组条例

如果在上届锦标赛中，各参赛球队的全部位置已经确定，排名序号将作为下次锦标赛球队的排位顺序。其中，降级的球队将获得较低组别中的第一排名；同时，较低组别中获胜升级的球队，将获得较高组别中的末位排名。

如果锦标赛某级别分为 2 组或 2 组以上比赛，全部球队都未曾与其他球队比赛，并且最终排名都没有确定，那么缺失的排位序号将按顺序遵循以下原则进行分配：

1. 本组中排名较高。
2. 积分较高。
3. 净胜球较多。
4. 进球数较多。
5. 进入锦标赛中排位较高。

如果各组中球队数量不同或者有其他特殊情况，国际冰联竞赛委员会将为国际冰联理事会准备适当的解决方案。

经过多数参赛国家协会同意，国际冰联理事会可以选择修改排位顺序，以适应组织方的特殊要求或出于地理因素的考虑。

如果锦标赛某级别由 2 组组成，比赛在 2 个国家进行，这 2 个国家的球队排位在同一组，国际冰联将有责任把承办国之一和另一组里的球队调换，以确保对比赛的影响最小。

国际冰联锦标赛赛事各级别分组实例

以下实例演示了使用常规方式和抽签方式进行分组，以设置比赛日程。

1. 按常规方式分为 2 组

A 组	B 组
1	2
4	3
5	6
8	7

2. 按常规方式分为 3 组

A 组	B 组	C 组
1	2	3
6	5	4
7	8	9
12	11	10

3. 按常规方式分为 4 组

A 组	B 组	C 组	D 组
1	2	3	4
8	7	6	5
9	10	11	12
16	15	14	13

4. 按常规方式垂直分为 2 组

A 组	B 组
1	5
2	6
3	7
4	8

以上每个实例中，可以按照分组原则在每组中增加额外参赛球队。

5. 按抽签方式分组

分为 2 组：（1 – 2），（3 – 4），（5 – 6），（7 – 8），（9 – 10），（11 – 12）。如需要，继续增加。

分为 3 组：（1 – 2 – 3），（4 – 5 – 6），（7 – 8 – 9），（10 – 11 – 12）。如需要，继续增加。

分为 4 组：（1 – 2 – 3 – 4），（5 – 6 – 7 – 8），（9 – 10 – 11 – 12），（13 – 14 – 15 – 16）。

基于各自在世界排名系统中的名次，参加世界锦标赛的球队可通过抽签进行分配。组织者有权分配最多 2 支球队到不同的组里。

国际冰联世界排名体系

国际冰联世界排名体系用于维护冰球项目的利益。排名体现了所有国际冰联成员国家协会参加国际冰联世锦赛和冬奥会（包括冬奥会资格赛）的成年男子和成年女子国家队的表现。

该年度排名同时用于竞赛和营销目的。

国际冰联世界排名体系基于过去 4 年中成年男子队和成年女子队在国际冰联世锦赛和冬奥会（包括冬奥会资格赛）里的最终名次。

积分制度

排名体系基于球队过去 4 年在国际冰联世锦赛中的积分和过去 1 届冬奥会中的积分。

每一类别的金牌得主获得 1200 积分。第 1 名和第 2 名之间、第 2 名和第 3 名之间、第 4 名和第 5 名之间、第 8 名和第 9 名之间各相差 40 积分。其目的是对进入四分之一决赛、半决赛、决赛和获得金牌的球队奖励额外积分。其他最终排名之间相差 20 积分。

全部球队依据《国际冰联运动条例》进行排名，因此不会出现相同排名。为清晰起见，在冬奥会资格赛进行排名时，当每个阶段有 2 个或 3 个小组时，各国的排名将按照以下方法进行。

1. 在小组里处于较高的位置。
2. 较高积分。
3. 较多净胜球。
4. 较多进球数。
5. 以较高的排名进入资格赛。

该体系下，每一类别中最终排名都将获得相应积分。整个积分制度具有很高的灵活性，适用于锦标赛形式下任何可能的变化情况。此外，该体系可以扩展已包含新获得参加国际冰联锦标赛资格的成员国家协会。

为了确保排名能够准确反映一个国家目前的竞技水平，最近一年的比赛结果被给予最高比例。之前年份的比赛结果按递减的比例纳入考虑。基本上，过去 3 年中每年获得的积分按 25% 递减，过去第 5 年的成绩将不纳入计算。

如果成员国家协会未参加国际冰联世锦赛或者没资格参赛，那么将没有世界排名积分。在发生不可抗力的情况下，该成员国家协会将会根据其种子排名获得积分。

世界排名计算中，包含 4 个赛季内国际冰联世锦赛和冬奥会的每项比赛。同一个赛季内，从国际冰联世锦赛和冬奥会比赛中获得的积分同等对待，并且每年按相同的比例递减。

因此，金牌价值在 4 个赛季内递减方式如下。

第 1 赛季	100% 价值	1200 积分
第 2 赛季	75% 价值	900 积分
第 3 赛季	50% 价值	600 积分
第 4 赛季	25% 价值	300 积分
第 5 赛季	0% 价值	0 积分

在最终排名之间以 20 积分或 40 积分为差值，当积分纳入排名时，不需要对数字进行四舍五入。因此， 20（40）积分差值在第 1 赛季后减为 15（30）积分，在第 2 赛季后减为 10（20）积分，在第 3 赛季后减为 5（10）积分。

国际冰联世界排名

在国际冰联男子世锦赛各级别和国际冰联女子世锦赛各级别比赛分别完成后，将直接公布国际冰联男子世界排名和国际冰联女子世界排名。

世界排名考虑的是球队在该排名体系中的总分。总分为球队在过去 4 年比赛中获得的积分之和， 其中包含这段时间内递减的积分价值。

例如，2016—2017 赛季结束时，计算国际冰联世界排名包含以下积分。

2017 年国际冰联世界排名

	国际冰联世界冰球锦标赛 2017 年积分	100% 价值
+	国际冰联世界冰球锦标赛 2016 年积分	75% 价值
+	国际冰联世界冰球锦标赛 2015 年积分	50% 价值
+	国际冰联世界冰球锦标赛 2014 年积分	25% 价值
+	冬奥会 2014 年积分	25% 价值
=	2017 年国际冰联世界排名总分	

总分最高的球队在国际冰联世界排名首位，其他参赛球队按总分降序排列。如果两支或两支以上球队总分相同，以一类比赛中最近一次最终排名决定世界排名。

世锦赛赛前报告

每次世界冰球锦标赛之前将发布赛前报告，其中包含按以上程序计算并减少之后的赛季积分，只需加上即将进行的比赛所得的积分，便得到该年度国际冰联世界排名。

例如，2017 年世界冰球锦标赛赛前报告中积分将由以下部分组成。

2017 年世界冰球锦标赛赛前报告

	国际冰联世界冰球锦标赛 2017 年积分	
+	国际冰联世界冰球锦标赛 2016 年积分	75% 价值
+	国际冰联世界冰球锦标赛 2015 年积分	50% 价值
+	国际冰联世界冰球锦标赛 2014 年积分	25% 价值
+	冬奥会 2014 年积分	25% 价值
=	2017 年世界冰球锦标赛赛前报告总分	

冬奥会期间女子国家队积分

在冬奥会期间，球队如果没有参加国际冰联女子冰球世锦赛（顶级组），会有几种影响积分的情况。世界排名积分（截至 2021—2022 赛季）情况如下。

曾参加冬奥会且参加世锦赛的球队：根据冬奥会排名获得的积分，再加上最近世界排名获得的积分。

参加冬奥会资格赛，未参加冬奥会和世锦赛的球队：根据两个赛事中的排名情况获得积分。

参加冬奥会和世锦赛的球队： 在两个赛事中均按其等级得分。

未参加冬奥会资格赛，但参加世锦赛的球队：仅根据其在世锦赛中的排名积分。

参加冬奥会资格赛，未参加任何世锦赛的球队：仅根据其冬奥会资格赛排名积分。

参加世锦赛和冬奥会资格赛，未参加冬奥会的球队：根据冬奥会资格赛排名积分，再加上最近世界排名积分。

竞赛日程条例

基本规则

组织方国家协会将向国际冰联代表大会提交预审批锦标赛日期和地点。

组织方国家协会将根据《国际冰联运动条例》，为国际冰联各项锦标赛准备竞赛日程。该竞赛日程提案将经过各参赛国家协会同意。如果未能达成一致，将由国际冰联理事会做最后决定。

在国际冰联锦标赛中，一支球队不会被要求在 1 天内参加超过 1 场比赛，或者在连续 3 天内参加超过 2 场比赛。在特殊情况下，只有全部参赛国家协会同意，才可能连续参加 3 场比赛。一支球队不会超过连续 2 天没有比赛。

在国际冰联世界冰球锦标赛、世界冰球锦标赛甲级组、世界青年锦标赛、 世界男子 U18 冰球锦标赛、世界女子冰球锦标赛和世界女子 U18 冰球锦标赛中，同一支球队的 2 场比赛开始时间之间应至少相差 20 小时。在其他国际冰联比赛中， 同一支球队的 2 场比赛开始时间之间应至少相差 17 小时。

在参加锦标赛季后赛中，根据预赛排名确定进入半决赛的球队。排名最高的球队对阵排名最低的球队。此外，排名最高的球队较早进行半决赛（东道国也参加半决赛时除外），并且比赛时间表中明确安排其较早比赛。球队排名应根据《球队种子规则》进行，比较小组中的位置、积分、净胜球、进球数或更多的种子选手数量。

国际冰联锦标赛竞赛日程提案，在代表大会半年会开始日之前提交至国际冰联，以便于在分发给各参赛国家协会考虑和进行批准程序之前，让组织者和参赛国家协会确认异议点或潜在的问题。

如果竞赛日程提案获得批准，比赛时间和地点将根据组织者的意愿安排。

若出于电视转播和观众人数的考虑，组织者或者国际冰联营销伙伴提议对于竞赛日程做出部分修改（例如调换场次），则必须经过国际冰联复核。

在任何国际冰联世界冰球锦标赛中，预赛结束后排名较高的球队将在相应的晋级赛或最终轮次中留在原场馆比赛。在晋级赛或最终轮次配对中，预赛结束后排名较高的球队在比赛中保留主队权利。在保级轮次中，排名较高的球队将在该轮第 1 场和第 3 场（如果需要）比赛中保留主队优势。

在锦标赛中，比赛场次跟随比赛日期和时间。当 2 场比赛同时开始时，在主要场馆进行的比赛将获得较小的序号。在竞赛日程中比赛序号用来表明参赛对手的情况下，比赛时间或序号变更不应该改变参赛双方球队。

竞赛日程示例

示例 1：锦标赛日程，3 支或 4 支球队在一组中相互比赛。

1.	3 – 1	2 – 4
2.	2 – 3	1 – 4
4.	1 – 2	4 – 3

示例 2：锦标赛日程，5 支球队在一组中相互比赛。

1.	5 – 2	3 – 1
2.	4 – 5	
3.	2 – 3	1 – 4
4.	5 – 1	
5.	3 – 5	2 – 4
6.	1 – 2	4 – 3

示例 3：锦标赛甲级组日程，5 支或 6 支球队在一组中相互比赛。

1.	5 – 3	4 – 2	6 – 1
2.	1 – 4	2 – 5	3 – 6
4.	1 – 5	2 – 3	6 – 4
5.	3 – 1	4 – 5	2 – 6
7.	1 – 2	3 – 4	5 – 6

示例 4：锦标赛乙级组或更低组别日程，5 支或 6 支球队在一组中相互比赛。

1.	3 – 1	6 – 4	2 – 5
2.	1 – 4	5 – 6	2 – 3
4.	1 – 5	2 – 6	3 – 4
5.	5 – 3	4 – 2	6 – 1
7.	4 – 5	3 – 6	1 – 2

示例 5：锦标赛日程，8 支球队分为 2 组，在预赛中相互比赛，最终轮次中排位 1~6 名，末位 2 支球队保级轮次 3 局 2 胜。

<u>预赛轮次</u>

天	A		B	
1.	1 – 8	4 – 5	2 – 7	3 – 6
2.	4 – 8	5 – 1	3 – 7	6 – 2
3.				
4.	8 – 5	1 – 4	7 – 6	2 – 3

<u>最终轮次</u>

5.	2A - 3B	2B - 3A	4A - 4B	
6.				
7.	1A - W(2B - 3A)	1B - W(2A - 3B)	L(2A - 3B) - L(2B - 3A)	4B – 4A
8.	L/1A - W(2B - 3A) - L/1B- W(2A - 3B)		W/1A - W(2B - 3A) - W/1B- W(2A – 3B)	
	4A – 4B（如需要）			

比赛场次号跟随日期和时间，组织者可能根据比赛时间改变比赛场次号。但是，获胜球队和失利球队之间比赛的顺序不发生变化。

示例 6：锦标赛日程，8 支球队<u>垂直</u>分为 2 组，在预赛中相互比赛，最终轮次中排位 1~6 名，末位 2 支球队保级轮次 3 局 2 胜。

<u>预赛轮次</u>

天	A		B	
1.	2 - 3	1 - 4	6 - 7	5 - 8
2.	2 - 4	3 - 1	6 - 8	7 - 5
3.				
4.	4 - 3	1 - 2	8 - 7	5 - 6

<u>最终轮次</u>

5.	4A - 1B	3A - 2B	3B - 4B	
6.				
7.	1A - W(4A - 1B)	2A - W(3A - 2B)	L(3A - 2B) - L(4A - 1B)	4B - 3B
8.	L/1A - W(4A - 1B) - L/2A - W(3A - 2B)		W/1A - W(4A - 1B) - W/2A - W(3A - 2B)	
	3B - 4B（如需要）			

比赛场次号跟随日期和时间，组织者可能根据比赛时间改变比赛场次号。但是，获胜球队和失利球队之间比赛的顺序不发生变化。

示例 7：锦标赛日程，10 支球队分为 2 组，在预赛中相互交手，随后进行四分之一决赛、半决赛和决赛，以及保级赛和排位赛。

<u>预赛轮次</u>

	A		**B**	
1.	9 - 4	5 - 1	10 - 3	6 - 2
2.	8 - 9		7 - 10	
3.	4 - 5	1 - 8	3 - 6	2 - 7
4.	9 - 1		10 - 2	
5.	5 - 9	4 - 8	6 - 10	3 - 7
6.	1 - 4	8 - 5	2 - 3	7 - 6

<u>变化情况</u>

	A		B	
1.	4 - 8	5 - 1	3 - 7	6 - 2
2.	8 - 1	5 - 9	7 - 2	6 - 10
3.	9 - 4		10 - 3	
4.	8 - 5	1 - 4	7 - 6	2 - 3
5.	9 - 8		10 - 7	
6.	1 - 9	4 - 5	2 - 10	3 - 6

<u>最终轮次</u>

8.	1A - 4B	2A -3B	2B - 3A	1B - 4A	5A - 5B
9.	L(1A - 4B) -	L(2B - 3A)	L(1B - 4A) -	L(2A - 3B)	5B - 5A
	W(1A - 4B) -	W(2B - 3A)	W(1B - 4A) -	W(2A - 3B)	5A - 5B day 11
					(9 - 10)（比赛需要）
11.	L/L(1A - 4B) -	L(2B - 3A)/ -	L/L(1B - 4A) -	L(2A - 3B)	(7 - 8)
	W/L(1A - 4B) -	L(2B - 3A)/ -	W/L(1B - 4A) -	L(2A - 3B)	(5 - 6)
	L/W(1A - 4B) -	W(2B - 3A)/ -	L/W(1B - 4A) -	W(2A - 3B)	(3 - 4)
	W/W(1A - 4B) -	W(2B - 3A)/ -	W/W(1B - 4A) -	W(2A - 3B)	(1 - 2)

比赛场次号跟随日期和时间，组织者可能根据比赛时间改变比赛场次号。但是，获胜球队和失利球队之间比赛的顺序不发生变化。

示例 8：锦标赛日程，10 支球队分为 2 组，在预赛中相互交手，随后进行四分之一决赛、半决赛和决赛及保级赛。

预赛轮次竞赛日程与示例 7 相同。

<u>最终轮次</u>

8.	1A - 4B	2A - 3B	2B - 3A	1B - 4A	5A - 5B
9.	W(1A - 4B) -	W(2B - 3A)	W(1B - 4A) -	W(2A - 3B)	5B - 5A
					5A - 5B day 11
					(9 - 10)（比赛需要）
11.	L/W(1A - 4B) -	W(2B - 3A)/ -	L/W(1B - 4A) -	W(2A - 3B)	(3 - 4)
	W/W(1A - 4B) -	W(2B - 3A)/ -	W/W(1B - 4A) -	W(2A - 3B)	(1 - 2)

比赛场次号跟随日期和时间，组织者可能根据比赛时间改变比赛场次号。但是，获胜球队和失利球队之间比赛的顺序不发生变化。

示例 9：锦标赛日程，16 支球队分为 A、B、C、D 4 组，在第一轮中相互交手。第二轮将由 1A、2A、3A、1D、2D、3D 组成 E 组，由 1B、2B、3B、1C、2C、3C 组成 F 组。

第二轮过后进行四分之一决赛、半决赛和决赛。

保级轮次将由球队 4A、4B、4C 和 4D 组成 G 组。

<u>第一轮</u>

	A		B		C		D	
1.	A3-A1	A2-A4					D3-D1	D2-D4
2.			B3-B1	B2-B4	C3-C1	C2-C4		
3.	A2-A3	A1-A4					D2-D3	D1-D4
4.			B2-B3	B1-B4	C2-C3	C1-C4		
5.	A1-A2	A4-A3					D1-D2	D4-D3
6.			B1-B2	B4-B3	C1-C2	C4-C3		

<u>第二轮</u>

	E			F			（保级轮次）13 - 14 - 15 - 16	
7.	2A-3D	1D-3A	1A-2D					
8.				2B-3C	1C-3B	1B-2C	4C-4A	4B-4D
9.	2D-3A	3D-1A	1D-2A				4B-4C	4A-4D
10.				2C-3B	3C-1B	1C-2B		
11.	3A-3D	2A-2D	1A-1D				4A-4B	4D-4C
12.				3B-3C	2B-2C	1B-1C		

第一轮比赛中：A1–A2、A1–A3、A2–A3、B1–B2、B1–B3、B2–B3、C1–C2、C1–C3、C2–C3、D1–D2、D1–D3、D2–D3 比赛结果也计入第二轮 E 组和 F 组。

G 组中排序将决定最终排名 13~16 位。比赛完成后排位在 5E、 6E、 5F 和 6F 的球队将排名 9~12 位。

<u>四分之一决赛</u>

14.　1E–4F　　2E–3F　　2F–3E　　1F–4E

四分之一决赛失利球队将排名 5~8 位。

<u>半决赛</u>

16. W(1E–4F) – W(2F–3E)　　W(1F–4E) –W(2E–3F)

<u>铜牌争夺赛</u>

17. 半决赛失利球队

<u>金牌争夺赛</u>

17. 半决赛获胜球队

示例 10~ 示例 20（略）。

示例 21： 锦标赛日程，16 支球队分为 A、B、C、D 四组，在第一轮中相互交手。由于 2 个主场间距离和时间的原因，球队继续在预赛场地进行第二轮、保级赛和四分之一决赛，半决赛配对将进行相应调整。

预赛轮次及第一轮和示例 9 相同。

第二轮将由 1A、2A、3A、1D、2D、3D 组成 E 组，由 1B、2B、3B、1C、2C、3C 组成 F 组。

保级赛将由球队 4A、4B、4C 和 4D 组成 G 组。

<u>第二轮</u>

	E			F			（保级轮次）13 - 14 - 15 - 16	
7.	2A-3D	1D-3A	1A-2D					
8.				2B-3C	1C-3B	1B-2C	4A-4D	4B-4C
9.	2D-3A	3D-1A	1D-2A				4D-4A	4C-4B
10.				2C-3B	3C-1B	1C-2B		
11.	3A-3D	2A-2D	1A-1D				4A-4D (i.n.)	4B-4C (i.n.)
12.				3B-3C	2B-2C	1B-1C		

第一轮比赛中 A1–A2、A1–A3、A2–A3、B1–B2、B1–B3、B2–B3、C1–C2、C1–C3、C2–C3、D1–D2、D1–D3、D2–D3 比赛结果也计入第二轮 E 组和 F 组。

G 组中排序将决定 13~16 位。

比赛完成后排位在 5E、6E、5F 和 6F 的球队将排名 9~12 位。

<u>四分之一决赛</u>

14. 1E–4E　　2E–3E　　2F–3F　　1F–4F

四分之一决赛失利球队将排名 5~8 位。

<u>半决赛</u>

16. W(1E–4E) – W(2F–3F)　　W(1F–4F) – W(2E–3E)

<u>铜牌争夺赛</u>

17. 半决赛失利球队

<u>金牌争夺赛</u>

17. 半决赛获胜球队

最终排名 5~12 位的球队

第二轮淘汰的球队和四分之一决赛失利的球队，将依据他们在四分之一决赛之前的位置进行排名。排名方式依照分组条例中相关程序。

示例 22：根据国际冰联世界排名将 16 支球队分为 2 组，每组 8 支球队。每组在单循环预赛中共进行 28 场比赛，随后在最终轮次进行 8 场比赛。预赛结束后，每组 1~4 名的球队进入四分之一决赛，获胜球队进入半决赛。半决赛中获胜的 2 支球队将进行金牌争夺赛，失利的两支球队将争夺铜牌。没有进入半决赛的球队排名，将依照国际冰联分组条例进行。预赛结束后排在每组末位的球队将被降级。

预赛轮次

天	A	B	A	B	A	B
	12:15h	12:15h	16:15h	16:15h	20:15h	20:15h
1			A2-A5	B2-B5	A3-A1	B3-B1
2	A6-A7	B6-B7	A4-A8	B4-B8	A5-A3	B5-B3
3	A8-A1	B8-B1	A6-A4	B6-B4	A2-A7	B2-B7
4			A5-A1	B5-B1	A2-A3	B2-B3
5			A8-A6	B8-B6	A4-A7	B4-B7
6			A2-A8	B2-B8	A4-A5	B4-B5
7			A3-A6	B3-B6	A1-A7	B1-B7
8			A3-A8	B3-B8	A7-A5	B7-B5
9	A6-A2	B6-B2	A1-A4	B1-B4	A8-A5	B8-B5
10			A7-A3	B7-B3	A4-A2	B4-B2
11			A1-A6	B1-B6	A7-A8	B7-B8
12	A3-A4	B3-B4	A5-A6	B5-B6	A1-A2	B1-B2

13	休息日	

最终排名：

四分之一决赛

14			2A-3B	2B-3A	1A-4B	1B-4A

15	休息日	转 场

半决赛

16	W(1A-4B)-W(2B-3A)	W(1B-4A)-W(2A-3B)

决赛

17	铜牌争夺赛	金牌争夺赛

练习日程和更衣室分配办法

比赛当日将安排最少 30 分钟冰上练习时间，并且尽量在参赛各队进行比赛的场地进行。非比赛日，安排的练习时间最长为 75 分钟。

原则上，在根据上一个比赛日的安排进行了必要的调整后，较早进行比赛的球队也将较早进行练习。

如果在预赛或单循环赛中，因为时间关系，双方球队必须同一时间在不同场馆练习，那么在锦标赛之前分组中排名较高的球队可以选择练习场馆。如果在预赛之后的锦标赛比赛中，双方球队必须同一时间在不同场馆练习，那么上一轮排名较高球队可以选择练习场馆。

在竞赛指导会议上经过双方球队和组织者同意后，可以交换或调整实际练习时间。

国际冰联锦标赛组织方有责任在锦标赛开始一天前，免费向参赛球队提供锦标赛冰面进行练习，时长至少 1 小时。练习日程根据参赛球队到达日程进行安排。

固定更衣室将依据以下原则进行分配：

1） 某支球队在一个场馆的比赛和训练较多，则为其在该场馆安排更衣室。

2） 更衣室将根据质量和距离冰面的远近进行排序，依据球队的排位顺序进行分配，但是承办国球队有优先选择权。同样的原则适用于其余的比赛更衣室。

3） 如果球队必须在锦标赛预赛结束后或者最终轮次进行期间更换场地，那么该队所去场地的更衣室将依据球队排位顺序和可用（空余）更衣室的排序重新分配。已经在该场馆的球队不安排更换更衣室，也不允许更换更衣室。组织者必须为更衣室变更提前列出准确的时间表。

国际冰联锦标赛三分制

在所有国际冰联锦标赛赛事中，积分规则如下：

- 在常规时间获胜的球队积 3 分。
- 如果常规比赛时间结束时为平局，两队各积 1 分。
- 5 分钟加时赛获胜，或者加时赛结束后仍然平局，然后通过射门比赛程序获胜的球队，额外积 1 分。
- 在常规比赛时间失利的球队积 0 分。

打破积分相等制度

两队在排名中积分相等时，通过打破积分相等制度进行比较，获胜的球队列前。

因为三分制不允许一场比赛以平局结束，当 3 支或 3 支以上球队在锦标赛排名中积分相等时，将采用以下打破积分相等的程序。

第 1 步

考量积分相等球队之间的比赛，将积分相等的球队放在一起成为一个小组，用他们之间直接比赛的胜负，进行相应的排名。

第 2 步

如果 3 支或 3 支以上球队仍积分相等，那么就把这些球队之间直接比赛中的净胜球数进行比较，然后依据比较结果进行排名。

第 3 步

如果 3 支或 3 支以上球队的积分和净胜球数仍相等，那么直接比较比赛中的进球数，然后依据比较结果进行排名。

第 4 步

如果 3 支或 3 支以上球队的积分、净胜球和进球数仍然相等，就在副组之外选一支最接近的而且排名最高的球队，分别与之比较（① 积分；② 净胜球；③ 进球数），比较结果领先者排名列前。

第 5 步

如果仍然是平局，那就把这 3 支球队分别和小组之外下一个排名最高的球队进行比较。

第 6 步

如果球队执行以上 5 个步骤之后仍然为平局，那么按照体育竞赛的精神，这些球队将按照进入锦标赛时排列的位置（例如排序）进行排名。

国际冰联打破积分相等制度，适用于在预赛轮次结束之前解决积分相等的问题。

在两队积分相等并且还未交手的情况下，以及在 3 支或者 3 支以上球队积分相等，并且在小组中还没有进行全部相互交手的情况下，将使用以下原则打破积分相等：

1. 比赛过的场次最少。
2. 所有比赛中净胜球最多（进球数－失球数）。
3. 所有比赛中进球数最多（进球数）。
4. 进入锦标赛时，排名最高。

在 3 支或者 3 支以上球队积分相等的情况下，这个程序将反复进行，直到只有两队保持积分相等。如果仍有两队积分相等，那么两队之间的比赛胜负将是打破积分相等的决定性因素。如果剩余两支积分相等球队还未交手，那么只需对这两队重新开始使用该程序来打破积分相等。

加时赛操作

加时赛——循环赛或预赛操作

如果在锦标赛顶级组单循环赛或预赛的常规 3 局每局 20 分钟结束时，参赛两队是平局，那么两队将进行不超过 5 分钟的“突然胜利法”加时赛，先得分的球队获胜。加时赛每队队员人数为 4 名（3 名球员和 1 名守门员）。

加时赛将在 3 分钟的局间休息之后开始，在这段时间内，场地工作人员使用与电视暂停时一样的程序清刮冰面。一旦局间休息结束，计时钟将被重新设置为“5:00”，加时赛立即开始。球队不交换场地。

3 分钟局间休息清刮冰面时，队员将留在他们各自的队员席。

这个休息期间，守门员必须去他们各自的队员席，但是受罚队员必须留在受罚席。如果受罚队员离开受罚席，他将立即被场内裁判送回受罚席，不进行额外判罚，除非他违反了其他规则。这期间，不允许球员回到更衣室。

判罚

常规比赛时间结束时两队 5 打 3，加时赛以 5 打 3 开始。一旦人员实力达到 5 打 4 或 5 打 5，在下一次比赛停止时，视情况将人员实力调整为 4 打 3 或 3 打 3。

常规比赛时间结束时两队 4 打 4，加时赛以 3 打 3 开始。一旦人员实力达到 4 打 4，在下一次比赛停止时，视情况将人员实力调整为 3 打 3。

常规比赛时间结束时两队 3 打 3，加时赛以 3 打 3 开始。一旦人员实力达到 4 打 4 或 5 打 4 或 5 打 5，在下一次比赛停止时，视情况将人员实力调整为 3 打 3 或 4 打 3。

任何时候一队场内不会少于 3 名球员，这样在进行判罚的情况下，可能需要增加第 4 名和 / 或第 5 名球员。

如果一队在加时赛被判罚，两队 4 打 3。如果同一次比赛停止时两队都被判罚（没有其他在生效的判罚），两队将继续 3 打 3。

加时赛中，如果一队被判罚后场内形成多 2 人的优势，那么犯规队将维持 3 名球员，同时允许非犯规队上场 5 名球员。

多 2 人优势不再有效之后的第一次比赛停止时，两队人员实力将视情况回到 4 打 3 或 3 打 3。

加时赛——晋级赛或铜牌争夺赛操作

如果在晋级赛、保级赛、分级赛或铜牌争夺赛的常规 3 局每局 20 分钟结束时，参赛两队是平局，那么两队将进行不超过 10 分钟的“突然胜利法”加时赛，先得分的球队获胜。加时赛每队队员人数为 3 名球员和 1 名守门员。

加时赛将在 3 分钟的局间休息之后开始，在这段时间内，场地工作人员使用与电视暂停时一样的程序清刮冰面。一旦局间休息结束，计时钟将被重新设置为“10:00”，加时赛立即开始。球队不交换场地。

3 分钟局间休息清刮冰面时，队员将留在他们各自的队员席。这个休息期间，守门员必须去他们各自的队员席，但是受罚队员必须留在受罚席。如果受罚队员离开受罚席，他将立即被场内裁判送回受罚席，不进行额外判罚，除非他违反了其他规则。这期间，不允许球员回到更衣室。

判罚

常规比赛时间结束时两队 5 打 3，加时赛以 5 打 3 开始。一旦人员实力达到 5 打 4 或 5 打 5，在下一次比赛停止时，视情况将人员实力调整为 4 打 3 或 4 打 4。

常规比赛时间结束时两队 4 打 4，加时赛以 4 打 4 开始。一旦人员实力达到 5 打 4 或 5 打 5，在下一次比赛停止时，视情况将人员实力调整为 4 打 3 或 4 打 4。

常规比赛时间结束时两队 3 打 3，加时赛以 3 打 3 开始。一旦人员实力达到 4 打 4 或 5 打 4 或 5 打 5，在下一次比赛停止时，视情况将人员实力调整为 4 打 3 或 4 打 4。

任何时候一队场内不会少于 3 名球员。

如果一队在加时赛被判罚，两队 4 打 3。如果同一次比赛停止时两队都被判罚（没有其他在生效的判罚），两队将继续 4 打 4。

加时赛中，如果一队被判罚后场内形成多 2 人的优势，那么犯规队将维持 3 名球员，同时允许非犯规队上场 5 名球员。

多 2 人优势不再有效之后的第一次比赛停止时，两队人员实力将视情况回到 4 打 3 或 4 打 4。

加时赛——金牌争夺赛操作

如果在锦标赛顶级组金牌争夺赛的常规 3 局每局 20 分钟结束时，参赛两队是平局，那么两队将进行不超过 20 分钟的“突然胜利法”加时赛，先得分的球队获胜。加时赛每队队员人数为 3 名球员和 1 名守门员。

15 分钟局间休息期间进行浇冰，然后开始加时赛，加时赛开始之前两队回到各自的更衣室。球队不交换场地。

如果在第一个加时赛结束时，两队仍然平局，则在 15 分钟的中场休息（返回更衣室）之后，两队在浇冰后，进行第 2 个加时赛。球队将交换场地。

如果在第 2 个加时赛结束时，两队仍然平局，则在 15 分钟的中场休息（返回更衣室）之后，两队在浇冰后，进行第 3 个加时赛。球队将交换场地。

此过程将一直进行到决出获胜者为止。

判罚

常规比赛时间结束时两队 5 打 3，加时赛以 5 打 3 开始。一旦人员实力达到 5 打 4 或 5 打 5，在下一次比赛停止时，视情况将人员实力调整为 4 打 3 或 4 打 4。

常规比赛时间结束时两队 4 打 4，加时赛以 4 打 4 开始。

常规比赛时间结束时两队 3 打 3，加时赛以 3 打 3 开始。一旦人员实力达到 4 打 4 或 5 打 4 或 5 打 5，在下一次比赛停止时，视情况将人员实力调整为 4 打 3 或 4 打 4。

任何时候一队场内不会少于 3 名球员。

如果一队在加时赛被判罚，两队 4 打 3。如果同一次比赛停止时两队都被判罚（没有其他在生效的判罚），两队将继续 4 打 4。

加时赛中，如果一队被判罚后场内形成多 2 人的优势，那么犯规队将维持 3 名球员，同时允许非犯规队上场 5 名球员。

多 2 人优势不再有效之后的第一次比赛停止时，两队人员实力将视情况回到 4 打 3 或 4 打 4。

射门比赛程序

如果国际冰联锦标赛常规比赛时间结束时得分为平局，两队将进行加时赛，先得分的球队获胜，加时赛时长和队员人数上限已在《国际冰联运动条例》中明示。

如果加时赛期间没有进球得分，那么将启用国际冰联射门比赛程序来决定胜负。使用程序如下：

1. 射门比赛将在冰场的两个端区进行。在射门比赛之前，组织该程序所需的时间里，将在中区和端区争球点之间 14 米宽的冰场纵向中心区域，使用浇冰车进行干刮冰。

2. 射门比赛将以每队 5 名不同的射手开始交替射门。不必首先明确队员人选。4 名守门员和在两队官方比赛记录表中的所有队员，都有资格参加射门比赛，但以下第 3 条中列明的除外。

3. 加时赛结束时没有结束受罚的队员，没有资格被选中进行射门，并且必须留在受罚席或更衣室。在射门比赛期间被判罚的队员，也必须留在受罚席或更衣室，直到射门比赛结束。

4. 裁判员召集两名队长到裁判区，并且掷硬币决定哪队先进行射门。掷硬币获胜一方将有权选择他的球队是否先进行射门。

5. 守门员将防守与加时赛时相同的球门，并且可以在对方球队进行射门时留在自己的球门区内。

6. 每队的守门员可以在每次射门后进行更换。

7. 按照《国际冰球联合会官方冰球规则》中的规则 63 进行射门。

8. 两队队员将交替射门，直到决定性的进球得分。不再进行剩余的射门。

9. 如果每队所有射门完成后结果仍然是平局，将继续这个程序：使用同样的或新队员开始进行打破平局的射门。在第一个 5 轮射门比赛中后射门的球队，将首先开始打破平局的射门。两名队员之间出现决定性的结果时，比赛立即结束。在打破平局的射门中，一队可以用同一名队员进行每次射门。

10. 官方记录员将记录所有被执行的射门，标明相关的队员、守门员和进球得分。

11. 只将决定性的进球计入比赛结果。此进球记在进球得分的球队和被进球的球队名下。

12. 如果某队拒绝参加射门比赛，将宣布该队比赛失利，另一队获胜并且积 3 分。如果一名队员拒绝进行射门，将宣布他的球队“没有得分”。

视频监门系统操作程序

以下内容仅适用于国际冰联以下赛事：男子世锦赛、男子世锦赛甲级 A 组、女子世锦赛、男子 U20 世锦赛和男子 U18 世锦赛。

国际冰联允许对于有争议的进球使用视频回放，并且把它写在了《国际冰球联合会官方冰球规则》中。必须提供该系统可以获得的所有电视画面，供视频监门员使用这个系统。

在国际冰联赛事中，如果场馆中已经安装了可以操作的视频监门系统供组织者使用，只有在满足以下所有条件时才能使用该系统：

- 配备有符合国际冰联标准的设备和技术，这个工作间的视频监门操作间可在该赛事全部比赛中使用。
- 视频监门系统必须用于所有安排的比赛，费用由组织者承担。
- 每场比赛委派技术人员在现场进行操作，费用由组织者承担。
- 赛事委派第二名国际冰联比赛监督，在所有比赛中操作该系统。
- 要让国际冰联了解这个系统，在签署承办国合同时，这个系统的操作要以文字的形式写入合同。

如果上述条件中任何一条不能达到或不能用于所有的国际冰联锦标赛比赛，那么该系统不可以在赛事中使用。

程序

1. 当裁判员要求对争议进球视频回放时，裁判员将使用记录席的电话系统联系视频监门员。

2. 当视频监门员要求视频回放时，视频监门员将在事件发生后的第一次比赛停止时，使用电话系统联系官方记录席，以便通知裁判员正在进行视频回放。

3. 如果裁判员或视频监门员任意一人要求视频回放，宣告员将进行以下宣告："正在进行比赛回放。"

4. 如果视频回放没有确定的结果，视频监门员将向裁判员报告，由裁判员进行最终裁定。

5. 在回放和后续裁定之后，将进行以下一种宣告：

"进球得分……"（时间）

“因为……没有进球得分。”（原因）

6. 球队没有权利要求比赛视频回放。

7. 如果球进入球门并且比赛停止，裁判员或视频监门员在这次比赛停止期间可以要求回放。如果这次比赛停止期间没有回放，那么该结果是最终的，并且之后不允许进行比赛回放。

8. 如果球进入球门并且比赛继续，那么在这之后的第一次比赛停止期间可以要求回放。如果这次比赛停止期间没有进行回放，那么之后不允许进行比赛回放。

9. 当裁判员或视频监门员表示将进行视频回放时，所有队员必须回到各自的队员席。

10. 即使第一次比赛停止是在一局结束或者一场比赛结束时，也可以要求进行视频回放。

情况 1

A 队一个明显的进球没有被场内裁判看到，并且比赛继续。这个情况发生后第一次比赛停止期间，视频监门员将回放比赛。如果视频回放确认为进球，判定进球得分，并且重新设置比赛计时钟（包括判罚时间，如果适用）到进球得分的时间。如果判定没进球，则比赛计时钟不做调整。

情况 2

A 队一个明显的进球没有被场内裁判看到，并且比赛继续，B 队在另一端进球导致比赛停止。在比赛停止期间，视频监门员将回放 A 队这个明显的进球。如果视频回放确认 A 队的明显进球得分，判定进球得分，并且重新设置比赛计时钟（包括判罚时间，如果适用）到 A 队进球得分的时间，同时取消 B 队的进球。如果视频回放确认 A 队没有得分，B 队的进球将被回放，如果视频回放确认为进球，那么判定 B 队进球得分，并且不需要调整比赛计时钟。

情况 3

A 队一个明显的进球没有被场内裁判看到，并且比赛继续，A 队第二次进球使比赛停止。在比赛停止期间，视频监门员将回放 A 队这个明显的进球。如果视频回放确认 A 队的明显进球得分，判定进球得分，并且重新设置比赛计时钟（包括判罚时间，如果适用）到 A 队这个明显的进球得分的时间。

裁判员使用视频监门指南

1. 请了解上述各个情况的程序，按照《国际冰球联合会官方冰球规则》中说明的那样来判定暂缓处罚。

2. 使用球门内摄像机时，需要了解球可能打到摄像机并且快速弹出球门。

3. 当比赛视频回放之后必须调整比赛计时钟的情况发生时，允许计时员有足够的时间在比赛计时钟上重新设置正确的时间。

4. 电视转播的比赛中进球后，请了解进球后间歇条例，允许转播方有时间重放进球。

5. 如果受罚队员离开受罚席，并且在视频监门回放之后必须重新设置比赛计时钟，那么可能需要让队员回到受罚席执行剩余的受罚时间。

6. 如果有疑问的进球后的第一次比赛停止，恰是一局结束或比赛结束时，裁判员或视频监门员要求视频回放，必须在球队离开冰面之前进行。

教练员挑战

介绍

国际冰联办公室将为世界冰球锦标赛和其他锦标赛提供认定的技术器具（电视或计算机显示屏），允许场内裁判与国际冰联视频监门席（国际冰联比赛监督和操作员）配合，只在教练员已经提出正式的挑战时，对视频回放进行复审。在实际使用中，提供给场内裁判的视频回放应与国际冰联视频监门席使用的视频回放相同。

一旦主教练提起“教练员挑战”，场内裁判（或边线裁判员）应该立即通过耳机联系国际冰联视频监门席，在裁判员（或边线裁判员）检查视频之前，向国际冰联比赛监督询问和讨论以下内容：① 裁判员（或边线裁判员）在场内的“最终”判罚；② 裁判员（或边线裁判员）在比赛中观察到的情况。

然后，在冰面上的相关场内裁判和国际冰联视频监门席同时对场内的判罚进行复审，使用可以获得的全部视频回放。在与视频监门席复审并商议之后，相关场内裁判将对保持或推翻原有场内的判断做出“最终”的决定。一旦做出决定，裁判员将通知宣告员，并在场内进行宣告。

球队提出的教练员挑战应该以执教人员提供的信息为基础，考虑并使用符合《国际冰球联合会官方冰球规则》中的规则 26 —— 球队官员与科技设备的技术。

程序和裁定

由教练员挑战引起的视频回放机制，意图范围极其有限，仅在决定场内最初判断错误的情况下推翻原有场内判断。如果复审不是确定性的，并且 / 或对场内的判断是否正确有任何疑问，将以场上最原始的判定为准。

各自球队的主教练应以语言直接告知场内裁判，发起教练员挑战。

每次比赛停止只允许一支球队请求一次教练员挑战。

球队提出教练员挑战的请求，只能对以下情况进行复审：

1. “越位”以后导致进球（《国际冰球联合会官方冰球规则》中的规则 78、规则 79、规则 81、规则 82、规则 84）。

   比赛中场内裁判判断“进球”，防守队主张比赛应因进攻队“越位”犯规而停止。

   1) 推翻场内裁判判断“进球”的标准是，负责做出判断的边线裁判员，在复审任何以及全部可以获得的视频回放，并且和另一个边线裁判员与国际冰联视频监门席商议之后，判定进攻队一名或多名队员在进球得分之前早于球进入攻区，此时，比赛本应该因为“越位”而停止。当满足这个标准时，该进球无效。

2) 如果挑战的结果是“不越位”，则进球有效，并且发起挑战的球队将因延误比赛犯规被判队小罚，可以由被判罚队的主教练指派任何一名队员执行。

3) 负责做出判断的边线裁判员和另一名边线裁判员与国际冰联视频监门席商议之后，决定进球得分比赛是“越位”，在进球被推翻的情况下，计时钟（包括记罚时钟，如果适用）将被重新设置为比赛因为“越位”犯规而被停止的时间。正确的时间将由视频监门席提供给计时员。

备注 1：

仅在以下情况因为潜在的“越位”对进球进行复审：①球没有再次离开攻区；②在“越位”和进球得分期间，进攻队全部队员没有再次离开攻区。

备注 2：

如果在“越位”和视频回放驳回明显的进球之间，发生了一个或多个判罚（大罚或小罚），仍然要求犯规队（以及相应的队员）执行这些判罚，判罚的时间记录为因“越位”犯规而停止的时间。

2. 比赛得分涉及潜在的“干扰守门员”。

比赛被判“进球”，防守队认为比赛早应该因进攻队“干扰守门员”而停止。

1) 比赛中场内裁判判断“进球”后，防守队主张进球早应该因进攻队“干扰守门员”被判无效，如同规则 150。

推翻场内裁判判断“进球”的标准是，裁判员在复审任何以及全部可以获得的视频回放，并且与国际冰联视频监门席商议之后，决定进球因为“干扰守门员”被判无效，如同规则 150。

2) 比赛中场内裁判判断“不进球”，无论球是否进入球门，场内裁判已经判定进攻队“干扰守门员”，但是进攻队主张：①进攻队员没有向守门员发起任何形式的实际接触；②进攻队员被防守队员推、搡、犯规，使进攻队员接触守门员；③在球越过球门线的时刻进攻队员在球门区内，但是没有以任何方式影响守门员防守或跑位的能力。

推翻场内裁判判断“不进球”的标准是，裁判员在复审任何以及全部视频回放，并且与国际冰联视频监门席商议之后，决定场内的进球应该判为有效，因为：①进攻队员没有向守门员发起任何形式的实际接触；②进攻队员被防守队员推、搡、犯规，使进攻队员接触守门员；③在球越过球门线的时刻进攻队员在球门区内，但是没有以任何方式影响守门员防守或跑位的能力。

3) 在极少的情况下，裁判员反应过度并且在球进入球门时判断“干扰守门员”；在复审全部视频回放，并且与国际冰联视频监门席商议之后，决定场内的进球应被判有效， 将不执行“干扰守门员”的判罚。但将判罚其他与“干扰守门员”无关的犯规，并按正常方式执行这些判罚。

4) 只有球队有暂停可用时，才能因“干扰守门员”提出教练员挑战的请求，并且教练员挑战必须在比赛恢复之前生效。如果教练员挑战没有导致原场内判断被推翻，使用该教练员挑战的球队将失去他的暂停。如果教练员挑战导致原场内判断被推翻，成功使用教练员挑战的球队将保留他们的暂停。记录员将在比赛记录表上记录全部教练员挑战的时间和结果。

3. 由视频监门席发起复审。

在第 3 局比赛最后 1 分钟以及加时赛（任何比赛）的任何时刻，国际冰联视频监门席将会对可能引起教练员挑战的情况发起复查。

当比赛得分因为涉及潜在“干扰守门员”或“越位”而可能引起教练员挑战时，作为首要和初始任务，视频监门席及时判决进入球门的球是一个有效进球。这将消除任意一队进行教练员挑战的情况。

如果球队提出教练员挑战的请求，但是根据上文所述规定，视频回放挑战是不必要的，那么将认为没有做出挑战，并且保留暂停。

电视商业暂停

在国际冰联锦标赛每局常规时间中，有3次商业暂停，每次时长70秒。所有电视转播的锦标赛都依照该商业模式，对球队和转播方保持一致性。

商业暂停协调政策

只有在两队人数相等（4打4或5打5或6打6）并且比赛停止时，可以允许商业暂停。决定人数相等的是吹哨时场内人员实力。因此，如果A队少一人并且B队受到一个判罚，不允许商业暂停。

唯一的例外是，当一队因为一个5分钟大罚而缺少一人时，将由商业暂停协调员以正常方式实施商业暂停。但是，如果这个5分钟大罚期间同一个队被判一个2分钟小罚（形成5打3的情况），在小罚结束之前，场内不清理雪沫。

比赛计时钟倒计时过程中出现以下时间之后的第一次比赛停止时，进行商业暂停：

第一次暂停	14:00
第二次暂停	10:00
第三次暂停	06:00

只有发生这些例外，在比赛停止时不进行商业暂停：

——进球得分。
——判罚任意球。
——判定死球，除非判定死球时发生一个或多个判罚而影响了任何一队的场上人数。
——场内发生打架。

因为判罚或进行比赛而没有在预计的时间档进行商业暂停的情况下，错过的商业暂停机会，将在下一个商业暂停时间档的第一次比赛停止时弥补。如果因为另一个事件错过了第二次商业暂停，该程序将继续循环，直到进行了所有的商业暂停。

程序

进行暂停的程序如下：

· 由组织者任命商业暂停协调员。
· 鸣哨时，商业暂停协调员在记录席立即打开红灯信号，示意开始进行商业暂停。

· 商业暂停期间，记罚员打开两边受罚席门。

· 商业暂停协调员通知转播方正在进行商业暂停，并且立即启动计时装置。

· 一名边线裁判员把球放置在下一次执行争球的冰面争球点上，裁判员快速去往记录席。队员回到各自的队员席，另一名边线裁判员站在两队的队员席之间。

· 暂停剩余 20 秒，商业暂停协调员提示裁判员吹哨，示意队员去往争球点。

· 暂停剩余 5 秒，商业暂停协调员提示后方边线裁判员吹哨准备掷球。

· 应在 70 秒时掷球。

允许进行额外商业暂停的时间档为：

· 队员受伤。
· 比赛场地（防护玻璃、界墙、球门）破损并且 / 或者需要修复。
· 任何非常规的延误，需要额外时间解决。

进行任何额外的商业暂停必须依照以上描述的程序，该暂停的时间档将从这局剩余时间档中剔除，不会借此为转播方创造额外的商业广告价值。但是，在这种情况下，将指示商业暂停协调员打开红灯，并且示意转播车正在进行选择性的商业暂停。

第 1 局和第 2 局最后 30 秒不进行商业暂停，第 3 局最后 2 分钟不进行商业暂停。加时赛不允许进行商业暂停。

球队考虑的因素

球队应知晓，在这些商业暂停期间：

· 允许守门员回到他们各自的队员席。

· 商业暂停剩余 20 秒时，一旦裁判员吹哨示意两队回到场内执行争球，允许球队更换队员。

· 这时更换队员与比赛停止时正常更换队员遵守相同的规则。

· 商业暂停剩余 20 秒时，一旦裁判员吹哨示意两队回到场内执行争球，允许球队申请他们的官方暂停。

· 裁判员将立即把暂停申请告知官方记录员，官方暂停将按照正常程序进行。

电视播放比赛中的进球暂停条例

电视播放的任何国际冰联赛事中，在常规时间进球，应按本条例所述执行进球暂停。

进球得分后立即启动以下程序，按以下描述来安排比赛停止的时间和/或最多45秒时间用于进球暂停：

0～12秒	队员庆祝进球
13～24秒	1号慢动作回放
25～36秒	2号慢动作回放
37～45秒	进球得分队员特写及信息

电视播放的全部国际冰联赛事中都将使用该形式，以确保在各支球队和转播者之间的一致性。

程序

操作和管理进球暂停的程序如下：

- 每场电视播放比赛必须委派一名进球暂停协调员。
- 进球之后，进球暂停协调员将在记录席立即点亮指示灯，示意正在进行进球暂停。
- 进球暂停协调员示意电视转播员正在进行进球暂停，并且立即启动计时装置。
- 裁判员快速去往记录席报告进球得分的同时，一名边线裁判员持球站在中心争球点。队员去往各自队员席的同时，第二名边线裁判员站在两队队员席中间。
- 进球暂停剩余20秒时，进球暂停协调员示意裁判员鸣哨，指示队员去往中心争球点。
- 进球暂停结束时，应立即掷球。

球队进入和离开冰面

在国际冰联锦标赛事中，如果两支参赛球队进入和离开冰面时使用相同的公共门和通道，将采用以下程序，以确保球队有序进入和离开冰面并且不发生冲突。在所有活动中，包括赛前热身、局间休息和实际比赛期间，比赛计时钟是唯一的计时装置。

第 1 局和第 2 局比赛结束时，听到汽笛声之后，球队必须依照以下程序离开冰面。汽笛声即示意一局比赛结束，比赛计时钟将被立即重新设置为适当的局间休息时间。

第 1 局和第 2 局比赛结束后，客队将回到自己的队员席，并且留在队员席，直到主队全部队员已经离开冰面并且进入通道。一旦主队的最后一名队员进入通道，裁判员将示意客队离开冰面。

比赛结束时，失利的球队将先离开冰面，获胜的球队在冰上等待，直到失利的球队离开冰面。一旦失利球队的最后一名队员进入通道，裁判员将示意获胜的球队离开冰面。

考虑到比赛双方球队更衣室的位置，竞赛委员会可能同意对本规则进行调整。为了在每局开始时通知球队回到冰面，官方比赛计时员将在每个冰场通道和更衣室区域依照以下程序鸣笛通知球队。

比赛计时钟上的时间还有 3 分钟

官方比赛计时员鸣笛 1 声，提示球队将在 1 分钟内被召唤进入冰场。

比赛计时钟上的时间还有 2 分钟

官方比赛计时员鸣笛 2 声，召唤主队立即离开他们的更衣室并且回到冰场。客队跟随主队最后一名队员，立即进入冰场。

组织者可以选择对该时间进行修改，以确保队员在正确时间进入场内开始比赛。

延时比赛结束后的赛前热身

国际冰联比赛日程表按照一套具有一致性的指南和原则制定。审批通过的赛程表已经在每场比赛结束后预留了足够的时间，让场馆工作人员重新整理冰面，并且允许下一场比赛的球队进行赛前热身。

然而，当前一场比赛因为加时赛或其他原因延迟时，可能出现下一场双方参赛球队需要在只刮冰而不是浇冰之后就进行赛前热身的情况，这样双方球队才可以在预定的时间开始比赛。

以下的情况和指南将协助国际冰联比赛监督、双方参赛球队各自的竞赛委员会成员进行下一场比赛，并协助组织方代表做出必要的决定。

1. 如果第一场比赛结束距离下一场比赛开始有 55 分钟或更长时间，那么场馆工作人员将进行全场浇冰，以便下一场双方球队进行赛前热身。
2. 如果第一场比赛结束距离下一场比赛开始有 45~55 分钟，那么场馆工作人员将进行刮冰，以便下一场双方球队进行赛前热身。
3. 如果第一场比赛结束距离下一场比赛开始不到 45 分钟，那么下一场双方球队进行热身，不进行冰面清理，或者如果下一场双方都同意缩短赛前热身时间，将进行刮冰。

如果目前的比赛明显无法在下一场比赛预计开始时间之前 55 分钟结束，国际冰联比赛监督将协同下一场比赛双方球队各自的竞赛委员会成员和组织方代表会面进行讨论。比赛监督有责任召集该会议，并应采取一切措施确保冰面处于赛前热身的良好状态。一旦决定进行刮冰或者不进行冰面处理，以上所列成员有责任将情况告知他们的人员并且遵照执行。

当这种情况发生时，需要所有竞赛委员会成员进行合作。比赛监督、双方球队的竞赛委员会成员和组织方代表需要比他们的比赛预计开始时间至少早 70 分钟到达场地。

如果可以在临近的场馆进行赛前热身，将可以避免以上程序。

大屏幕使用原则

基本原则

场馆内大屏幕或超大屏幕是展示比赛的重要部分，用于增强观众的观赛体验。大屏幕的使用不应该影响比赛，其使用方式不应该在场馆内营造恶意气氛，不应该以负面的或者不具备体育精神的方式展示比赛、队员、裁判员或观众。大屏幕的使用应在体育性内容（回放）、娱乐性内容和公开信息之间进行平衡。

应遵循以下具体条例：

比赛中回放

所有的比赛行为或冰球动作（进球、传球、身体冲撞、守门员救挡、射门阻截、小罚包括判罚任意球的小罚、鸣哨之后的推扭，但引起暴力对打和大罚等严重后果的除外），都可以不受限制地在大屏幕上显示。当回放犯规判罚时，为了向观众进行透明清晰的展示，必须使用全部可用的摄像头。

视频监门回放

来自视频监门系统的连续镜头可以在回看比赛时在大屏幕上显示 1 次，并且在确认回放结果之后额外显示 1 次。确认回放结果之后，如果对于比赛内容有多角度摄像，大屏幕上必须使用用于最终决定回放结果的摄像内容。如果对于哪个摄像内容最终决定的回放结果存有疑问，大屏幕操作员应咨询国际冰联视频监门员。

受伤

当场内有人受伤时：① 不进行回放，直到受伤队员或场内裁判已经离开冰面；② 当有明显的信号表明有严重受伤时（运动员大量出血、骨折、不稳定的滑行），可以在受伤队员或场内裁判离开冰面后立即回放 1 次，仅用于告知观众。之后出于任何原因，都不应该在大屏幕上进行回放。

观众

应只在大屏幕上呈现观众正面积极的状态。不应显示在大屏幕上的例子包括但是不限于：观众受伤、参与暴力行为、做出侮辱性的手势、展示侮辱性的标牌、语言上辱骂队员或裁判员、向场内投扔物体或者睡觉。

打架

如果打架是暴力性质，队员不停地相互挥拳对打，将不显示在大屏幕上。这不等同于涉及 2 名或多名队员的“鸣哨之后的混战”。

执行

在指定的国际冰联锦标赛电视制作伙伴（主办转播方）和国际冰联视频监门员的技术支持下，国际冰联大屏幕使用原则必须由大屏幕操作员进行协调。大屏幕操作员负责根据该原则做出相关决定。

比赛监督职责

为了帮助比赛监督在被委派的国际冰联锦标赛中完成工作，特为他们明确以下职责。该岗位的基本职责是，在指定的比赛中将注意到的问题报告给竞赛委员会，以便于掌握信息或加以改正。比赛监督并不实际操作比赛运转。为了完成每一项任务，比赛监督应在比赛预计开始时间之前至少 40 分钟到达场地。

比赛流程

比赛前：可以随时应对需要处理的紧急情况，例如赛前热身延迟。确保开幕式遵照锦标赛规则进行。

比赛中：确保球队在预定的时间入场，并且局间休息符合流程。在晋级赛中，熟练掌握加时赛和射门比赛程序。

比赛后：确保闭幕式遵照国际冰联条例进行，包括奏获胜球队国歌（摘下头盔）、球队相互握手并且与场内裁判握手。

解决问题

可以在比赛前和比赛后回答各类问题（队员席、队服颜色、赛前热身流程）。

风险管理和安全

对设备进行巡视检查，记录下任何可能出现问题的事项。对队员或官员没有正确遵守秩序而违反安全程序的行为进行报告，并且确保比赛冰面和观众区域的安全。向竞赛委员会报告场内安全问题，并且在必要时提供建议。

纪律

报告比赛期间发生的任何纪律或行为问题。如果发生停赛，准备好提供对事件的个人观点。

裁判员比赛报告

所有裁判员比赛报告必须提交至竞赛委员会。确保该场比赛监督在比赛后立即向国际冰联赛事主席提交该报告。对涉及的事件或者导致事件的起因，准备好提供自己的观点。比赛监督可能被要求对裁判员比赛报告中的任何事件表明观点。

执裁教练

理解并且明晰执裁教练（officiating coach）的角色和职责。

比赛总结报告

在下一次竞赛委员会会议上提供比赛总结报告，包括但是不限于以上所列的项目和事项，确保其中包含最终比分和任何严重违例以及停赛判罚。

国际冰联计时和记分系统指南

《国际冰联计时和记分系统指南》是推荐给国际赛事组织者的，其作用是显示在冰球比赛中对球队、官员和观众那些有用的信息。

如果现有场馆记分系统不能对进行中的比赛展示全部信息，应至少有 1 块电子信息屏显示额外的比赛数据，以及向观众显示有趣的新闻。如果场地冰面上方悬挂立方体电子屏幕（超大屏幕），所有信息将显示在该设备上。

1. 记分屏左侧为主队队名，右侧为客队队名。

2. 局数显示 1–2–3，加时赛显示“OT”，射门比赛显示“PSS”。

3. 每队比赛结果为两位数字，左侧为主队，右侧为客队。

4. 记分屏上可显示进球得分队员和最多两名协助队员的队服号码，主队队员在左侧，客队队员在右侧，在信息屏上显示队员姓名。

5. 比赛时间以分和秒显示，从“20:00”倒计时至“00:00”。

6. 每局最后 1 分钟以整秒和 1/10 秒显示倒计时。

7. 0~20 分钟加时赛以分和秒显示，金牌争夺赛从“20:00”倒计时至“00:00”，铜牌争夺赛或者任何其他“突然胜利法”的晋级赛从“10:00”倒计时至“00:00”，循环赛或预赛从“05:00”倒计时至“00:00”。

8. 记分屏上显示受罚队员号码，以分和秒显示受罚时间，主队队员在左侧，客队队员在右侧，在信息屏上显示队员姓名、受罚时间、判罚代码。

9. 受罚时间从总时长倒计时至零。每队有 3 个位置显示 2 分钟或 5 分钟的判罚。前两个受罚在计时牌上显示直到结束，可能发生的更多的判罚将存储在计时系统中，并在第 3 个受罚位置逐一显示在等候。

10. 暂停从 30 秒倒计时至零，并且显示在大屏幕实际比赛时间的位置，暂停结束后，实际比赛时间自动重新出现在这个位置。应一直显示每队已执行暂停的次数。

11. 射门比赛过程按每次射门显示在比赛结果的位置。最后一次射门之后，比赛结果和决定性的进球显示在这个位置上。

12. 第 1 局和第 2 局之后的 15 分钟局间休息，以及第 3 局结束之后的局间休息（如果继续进行 20 分钟加时赛），都要在每局结束后自动开始倒计时。

13. 进行 5 分钟或 10 分钟加时赛的情况下，3 分钟局间休息在第 3 局结束后自动开始倒计时。

14. 计时系统在记分屏上显示比赛前倒计时：

——60 分钟　汽笛响起，球队代表向记录员提供填写好的球队信息表。
——43 分钟　球队更衣室响起一声汽笛。
——42 分钟　球队更衣室响起两声汽笛。
——40 分钟　两队进入场内热身。
——20 分钟　两队离开冰面。球队代表向记录员提供队长等信息。
——6 分钟　信息屏上显示完整队员名单。
——3 分钟　裁判更衣室响起汽笛，场内裁判进入场内。
——3 分钟　球队更衣室响起一声汽笛。
——2 分钟　球队更衣室响起两声汽笛，两队进入场内。
——15 秒　裁判员召唤两队去中心争球点。
——00:00　比赛开始。

15. 第 2 局、第 3 局和 20 分钟加时赛之前，计时和记分系统显示局间休息倒计时：

——15 分钟　一局结束时，自动显示在记录牌上。
——3 分钟　裁判更衣室响起汽笛，场内裁判进入场内。
——3 分钟　球队更衣室响起一声汽笛。
——2 分钟　球队更衣室响起两声汽笛，两队进入场内。
——15 秒　裁判员召唤两队去中心争球点。
——00:00　比赛开始。

16. 5 分钟或 10 分钟加时赛之前，计时和记分系统显示局间休息倒计时：

——3 分钟　第 3 局结束时，自动显示在计时大屏上。
——15 秒　裁判员召唤两队去中心争球点。
——00:00　加时赛开始。

17. 监门系统使用红灯和绿灯应按以下方法执行：比赛停止并且绿灯亮起，监门员无法点亮红灯。在射门比赛阶段，即使计时钟不走表，监门员也可以点亮红灯。

18. 应该确保计时系统备用电力供给，一旦商业供电中断时，保证计时系统的功能不受影响。

备注：

调整后的倒计时程序可能用于开幕式和闭幕式，例如国际冰联世界冰球锦标赛中对两队进行介绍。仅在与国际冰联协调后适用。

比赛服预留位置

参加国际冰联锦标赛项目的各成员国家协会，必须确保他们的队员所穿比赛服上，为国际冰联指定的体育竞赛和营销内容预留指定位置。比赛服预留位置应展示以下内容：

- 国家徽标。
- 个人号码。
- 队员姓名。
- “C”表示队长。
- “A”表示代理队长。
- 国际冰联标志。
- 广告标志和商标（如果适用）。

《国际冰球联合会官方冰球规则》《国际冰联比赛服计划指南》和《国际冰联供应商手册》包含更多关于比赛服的详细信息。参加国际冰联锦标赛项目的各成员国家协会，必须遵守这些文件中的规则和说明。

下图显示了比赛服受保护的区域。根据比赛服的设计，对下图较小的改动可以提请至国际冰联以供斟酌。

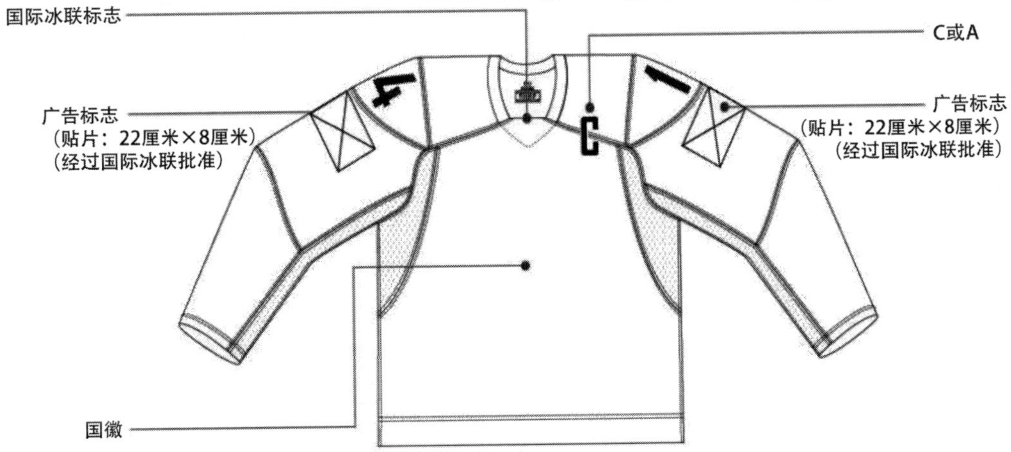

队员姓名栏
广告标志
（贴片：22厘米×8厘米）
（经过国际冰联批准）
姓 名
14
队员号码
广告标志
（贴片：22厘米×8厘米）
（经过国际冰联批准）
队员号码
国际冰联标志
IIHF

比赛服图标放置条例

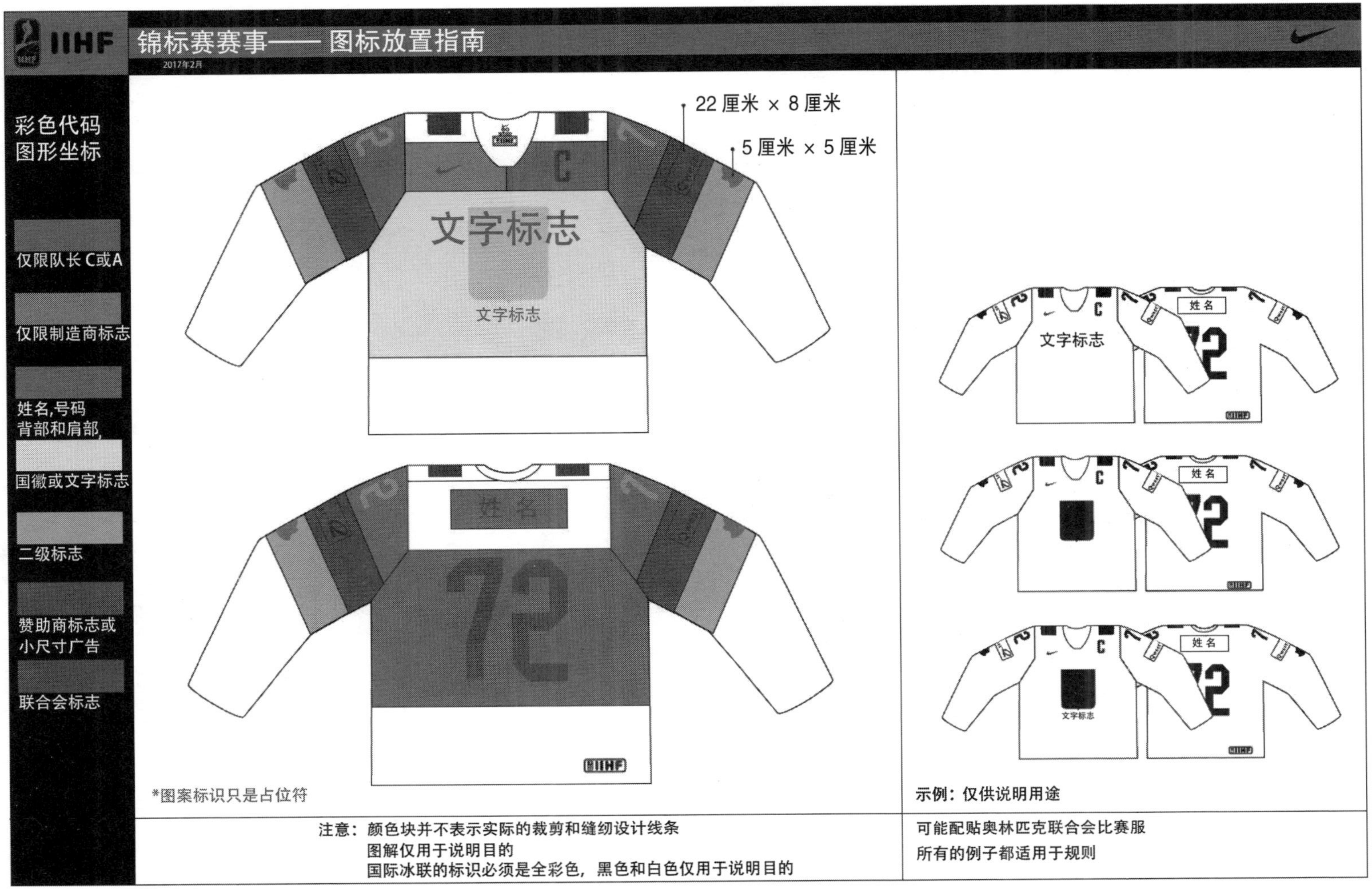
IIHF
锦标赛赛事—— 图标放置指南
2017年2月
彩色代码
图形坐标
仅限队长 C或A
仅限制造商标志
姓名,号码
背部和肩部,
国徽或文字标志
二级标志
赞助商标志或
小尺寸广告
联合会标志
22 厘米 × 8 厘米
5 厘米 × 5 厘米
文字标志
文字标志
C
姓 名
72
IIHF
*图案标识只是占位符
示例：仅供说明用途
注意：颜色块并不表示实际的裁剪和缝纫设计线条
图解仅用于说明目的
国际冰联的标识必须是全彩色，黑色和白色仅用于说明目的
可能配贴奥林匹克联合会比赛服
所有的例子都适用于规则

比赛服贴片使用条例

除了国际冰联比赛服图标放置指南以外，成员国家协会只可以使用比赛服上已经界定的位置，并且用以下方式或者在以下情况用“次要的标识”呈现：

· 成员国家协会周年纪念（10 年、20 年、25 年、30 年、40 年、50 年、60 年、70 年、75 年、80 年、90 年、100 年）。
· 国家周年纪念（100 年或更多）。
· 国家奥委会标志（如果愿意）。
· 国旗。

成员国家协会 100 周年纪念等特殊情况，特殊贴片的位置可以讨论。应该在半年大会上，由成员国家协会和国际冰联对该事项进行讨论，比相关的周年锦标赛赛季提早 1 年。

一旦成员国家协会界定了该特殊贴片（不晚于下一个在比赛服上使用贴片的赛季年度的 1 月 1 日），成员国家协会应该获得国际冰联对于比赛服设计的批准（例如，2019 年国际冰联世界青年锦标赛贴片的使用，最晚提交截止时限为 2018 年 1 月 1 日）。

北美尺寸场地冰面标记

一旦批准在冰面为北美尺寸的场馆进行国际冰联比赛，即自动表示统一使用冰面现有的球门线、蓝线、中区红线和标志线，但是，球门区和球门后面的梯形线除外。

国际冰联赛事冰面尺寸

在任何国际冰联赛事中使用一个以上的比赛场地，为了平等和比赛公平，冰面必须设置为相同尺寸。若提前经所有参赛的成员国家协会书面同意，可以允许例外情况。

队员录入程序和最后期限

任何国际冰联比赛之前，成员国家协会负责使用国际冰联队员线上注册系统（the IIHF Hydra Online Player Registration System）提交赛事中他们的球队大名单（TELL），包含全部可能参加的运动员和工作人员的姓名和数据。

国际冰联办公室必须在第 1 场比赛开始之前至少 14 天收到球队大名单。

第一次竞赛委员会会议上，参赛球队必须从初始球队大名单中选出至少 15 名队员和 2 名守门员进行注册。

截至比赛开始之前 2 小时，允许球队按意愿录入并且注册新队员和守门员，只要他们在初始球队大名单上，并且不超过该赛事的最高人数限制。

如果有队员和守门员没在最初的球队大名单中，无论以何种理由被遗漏，球队都必须在赛前填好并提交“迟报运动员申请表”，至少提前 24 小时完成运动员的报名说明、注册及录入球队大名单中。这样才能允许运动员参加比赛。

赛前会议

在国际冰联各级别锦标赛或其他赛事之前，组织者必须安排赛前会议，由国际冰联、参赛国家协会的球队官员及组委会成员参加。这些会议由国际冰联委派的代表召集举行，并且由组织者安排，以确保每个参与方在赛事开始前对锦标赛的各个环节达成一致认知。

不论球队的日常活动是否与这些会议时间重叠，参赛队的工作人员都必须参加这些会议。每个会议的内容和目的概括说明如下：

主教练规则信息会议（HCRIM）

委派参加各个国际冰联锦标赛或其他赛事的国际冰联比赛监督将主持主教练规则信息会议，各参赛队主教练参加。会议目的是解释应用于该赛事的国际冰联规则以及程序。会议也用于为国际冰联裁判管理人员和各队主教练建立沟通渠道。

凡是召开主教练规则信息会议的国际冰联赛事，都要求主教练必须参加该会议。

请记住，如果任何球队的主教练未参加主教练规则信息会议，将对相应国家协会处以 5000 瑞士法郎的罚款。

球队医务人员会议

国际冰联医务监督和赛事首席医疗官将共同主持球队医务人员会议，与每支球队的队医和医务人员讨论并强调锦标赛中关于健康、医疗、营养以及反兴奋剂的相关安排。

球队媒体经理会议

国际冰联代表将与承办国转播方（如果可以参加）主持并组织球队媒体经理会议，组委会以及各参赛国家媒体经理参加。要求所有球队的媒体经理参加会议，会议将对媒体相关的所有事项以及锦标赛事的媒体程序进行简要说明。

护照核查会议

国际冰联代表将主持并组织护照核查会议，国际冰联数据统计主管以及各参赛国家的领队参加。要求所有球队的领队参加会议。各支球队必须携带其队员的护照、护照复印件以及签了字的“运动员报名表”。对于符合国际冰联资格但是根据国际冰联章程和条例被视为未成年的队员，还要在“运动员报名表”后附上一张由父亲、母亲或其他法定监护人签过字的“国际冰联未成年负责书”。

执裁 —— 裁判员和边线裁判员

申请复审程序

根据《国际冰联运动条例》第 22 条的规定，国际级裁判员和边线裁判员必须获得国际冰联的资格认证。国际冰联裁判委员会应对成员国家协会提供的所有国际级裁判员和边线裁判员的申请进行复审。国际冰联必须在相应的锦标赛赛季的 7 月 31 日之前收到全部申请。国际冰联裁判委员会将根据裁判员的裁判职业经历、以前的评估及国际冰联比赛监督的报告来认证其资格。

国际冰联裁判委员会必须将其建议及已获得执照的裁判员和边线裁判员提议名单，一同提交给国际冰联理事会批准。

国际冰联裁判员和边线裁判员年龄上限为 50 岁，到申请截止日 7 月 31 日。

国际冰联理事会应每年公布国际级裁判员和边线裁判员的资格认证费用。

国际冰联赛事裁判员提名

国际冰联裁判委员会必须向国际冰联理事会提交获得执照的裁判员和边线裁判员建议名单，并等待审批。获批之后，国际冰联裁判委员会将安排国际冰联各赛事建议裁判员和边线裁判员名单，并提交年度大会进行审批。

已经安排好的裁判员或边线裁判员，只有在经过国际冰联秘书长或国际冰联裁判委员会主任批准后，才可以更换。

国际冰联比赛监督通过竞赛委员会主席去提名每场国际冰联赛事的裁判员和边线裁判员；此外，国际冰联世界冰球锦标赛及奥运会赛事的裁判员和边线裁判员，将由国际冰联裁判委员会选派。所有提名都是最终的，只有在裁判员因为行李丢失、受伤或生病而导致不能按时到场的情况下，才有可能换人。

原则上，国际冰联世界冰球锦标赛各场比赛的监门员，必须来自不参加该比赛的国家。

其他国际比赛必须由持有现行国际冰联执照的裁判员进行执裁，该裁判员的委派经过相关成员国家协会同意。

国际比赛报告

国际冰联裁判员有义务向国际冰联（裁判主管）报告所有不完整的比赛、严重违例、停赛以及任何其他非常规的情况，包括但是不限于国际冰联管辖下进行的、国际比赛中发生的操纵比赛的事件和/或怀疑是操纵比赛的事件，如《国际冰联行为准则》中所列示的那样。

执裁制度

国际冰联的执裁制度已在《国际冰球联合会官方冰球规则》中列示。三人制或四人制将用于所有国际冰联赛事以及相关国家队的国际比赛。国际冰联理事会可以对特定国际冰联赛事调整执裁制度。

国际冰联裁判员和边线裁判员服装

在国际冰联赛事中，国际冰联裁判员和边线裁判员应按以下要求着装：

——纯黑裤子。
——带护目镜的黑色头盔。
——黑色和白色竖条纹上衣（条纹宽3厘米）。
——国际冰联徽章在上衣左胸前适当位置。
——裁判员和边线裁判员必须穿戴国际冰联场内裁判和边线裁判员的护具。
——裁判员必须在每只袖子上部佩戴红色或橙色的8厘米宽的袖标。

广告

在国际冰联赛事和所有国际冰联管辖下进行的国际比赛中，禁止持有国际冰联执照的裁判员和边线裁判员穿戴任何广告商标或者生产商的标识，除非该广告已经过国际冰联安排和批准。

如果国际冰联已经为获得国际冰联执照的裁判员和边线裁判员安排了广告，他们必须按照国际冰联的指示穿戴广告标识。

国际冰联比赛用球冷冻指南

为了尽量在所有上场轮次给队员提供最佳的冰球，将按照以下程序确保比赛中所有时间都在使用冷冻的冰球。“冷冻冰球程序”为所有锦标赛顶级组别（男子、女子、男子 U20、男子 U18、女子 U18），以及冬季奥林匹克运动会的所有男子和女子比赛设计和使用。

程序如下

1. 当冰球已经在实际比赛时间中使用超过 2 分钟，裁判鸣哨比赛停止，记罚员将打开受罚席门。

   17:34　使用一个新冰球。
   16:10　吹哨比赛停止，继续使用同一个冰球。
   15:12　吹哨比赛停止，使用一个新冰球。

2. 因为边线裁判员不知晓冰球已经在比赛中使用的实际时间，所以打开受罚席门示意边线裁判员来取一个新的冰球，是记罚员的工作。边线裁判员将过来取走球并用它进行接下来的争球。
3. 每局开球之前，边线裁判员会在即将进行争球之前去取一个新冰球。
4. 清理雪沫的过程中，边线裁判员不去取冰球，等到清理工作结束后才去取冰球。
5. 如果因为任何原因有一个时间较长的比赛停止（冲突、修复冰面、防护玻璃破损等），并且冰球已经明显从冰柜中取出超过一定时间，记罚员将在比赛即将恢复时示意边线裁判员取来一个新冰球。

为了成功执行该程序，记录员（场外比赛监督）将确保：

1. 冰场的受罚席内应有冰柜，温度保持在零下 8 摄氏度至零下 12 摄氏度之间，理想温度是零下 10 摄氏度。
2. 比赛开始之前，从冰柜中取出 15 个冰球并直接放入硬塑料的冷藏箱，放进受罚席的冰柜里。
3. 组织者有责任确保每场比赛至少有 80 个官方比赛用球。重要的是，这些冰柜温度设置在零下 12 摄氏度。这将确保冰球送至记录员（场外比赛监督）时是冷冻的，适合比赛使用。

4. 第 2 局和第 3 局比赛开始时，从球队的冰柜中取出额外 15 个冰球，直接送往受罚席的冰柜里。

5. 记罚员将所有冷冻的冰球放置在受罚席冰柜中，直到比赛中需要球时才立即取出来。

6. 当比赛中使用过的冰球归还给记罚员时，不应该将冰球放回受罚席冰柜中，而是应该在每局比赛结束时将其归还给组织者。

放在记录员席的冰柜的温度，必须设置为零下 10 摄氏度以下，但又不能低于零下 12 摄氏度。这样才能保证在开关冰柜门给比赛取球时柜内温度仍保持在所需的温度。在该温度下，冰球的反弹力将被减弱。

组织者应检查并监督冰球冰柜的温度，以确保设置的温度不低于零下 12 摄氏度。

射门比赛干刮冰程序

射门比赛开始之前，将使用一台或两台浇冰车，按以下所述对争球点之间的冰面区域进行干刮冰（无水）。

进行干刮冰之前，浇冰车应该做好以下准备：

· 清空浇冰车雪箱。
· 清空浇冰车水箱。
· 取下浇冰车爬犁上的拖布。
· 用水冲掉刀刃和螺旋绞垄上的冰渣。
· 调节刀刃深度，使左侧和右侧的远端边口的刮冰深度一样。
· 确保有充足的燃料或电量完成刮冰。
· 进入冰面前，用水洗净轮胎。

使用两台浇冰车干刮冰（无水）的建议程序：

· 加时赛结束后，场馆工作人员立即搬走球门和门钉，放置在侧面界墙附近。
· 两台浇冰车将同时进入冰面，把浇冰车上的爬犁放在冰面上。
· 第一台浇冰车将从端区球门线后最靠近浇冰车门的区域开始刮冰，接向对面端区的方向，先从冰场中路扫第一趟。
· 一旦第一台浇冰车已经到达远端球门区，第二台浇冰车将跟随第一台浇冰车的路线，从左侧边缘外面开始刮冰，略微重叠。
· 第一台浇冰车将前行通过球门区，并尽可能多地超过球门线，然后完全右转直向对面端区，刮冰经过争球点顶端。
· 第二台浇冰车将跟随第一台浇冰车，前行通过球门区并尽可能多地超过球门线，然后完全右转，从第一台浇冰车路线的右侧边缘里面进行刮冰，略微重叠。
· 两台浇冰车将继续这种方式（每台车 3 圈整），完成对争球点之间的整个冰面的刮冰。
· 应留意确保两台浇冰车刮冰的量相同。

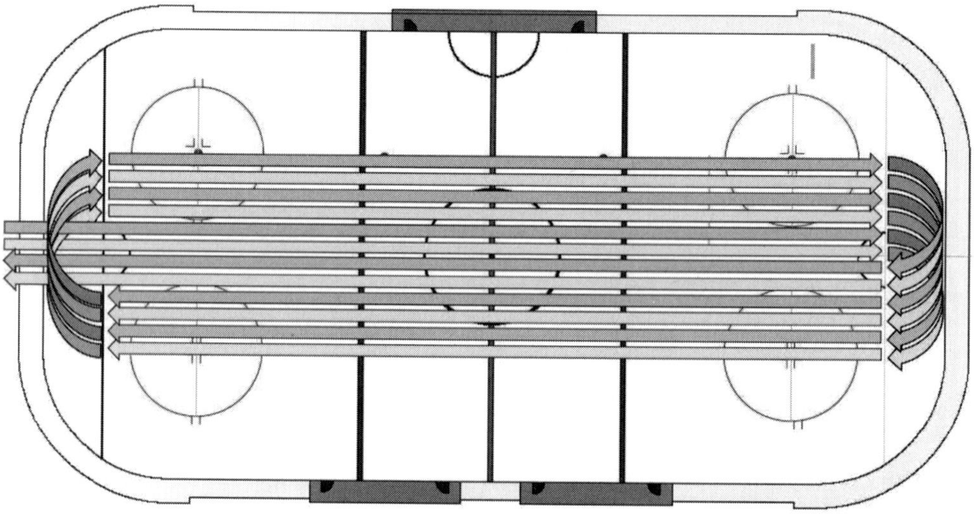

国际冰联射门比赛刮冰程序
（两台浇冰车）

使用一台浇冰车干刮冰（无水）的建议程序：

· 加时赛结束后，场馆工作人员立即搬走球门和门钉，放置在侧面界墙附近。

· 浇冰车将进入冰面，把浇冰车上的爬犁放在冰面上。

· 浇冰车将从端区球门线后最靠近浇冰车门的区域开始刮冰。向对面端区的方向，先从冰场中路扫第一趟。

· 浇冰车将前行通过球门区，并尽可能多地超过球门线，然后完全右转直向对面端区，刮冰经过争球点顶端。

· 浇冰车将前行通过对面端区的球门区，并尽可能多地超过球门线，然后完全右转，从第一圈右侧边缘外面进行刮冰，略微重叠。

· 浇冰车将继续这种方式（6 圈整），直到完成争球点之间的整个冰面的刮冰。

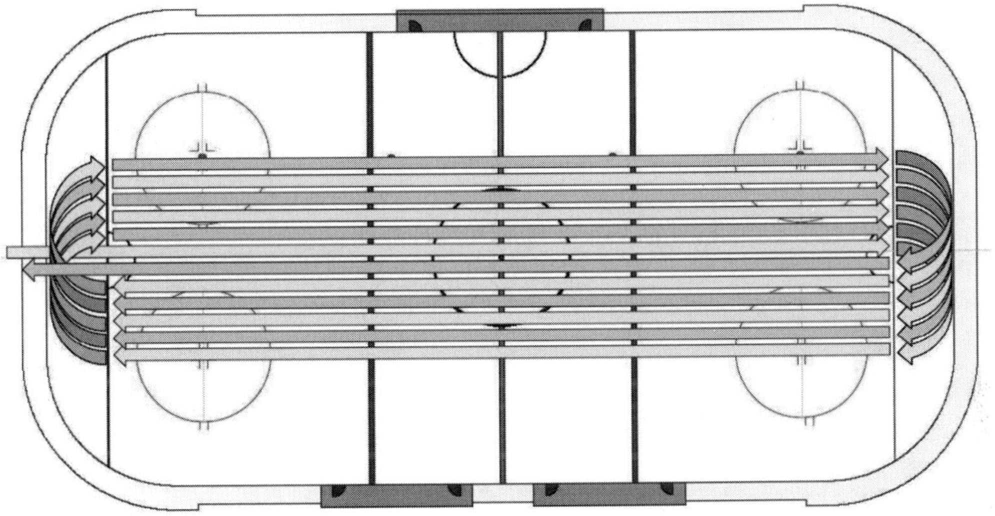

国际冰联射门比赛刮冰程序
（一台浇冰车）

国际冰联国家联赛数据统计系统要求

参加国际冰联锦标赛计划的国际冰联成员国家协会，必须运营和维持一套功能完备的线上数据统计系统。有意愿参与国际冰联某级别锦标赛的队员，其个人国内联赛信息应录入该系统。该数据统计项目必须至少包含以下内容：

1. 联赛各级别比赛的日程。
2. 联赛排名和统计数据，包括：
   - 参赛球队名称。
   - 积分/排名。
   - 比赛场次。
   - 获胜。
   - 失败。
   - 进球数。
   - 失球数。
   - 得分。
3. 以球队显示的注册队员个人姓名和统计数据，包括：
   - 姓名。
   - 性别。
   - 出生日期。
   - 国籍。
   - 位置。
   - 比赛场次。
   - 进球数。
   - 协助数。
   - 受罚时间。
   - 守门员数据统计。
4. 比赛统计数据。
5. 一份现在正受罚的队员禁赛清单。

所有成员国家协会有责任确保其在线数据统计系统遵守国家及国际数据保护法律。

国际冰联场外裁判手册

IIHF OFF-ICE OFFICIALS' HANDBOOK

前　言

《国际冰联场外裁判手册》旨在为委派的场外裁判提供冰球比赛运营组织架构、人员、分工和程序的建议。我们相信该手册将对成员国家协会、联盟、俱乐部以及在成员国家协会管理下的比赛运营组织者有所帮助。同样，任何成员国家协会、联盟或俱乐部可根据需求和目的变更该文件中的任一部分。

《国际冰联场外裁判手册》为记录员、计时员、宣告员、监门员和记罚员的责任、分工以及工作程序提供指南。

场外裁判应熟悉他们的职责和相关程序。此外，他们应该熟悉比赛规则，深入理解职责，掌握比赛规则的基本知识。场外裁判可以在冰球比赛中为场内裁判提供有力的协助。

《国际冰联场外裁判手册》已更新至与2018—2022年《国际冰球联合会官方冰球规则》一致。委派参加国际冰联赛事的场外裁判责任、分工和程序包含在独立的文件中，可以从国际冰联办公室获得。

第1章 基本信息

每场冰球比赛，应指派以下场外裁判岗位：

—— 1名记录员（最多2名助理记录员）。

—— 1名计时员。

—— 1名宣告员。

—— 2名记罚员。

—— 2名监门员。

通常，选派的场外裁判可能包括比赛官员、地区或地方裁判长、地区或国家协会裁判委员会代表或接受过训练的志愿者。

选派的场外裁判应精通规则，必须理解延迟判罚情况、同等时间判罚规则，并且应熟悉裁判员手势。

比赛或赛事前准备阶段，记录员应与联盟、俱乐部或地方组织者的代表会面，讨论以下内容：

· 适用于该赛事的特殊规定（商业暂停、比赛开始、视频监门等）。
· 赛事中用于联络的电话号码。
· 记录席内的设备和测量工具。
· 场外裁判着装要求。
· 场外裁判就餐安排。
· 工作报酬。
· 认证。

比赛或赛事之前，记录员应组织选派的场外裁判开会讨论以下内容：

· 与赛事和组织相关的基本信息。
· 场外裁判的角色和责任。
· 比赛的提名程序。
· 比赛前、比赛中和比赛后程序：

—— 选派的场外裁判工作计划和时间安排。

—— 就餐安排。

—— 着装要求。

—— 工作报酬。

· 与数据统计组合作（如果安排）。

所有选派的场外裁判，应比预定的比赛开始时间至少提前90分钟到达冰场。个人到达时间，可以由记录员提出要求并做出安排。所有选派的场外裁判受记录员监管。

第2章　分工与职责

2.1　记录员

2.1.1 比赛前记录员职责

比赛前，联盟、俱乐部或地方组织者必须向记录员提供原始、空白的比赛记录表。

比赛开始前60分钟，记录员应通过两队经理或教练员获得有参赛资格的全部队员名单，还应知晓每场比赛选派的裁判员和边线裁判员姓名。

比赛开始前，记录员应在比赛记录表上填写以下内容：

1. 每位参赛队员的姓名、位置和队服号码。
2. 与比赛有关的全部数据，例如比赛名称、地点、日期、时间、主队队名和客队队名，以及选派的场内裁判和场外裁判姓名。

比赛开始前20分钟，记录员应通过两队经理或教练员获得队长和代理队长的姓名，并在比赛记录表中他们的名字前标注C和A。

比赛开始前至少10分钟，记录员必须将填写并签字的比赛记录表复印件，送至裁判员更衣室。

比赛开场争球前，队伍有权利增加或删减比赛记录表上的队员名单。

2.1.2 比赛中记录员职责

比赛中，记录员应在比赛记录表中记录以下信息：

1. 进球得分。
2. 判定的进球得分队员和协助队员的号码。
3. 进球得分时，在场内的两队队员号码。
4. 场内裁判做出的全部判罚，每次被判罚的队员号码、犯规种类、进行判罚的时间以及判罚的时长。
5. 每个判定的任意球，罚任意球的队员姓名和罚球结果。
6. 替补守门员进入比赛的时间。

国际冰联比赛记录表填写示例可见附录4和附录5。

记录员应对以下事项负责：

1. 确定协助队员的号码。

2. 更正记分牌上显示的判罚和得分。
3. 确保所有受罚队员执行的判罚时长正确。
4. 一旦发现计时钟上显示的时间与正确官方时间有误差，及时提醒场内裁判。
5. 按照裁判员指示做出相应的调整。
6. 当同一名队员在同一场比赛中被判第 2 个违例时，告知裁判员。
7. 如果发现没有列在比赛记录表上的队员参与比赛，通知裁判员。
8. 作为场外裁判和场内裁判之间的联络人。

2.1.3 比赛中与场内裁判沟通

比赛中，记录席内的场外裁判收到的信息可能对裁判员有价值，裁判员可以通过记录员向场外裁判询问有争议的情况，场外裁判应通过记录员回复裁判员。

在比赛期间，记录员是唯一被授权向裁判员提供比赛相关信息和与裁判员讨论比赛相关问题的场外裁判。

记录员可以在以下情况中协助裁判员：

· 队伍和/或守门员判罚：
——守门员被判罚时，记录员应记录场内队员的队服号码，并且在裁判员需要时提供该信息。
——如果裁判员希望被告知，记录员应记录判罚时场内所有队员的队服号码。
· 争执：
——如果裁判员希望被告知，记录员应记录场内所有队员的队服号码，以及从队员席进入场内参与争执的队员号码。
——在队员离开队员席去参与的事件中，记录员可以协助裁判员记下参与队员的号码，但是只在裁判员需要时向他提供相关信息。
· 与视频监门员沟通（如果使用视频监门系统）：
——当裁判员必须与视频监门员讨论某一进球情况时，在记录席的记录员将向裁判员提供电话，使裁判员直接联系视频监门员。

当记录员与裁判员讨论情况时，他们应避免使用任何头部或手部手势，因为这会导致困惑或争议。

2.1.4 比赛后记录员职责

比赛后，记录员的首要任务是核实已填写的比赛记录表，并且让裁判员签字。记录员应复核，如果有必要，与裁判员在每局结束时更正比赛记录表。

比赛后，记录员应将裁判员签字的比赛记录表交给正确的权力机构。

任何更改队员得分的请求应不予考虑，除非在实际比赛结束前（或者在裁判员签署比赛记录表之前）由队长提出。

2.2 ……

2.3 助理记录员

记录员一般最多有 2 名助理记录员，在比赛前、比赛中和比赛后协助他工作。比赛前，记录员应和助理记录员召开短会讨论合作事宜。

记录员可以建议助理记录员在以下方面给予协助：

1. 检查记录席内的设备和测量工具。
2. 比赛中提供参加比赛的队员和守门员的信息。
3. 守门员被判罚时，记录场内队员的队服号码。
4. 进球得分时，记录双方场内队员的队服号码。
5. 记录获得协助的队员的队服号码。
6. 如果队员离开队员席去参与场内事件，记录其队服号码。
7. 记录员要求的其他任务。

助理记录员受记录员监管。

2.4 计时员

比赛计时钟是冰场中唯一的官方计时系统。所有活动都由这个计时装置来记录开始时间。在比赛前、比赛中和比赛刚结束时，计时员全程对该装置上显示的时间负责。

计时员应记录和管理：

1. 比赛前倒计时。
2. 每场和每局比赛的开始和结束时间。
3. 每局之间 15 分钟的局间休息。
4. 比赛中所有实际比赛时间。
5. 所有判罚的开始和结束时间。
6. 所有暂停的开始和结束时间。

所有计时系统程序应由计时员启动和管理。计时员受记录员监管。

2.4.1 比赛前计时员职责

比赛开始之前，计时员必须：

1. 与地方组织者或承办俱乐部讨论任何关于比赛的特殊安排（开幕式、讲话、局间休息等）。
2. 与记录员讨论如果比赛计时钟出现故障如何与场外裁判合作。

3. 熟悉计时系统及其功能。
4. 确认计时系统运转正常：
——在计时钟上设置比赛时间。
——在计时钟上设置判罚时间（2 分钟、2+2 分钟和 5 分钟）并清除。
——开始和停止计时钟。
——设置暂停时间并且检查倒计时。
——检查汽笛。
5. 检查计时装置的其他功能。
6. 准备秒表并确认其正常工作。
7. 记录计时系统维护人员的电话号码，并且确认其电话正常工作。
8. 比赛开始前 60 分钟就位，开始倒计时程序。

2.4.2 比赛中计时员职责

比赛开始前及第 2 局、第 3 局和任何加时赛开始前，裁判员和两队都准备好在中心第一次争球时，裁判员将举手向计时员示意准备掷球。

裁判员应从计时员处收到“OK”信号，表明计时系统已准备好开始比赛。自此后，计时员的全部注意力必须集中在裁判员身上。

当裁判员掷球时，计时员必须立刻操作比赛计时钟开始计时。

比赛中，任何场内裁判掷球时，计时员都要立即开启比赛计时钟，并且在听到裁判员或边线裁判员哨音时应停止比赛计时钟。

操作计时系统时，计时员必须同步使用秒表对比赛进行计时。秒表是备用计时装置，以便比赛中计时系统出现故障时，进行手工计时操作，来保持正确的时间。应由同一人操作计时系统和秒表，保持一致性，以备场内裁判或队伍询问正确时间。

如果场馆没有自动信号装置，或者该装置不能正常运行，计时员应在每局结束或加时赛结束时，用蜂鸣器汽笛或吹哨进行示意。

在第 1 局和第 2 局剩余比赛时间为 1 分钟，以及第 3 局剩余比赛时间为 2 分钟时，计时员应告知宣告员通过广播系统进行宣告。

为了使每个人知晓局间休息的剩余时间，计时员应使用比赛计时钟记录局间休息时长。在一局结束时，比赛计时钟应立即开始局间休息倒计时。

在每局开始之前，计时员应向场内裁判、场外裁判和双方队伍给出预先提醒信号：

· 比赛计时钟上剩余 3 分钟：1 声汽笛，表明 1 分钟内队伍将被召唤进入冰面。
· 比赛计时钟上剩余 2 分钟：2 声汽笛，召唤队伍立即离开他们的更衣室并且返回冰面。

如果计时系统出现问题或更衣室没有配备汽笛，信息将通过计时员吹哨传达给队伍，同时计时员一直通过秒表保持对时间的控制。如果出现这种情况，计时员应在问题发生时，通过记录员或助理记录员，尽快告诉场内裁判。

任何关于时间的争论事件，应反馈至裁判员裁定，并且他们的决定是最终决定。

各种活动和时序在比赛计时钟上的显示，以及在比赛中的实际时长展示如下：

活 动	时 序	实际时长
距离队伍上冰的倒计时开始	比赛开始前 60 分钟	连续 20 分钟
队伍赛前热身	比赛开始前 40 分钟	连续 20 分钟
距离比赛的倒计时开始	比赛开始前 20 分钟	连续 20 分钟
第 1 局	20 分钟	20 分钟净时
第 1 局局间休息	15 分钟	第 1 局结束后立即开始，连续 15 分钟
第 2 局	20 分钟	20 分钟净时
第 2 局局间休息	15 分钟	第 2 局结束后立即开始，连续 15 分钟
第 3 局	20 分钟	20 分钟净时
加时赛局间休息	3 分钟	第 3 局结束后立即开始，连续 3 分钟

2.5 宣告员

· 宣告员负责通过广播系统宣布信息。
· 宣告员受记录员监管。

2.5.1 赛前准备

比赛开始前，宣告员应该：

· 从两队获得全部有资格参赛队员的名单，以及选派的场内裁判姓名。
· 研究各队队员、官员、裁判员和边线裁判员的姓名。
· 掌握他们名字的正确发音。
· 与记录员见面讨论比赛。
· 演练在比赛前、比赛中、比赛后必须播报的全部宣告内容。
· 确认记录席上的麦克风正常工作。
· 至少在比赛开始前 45 分钟在记录席就位，并且准备开始宣告。

2.5.2 赛中宣告

比赛中，宣告员应通过广播系统宣布：

1. 判定的进球和协助。
2. 判罚。
3. 受罚结束。
4. 第 1 局和第 2 局剩余 1 分钟。
5. 第 3 局剩余 2 分钟。

比赛计时钟出现故障的情况下，宣告员必须：

1. 依据记录员的要求，立即通过广播系统通知观众和队伍。
2. 在比赛停止时，宣布比赛进行的时间或被判罚队员的受罚时间。
3. 当比赛计时钟再次开始工作时，通知观众和队伍。国际冰联比赛中使用的宣告词示例可见“宣告词范例”。

2.6 记罚员

每队受罚席应指派 1 名记罚员。记罚员应负责：

1. 依据受罚队员的需要，向其提供剩余受罚时间的正确信息。
2. 依据受罚结束时间，允许受罚队员在适当的时候回到场内。
3. 如果队员在受罚结束前离开受罚席，告知记录员。

记罚员受记录员监管。

比赛中，记罚员应记录判罚开始和结束的时间，以及该受罚队员回到场内的时间。

记录信息的示例如下：

队员号码	代替受罚队员号码	判罚时长（分）	犯规	开始	结束	回到场内
8		2	H–ST	18:05	20:05	19:45（进球）
10		2	CH–B	18:20	20:20	20:20
10		10	MISC	20:20	30:20	30:20

比赛中，比赛计时钟上受罚时间结束时，记罚员应立即打开受罚席门，表明该队员的受罚时间结束，他可以回到场内。

如果一局或比赛结束的汽笛声响起，或者裁判员停止比赛后场内有冲突或打架，记罚员必须使受罚队员留在受罚席内，直到场内情况得到了场内裁判的控制。记罚员不可以让受罚队员进入场内，防止受罚席内的队员介入冲突或打架。只有明确了受罚队员将不会介入与对方队员的冲突或打架时，记罚员才可以从受罚席放出受罚队员，允许他通过冰面去到他的更衣室或队员席。

如果受罚队员在冲突或打架中自己离开受罚席，将适用规则 154-（4）过早离开受罚席。在这种情况下，记罚员应立即通过记录员向裁判员（们）报告。

2.7 监门员

比赛进行中应在每个球门后设置 1 名监门员，如果可能，设置在有适当保护的区域，这样，他们可以不受干扰。比赛中监门员不应交换场地。

比赛中监门员不应被替换，除非因为疾病或其他一些不可预见的情况。

监门员应判断球是否在球门柱之间穿过并且完全越过球门线，并且给出适当的示意。

当认为球在球门柱之间穿过并已经完全越过球门线时，监门员应打开红灯，至少持续 5 秒。

在停电的情况下，每名监门员必须配备一面红旗，作为电子红灯的备用。当球完全越过在球门柱之间的球门线时，监门员必须举旗示意。

裁判员可能咨询监门员，但是裁判员将对有争议的进球做出最终判定。

监门员受记录员监管。

第3章　记录席

3.1　记录席的场外裁判

记录员、2名助理记录员、计时员和宣告员必须位于记录席内，2名记罚员应安排在受罚席内。

在指派的受罚席内，记罚员应有专门的座位。他们应对整个冰面有良好的视野，并且应能够清楚地看到比赛计时钟上的时间，以便更恰当地履行其职责。

比赛期间，场外裁判应避免与观众交谈。

3.2　记录席所需设备

比赛中，记录席必须有以下设备，这些物品由记录员负责，必须在比赛中任何时候都可使用：

1. 2块秒表。
2. 1把被认可的球杆测量器。
3. 1个小的记事本和削好的铅笔。
4. 1个额外的场内裁判哨子。
5. 提供给场内裁判的4瓶饮用水。
6. 提供给场内裁判的4块毛巾。
7. 1把测量卷尺。
8. 2面监门旗（红色）。

第 4 章　解释和指南

4.1　判定进球协助指南

记录员或助理记录员负责判定每个进球的协助。以下为判定协助使用的指南：

1. A8 传球给 A9，A9 传球给 A10，A10 射门得分。
   判定：A10 进球得分，A8 和 A9 协助。

2. A8 朝球门方向射门，但没有射中守门员，A9 重新得到球并且传球给 A10，A10 射门得分。
   判定：A10 进球得分，A8 和 A9 协助，因为没有 B 队队员控球。

3. A8 传球给 A9，但是球经过 B 队队员的身体、球杆或冰刀反弹，并且被 A9 重新得到，A9 传球给 A10，A10 射门得分。
   判定：A10 进球得分，A8 和 A9 协助，因为没有 B 队队员控球或拥有球权。

4. A8 射门，球被守门员挡住，之后球反弹，并且 A10 将球射入球门。
   判定：A10 进球得分，A8 协助。

5. A8 传球给 A9，A9 试图传球给 A10，但是 B 队队员阻截传球。A10 从 B 队队员手中抢到球，并且将球射入球门。
   判定：A10 进球得分，但是没有协助，因为在射中得分前 B 队队员拥有球权并控球。

6. A8 传球给 A9，A9 传球给 A10，A10 射门，但是球被守门员挡住并弹出。然后 A10 重新得到球并射入球门。
   判定：A10 进球得分，A8 和 A9 协助。

4.2　进球后放出受罚队员指南

根据规则的规定，当一支球队人数缺少且失分时，应考虑以下指南：

关于小罚应问 3 个问题：

——该队是否正在执行小罚？
——该队场上人数是否少于对方？
——该队是否失分？

如果对 3 个问题的回答都是“是”，进球得分后第一个执行的小罚终止，除非对方是罚任意球得分或者在规则 114——缓判中明确规定。

如果该队人数缺少，但是对方是罚任意球得分，没有受罚队员回到场内。协助记罚员判断在进球得分后受罚队员是否回到场内的示例情况，可见《国际冰联执裁案例》规则第 114 条。

4.3 抵消判罚指南

比赛中，可能会出现适用《国际冰联执裁案例》规则第 112 条“同等时间判罚”的情形。

同等时间判罚示例可见《国际冰联执裁案例》规则第 112 条。

第 5 章　国际冰联赛事特殊安排

5.1　地方统计协调员

关于国际冰联赛事，根据比赛的类别和级别，国际冰联将委派 1 名额外人员或 1 组人员（比如数据结果经理、数据结果操作员、数据观察员等）管理和操作统计项目。国际冰联将在赛前和赛事组织者一起安排此事。

承办国际冰联赛事的地方组织者必须提名 1 位地方统计协调员，协调和监督统计组工作，并且作为国际冰联数据经理、统计组和场外裁判之间的联络人。

地方统计协调员的要求和职责如下：

- 必须可以熟练地说英语。
- 作为统计组和国际冰联数据经理之间的联络人。
- 为地方统计组制订分工计划。
- 为统计相关的事项协调地方技术支持人员 / 技术人员。
- 协调统计结果发布（队伍、媒体、广播、贵宾、组委会、国际冰联等）。

地方统计协调员的职责，以及与场外裁判的合作事宜的更多细节描述可见特定的《国际冰联统计条例》。

5.2　记录席额外安排

5.2.1　电脑统计服务

对于国际冰联委派数据结果经理操作统计项目的国际冰联赛事，地方组织者必须在冰场中提供配备高网速、有电脑和打印机的办公室，尽可能靠近记录席，方便委派的国际冰联数据结果经理到达记录席。

录入比赛信息的电脑操作员（Orion 操作员）需要在记录席内坐在记录员旁边。录入有效射门和争球的电脑操作员（Gemini 操作员）应坐在对赛场有良好视野的位置。2 个位置都应配有操作记录系统的硬件设备。

组织者必须为有线网络连接、电力供应和在记录席上充足的工作空间提供技术支持与安装。这应该事先与赛事组织者讨论好，确保可以操作。

此外，在国际冰联锦标赛顶级组和冬奥会中，统计服务系统的功能是立即告知记录员射门得分或判罚相关的队员的队服号码。

5.2.2 视频监门电话操作员

在国际冰联锦标赛顶级组、冬奥会和其他特定的国际冰联赛事中，地方组织者必须提供记录席与视频监门员座位之间的专线电话。

视频监门电话操作员必须坐在记录席的电话前，电话必须配备与铃声同步的闪光信号，以避免错过视频监门员的来电。

5.2.3 商业暂停协调员

有商业暂停的国际冰联赛事，必须委派 1 名商业暂停协调员，坐在记录席启动红灯示意商业暂停。商业暂停协调员在记录席应有位置，为裁判员提供商业暂停剩余时间的可视信息。

国际冰联赛事商业暂停程序和商业暂停协调员的职责可见附录 10。

5.3 国际冰联官方比赛记录表填写指南

见附录 3 至附录 6。

5.4 国际冰联计时和记分系统指南

见附录 7。

附录 1——队伍组成表示例

队伍组成表

赛事 U20A　　　　队伍 Switzerland

日期 2000-12-26　　　　地点 Luzhniki Minor Sport Arena

主队 (A) Switzerland　Vs　客队 (B) Russia

队伍组成：Switzerland　　日期：2000-12-26　　比赛场次：4

位置 / 职责		姓名		队服号码
GK		Sievert Paskal		1
GK		Zerzuben Martin		30
1 组	LD	Gerber Beat		2
	RD	Hirschi Steve		8
	LW	Niggli Stefan		18
	CE	Nussli Thomas		23
	RW	Camichel Duri		24
2 组	LD	Jobin David	A	6
	RD	Stephan Fabian		15
	LW	Sutter Fabian		10
	CE	Duca Paolo	C	19
	RW	Lakhmatov Vitali		28
3 组	LD	Aeberli Patrick		17
	RD	Helbling Timo		3
	LW	Neff Claudio		14
	CE	Camenzind Andreas		21
	RW	Heberlein Marc	A	9
4 组	LD	Blindenbacher Severin		5
	RD	Forster Beat		11
	LW	Reuille Sebastien		22
	CE	Helfenstein Sven		27
	RW	Monnet Thibaut		7

队伍官员	主教练	Kolliker Jakob	
	助理教练	Lauten Schlagerbeat	
	领队	Mazzetti Roberto	
	器材师	Rutishauser Jorg	
	物理治疗师	Ritter Thomas	
	医生	Gahler Ernst	

比赛开始前 60 分钟，官方记录员或助理记录员通过这张表格中的经理或教练员，获得初步队伍组成表，然后把它交给统计人员填写官方比赛记录表，同时把队伍组成表分发给媒体和场内外裁判。

比赛开始前 15~20 分钟，队伍经理或教练员确认在官方比赛记录表上的最终队伍组成名单。

队伍经理或教练员签字：＿＿＿＿＿＿＿＿＿＿

附录 2——国际冰联官方比赛记录表

可填写表格

国际冰球联合会

IIHF

比赛		地点		日期		比赛时间:		观众:		比赛场次:	

主队 (A) (赛服颜色)	(白)					得 分																		判 罚					
号码	姓 名 (+BP + C/A)	Pos.	L	SoG	#	时间	G	A1	A2	GS	P1	P2	P3	P4	P5	P6	N1	N2	N3	N4	N5	N6	时间	号码	罚时	犯规种类	开始	结束	

队伍经理: 主教练: 助理教练:

客队(B) (赛服颜色)	(白)					得 分																		判 罚					
号码	姓 名 (+BP + C/A)	Pos.	L	SoG	#	时间	G	A1	A2	GS	P1	P2	P3	P4	P5	P6	N1	N2	N3	N4	N5	N6	时间	号码	罚时	犯规种类	开始	结束	

队伍经理: 主教练: 助理教练:

比赛统计:　守门员救挡统计

局	G A:B	SOG A:B	PIM A:B	PPGF A:B	SHGF A:B	GKA1	GKA2	EGA	GKB1	GKB2	EGB
1											
2											
3											
OVT											
PSS											
合计:											

守门员记录

GKA	MIP	GA	GKB	MIP	GA
比赛开始时间:			比赛结束时间:		
A队暂停:			B队暂停:		
比赛监督:					

守门员替换

时间	GKA	GKB

裁判员:		裁判员:		边线裁判员:		记录员:	
签名:		签名:		边线裁判员:		计时员:	
				比赛监督:			

缩写说明:

比赛	比赛简称 (举例 WS, W18I, WWI W20III)
地点	比赛举办城市或冰场名字
日期	比赛举办地时间
时间	比赛日程里比赛开始时间
观众	观众人数
比赛场次.	比赛日程里的场次
主队 (A) (比赛服颜色)	主队比赛服颜色缩写 (在括号里), 举例: 瑞士 (红), 美国 (蓝)
客队 (B) (比赛服颜色)	客队比赛服颜色缩写 (在括号里), 举例: 瑞士 (红), 美国 (蓝)
号码	队员比赛服号码
姓名 (+BP +C/A)	队员的名字, 依次输入逗号, 然后是 名字 ;
Pos	增加 BP = 本场最佳运动员, C = 队长 A = 代理队长位置 (GK = 守门员, EG = 备用的守门员, D = 后卫, F =前锋)
L	队员分组 (1 = 首发阵容, 2 = 二组阵容, 3 = 三组阵容, 4 = 四组阵容)
SOG	有效射门(被守门员救出的射门加得分) 总数
#	得分数 (-- 适用于没得分的任意球)
时间	得分时间
G	得分队员的比赛服号码
A1	第一协助队员的比赛服号码
A2	第二协助队员的比赛服号码
GS	比赛情况 (EQ = 人数相等, +1 = 多打少 5:4, +2 = 多打少 5:3, -1 = 少打多 4:5,-2 = 少打多 3:5, PS = 任意球, EN = 空门)
P1 P2 P3 P4 P5 P6	得分时在场（队伍得分时在场内的所有球员）
N1 N2 N3 N4 N5 N6	失分时在场（队伍失分时在场内的所有球员）
时间	裁判员判罚时的时间
号码	受罚队员比赛服号码
罚时	判罚分钟数简写 (2, 5, 10, 20 或 0 (只针对任意球)
犯规种类	处罚 (说明见下一栏)
开始	处罚开始时间
结束	处罚结束时间
队伍经理	队伍经理姓名
主教练	主教练姓名
助理教练	助理教练姓名
局	局 1, 2, 3, OVT = 加时赛, PSS = 射门比赛
合计	列内数字的总和
G A:B	按队的得分数，A 队：B 队（按局）
SOG A:B	A队：B队有效射门加得分数（按局）
PIM A:B	A队：B队处罚时间数（按局）
PPGF A:B	A队：B队多打少得分总数（按局）
SHGF A:B	A队：B队少打多得分总数（按局）
GKA1	A队第一守门员救球总数 (根据局)
GKA2	A队第二守门员救球总数 (根据局)
GKA3	A队第三守门员救球总数 (根据局)
GKB1	B队第一守门员救球总数 (根据局)
GKB2	B队第二守门员救球总数 (根据局)
GKB3	B队第三守门员救球总数 (根据局)
GKA	A队守门员比赛服号码
GKB	B队守门员比赛服号码
MIP	每个守门员比赛时间（分钟数）
GA	每个守门员的失分数
比赛开始时间	实际比赛开始时间
比赛结束时间	实际比赛结束时间
A队暂停:	A主队使用一个30秒暂停时的比赛时间
B队暂停:	B主队使用一个30秒暂停时的比赛时间
时间	守门员进入或离开比赛的时间
GKA	A队守门员进入或离开的比赛服号码
GKB	B队守门员进入或离开的比赛服号码
裁判员	本场比赛主裁判员的名字
边线裁判员	本场比赛边线裁判员的名字
记录员	本场比赛记录员的名字
计时员	本场比赛计时员的名字
比赛监督:	比赛监督名字
A	A队队员比赛服号码（当他开始罚制胜球时给他标上 * ）
B	B队队员比赛服号码（当他开始罚制胜球时给他标上 * ）
GKA	本次任意球的A队守门员
GKB	本次任意球的B队守门员
GF:GA	制胜球之后本场比赛的每队得分数
End	比赛的结束时间

判罚缩写的解释:

ABUSE	侮辱裁判员
BENCH	队小罚
BITE	咬人
BOARD	向界墙猛烈冲撞
BR-ST	损坏的球杆
BUT-E	杆柄杵人
CHARG	加速冲撞
CHE-B	背后冲撞
CHE-H	冲撞头部或颈部
CLIPP	扑倒绊人
CLOS	手握球
CROSS	横杆推阻
DANG	危险装备
DELAY	延误比赛
ELBOW	肘顶人
EMBEL	假摔或假装
ENG-S	与观众冲突
FIGHT	打架
GK-INT	干扰守门员
GK-PEN	守门员犯规
H-BUT	头部冲撞
HELM	未戴头盔比赛
HI-ST	高杆
HO-ST	握对方球杆
HOLD	抱人
HOOK	钩人
ILL-H	非法撞人（女子）
ILL-ST	非法球杆-球杆测量
INCAC	错误地出入受罚席
INJUR	受伤球员拒绝离开冰面
INTRF	干扰
KICK	踢人
KNEE	膝顶人
L-BCH	过早离开受罚席
LA-HI	延迟撞人
OTHER	其他
PULL	拉扯头发、头盔、面罩
REFUSE	拒绝开始比赛
ROUGH	粗暴
SLASH	用杆击打
SLEW	踢脚绊人
SPEAR	杆刃刺人
SPIT	吐口水
T-BCH	队伍官员进入比赛区域
TAUNT	嘲讽
TEE	冰镐撞人
THR-ST	投扔球杆或物件
TOO-M	场上多人
TRIP	绊人
UN-SP	违反体育道德

守门员替换

时间	GKA	GKB

射门比赛:

A	B	GKA	GKB	GF:GA	A	B	GKA	GKB	GF:GA	A	B	GKA	GKB	GF:GA	A	B	GKA	GKB	GF:GA	A	B	GKA	GKB	GF:GA

说明:

附录 3——比赛记录表填写建议程序

1. 比赛开始前 90 分钟，记录员或助理记录员开始填写比赛记录表，先填写客队表格，再填写主队表格。

2. 要求队伍教练员或队伍经理提供参赛队员的姓名和号码。

3. 比赛开始前 60 分钟，教练员或球队经理应填好比赛记录表，并在表上签好字。记录员或助理记录员应从队伍取回比赛记录表（注：使用数据统计系统的情况下，应调整程序以适应地方的系统和文件）。

4. 比赛开始前 20 分钟或赛前热身刚结束时，记录员或助理记录员将通过两队教练员或经理获得队长（C）和代理队长（A）信息，教练员或经理签字。该过程应从客队开始。

5. 比赛开始前 10 分钟，记录员将向裁判员、双方队伍提供填好的比赛记录表复印件，并提供给统计和信息 / 媒体中心。

6. 比赛中，记录员在比赛记录表上记录进球、协助、判罚和参赛的守门员。加时赛将从“60:00”开始记录。

7. 记录员也填写进球得分时双方在场队员（包括守门员）的队服号码。

8. 只有在射门比赛中射中得分的队员和射门比赛时防守的守门员将被记录在比赛记录表得分一栏。

9. 记录员也记录比赛中任何守门员更换、守门员上场时间、空门进球以及比赛中的有效射门。射门比赛中决定性的进球也将记录在比赛记录表上。

10. 比赛结束时，记录员在比赛记录表上标注由官方选择的每队最佳队员（如果评选最佳球员），在该队员的名字旁边标注字母“BP”。

11. 比赛结束后，记录员在比赛记录表上签字，并且请裁判员在表上签字，以及收集裁判员或比赛监督准备好并上报的比赛报告。

12. 记录员应不予考虑任何关于更改进球和协助的请求，除非在比赛结束前由队长向裁判员提出，并经裁判员同意。

13. 裁判员在比赛记录表签字，然后记录员把比赛记录表的复印件送给两支队伍。

14. 如果统计组和记录员之间没有设置特别的程序，那么记录员负责保存所有原始比赛记录表；在比赛结束后交给组委会，组委会负责把这些表格上报给专门权力机构。

15. 当比赛结果由射门比赛决定时，只有决定性的进球算作进球数，计入比赛记录表，并记录得分队员号码和失分的守门员号码。射门比赛程序应在决定性的进球得分之后立即结束。决定性进球情况示例：

a）1:0	2:0	不再射门	第一个进球
b）2:1	3:1	不再射门	第二个进球

16. 所有国际俱乐部比赛的官方比赛记录表复印件，必须由赛事组织者分发给各国家协会。

17. 在国际比赛中，如果出现因侮辱裁判员而被判停赛、严重违例的处罚，组织者必须把比赛报告连同比赛记录表一起送达受罚运动员所在的国家协会。如果国际比赛的裁判员受到身体上或语言上的侮辱，并且他们的安全受到威胁时，必须把比赛记录表和裁判员报告一起寄到国际冰联以及该运动员所在的国家协会，以便用于可能会进行的纪律处罚。

附录 4——官方比赛记录表填写示例

序号	情况	时间	号码	分钟	犯规	开始	结束	备注
1	小罚，没得分	25:00	15	2	TRIP	25:00	27:00	
2	小罚，没得分	59:00	15	2	CHARG	59:00	60:00	
3	小罚，得分	25:00	15	2	DELAY	25:00	25:30	
4	同等小罚，进球得分或没得分	25:00	15	2	CHARG	25:00	27:00	
5	双重小罚，没得分	25:00	15	2	ROUGH	25:00	27:00	
				2	ROUGH	27:00	29:00	
6	双重小罚，在 26:00 得分	25:00	15	2	ROUGH	25:00	26:00	
				2	ROUGH	26:00	28:00	
7	双重小罚，两种不同的犯规，在 28:00 得分	25:00	15	2	HOOK	25:00	27:00	
				2	TRIP	27:00	28:00	
8	队小罚，没得分	25:00	T	2	TOO–M	25:00	27:00	
9	违例	25:00	15	10	ABUSE	25:00	35:00	
10	小罚加违例，没得分	25:00	15	2	CHE–B	25:00	27:00	另外一名队员
			15	10	MISC	27:00	37:00	执行 2 分钟
11	大罚加自动严重违例	25:00	15	5	CROSS	25:00	30:00	另外一名队员
			15	20	GM	25:00	60:00	执行 5 分钟
12	同一场比赛中同一名队员第二次违例	25:00	15	20	GM	45:00	60:00	
13	双重小罚加违例，没得分	25:00	15	2	SPEAR	25:00	27:00	另外一名队员
				2	SPEAR	27:00	29:00	执行 4 分钟
			15	10	MISC	29:00	39:00	
14	杆刃刺人，受伤判停赛	25:00	15	25	SPEAR	25:00	60:00	另外一名队员执行 5 分钟
15	踢人判停赛	25:00	15	25	KICK	25:00	60:00	另外一名队员执行 5 分钟
16	大罚犯规（任意球）	25:00	15	PS	HOOK	–	–	
			15	5	HOOK	25:00	30:00	另外一名队员
			15	20	GM	25:00	60:00	执行 5 分钟
17	场上多人（任意球）	58:30	T	PS	TOO–M	–	–	

续表

序号	情况	时间	号码	分钟	犯规	开始	结束	备注
18	守门员的犯规							
	a) 小罚，没得分	25:00	1	2	DELAY	25:00	27:00	另外一名队员执行 2 分钟
	b) 大罚加严重违例	25:00	1	5	SLASH	25:00	30:00	另外一名队员
			1	20	GM	25:00	60:00	执行 5 分钟
	c) 违例	25:00	1	10	ABUSE	25:00	35:00	另外一名队员执行 10 分钟
	d) 严重违例	25:00	1	20	ABUSE	25:00	60:00	
	e) 停赛	25:00	1	25	HI–ST	25:00	60:00	另外一名队员执行 5 分钟
19	一场结束后的判罚 a)	20:00	15	2	SLASH	20:00	22:00	
	b)	20:00	15	10	ABUSE	20:00	30:00	
	c)	40:00	15	25	FISTI	40:00	60:00	另外一名队员执行 5 分钟
20	一局结束后的判罚 a)	60:00	15	25	FISTI	60:00	60:00	
	b)	60:00	15	4	ROUGH	60:00	60:00	
21	暂停	58:30			TA		t–out	
22	加时赛： 10 分钟	60:00			p–off		Ovt10	
	20 分钟	60:00			p–off		Ovt20	
23	制胜球 射门比赛							
	10 分钟加时赛后	70:00			15		PSS	
	20 分钟加时赛后	80:00			15		PSS	

备注：

1. 代替守门员、另一名队员、受伤队员或队伍执行判罚的队员，不出现在判罚记录中。

2. 判队小罚时，显示为“T”，标注在对应的受判罚球员服号码一栏，“BENCH”本身不是一种犯规类型（见前文示例 8）。

3. 违例（10 分钟）与另一个判罚一起发生时，将作为一个单独的处罚来记录（见前文示例 10）。

4. 严重违例（20 分钟）与另一个判罚一起发生时，将作为一个单独的处罚来记录（见前文示例 11）。

5. 只判罚违例（10 分钟）、严重违例（20 分钟）或停赛（25 分钟）时，犯规行为应列在“犯规”一栏，“10”“20”或“25”列在“分钟”一栏（见前文示例 16）。因为只有那个时候，将只显示违例、严重违例或停赛（见前文示例 9、14、18e）。

6. 判罚被决定为罚任意球时，在“犯规”那一列写上犯规种类，在“分钟”那一列写上“PS”（见前文示例17）。

填写“射门比赛和守门员记录”的示例

射门比赛

A	B	守门员 A	守门员 B	A	B
*12	18	1	1	0	0
14	20	1	2	0	1
16	10	1	2	1	2
18	15	20	2	1	3

* 开始射门

守门员记录

时间	守门员 A	守门员 A	守门员 B	守门员 B
00:00	1		2	
40:00		20		
		59:40		
MIP	40:00	19:40	60:00	00:00

附录 5——国际冰联官方比赛记录表填写示例

Fillable Form

OFFICIAL GAME SHEET INTERNATIONAL ICE HOCKEY FEDERATION IIHF

Event	IIHF World Championship	Venue	ORANGE ARENA	Date	15 MAY 2011	Start	20:30	Spectators	9,166	Game No.	56

Home Team (A) (jersey colour): SWE (yellow)

No.	Family and Given Name (+BP + C/A)	Pos.	L	SoG
3	EKMAN LARSSON Oliver	D	4	1
5	FERNHOLM Daniel	D	3	0
7	RUNDBLAD David	D	2	2
9	TEDENBY Mattias	F	3	2
10	THORNBERG Martin	F	1	3
11	GUNNARSSON Carl	D	1	2
15	SJOGREN Mattias	F	4	0
18	BERGLUND Patrik +A	F	1	2
21	ERIKSSON Loui	F	2	2
22	PETRASEK David +A	D	1	2
23	PERSSON Niklas	F	2	3
24	KRONWALL Staffan	D	2	1
27	NILSSON Robert	F	2	1
30	FASTH Viktor	GK		
32	KRUGER Marcus	F	3	0
33	SILFVERBERG Jakob	F	3	3
40	ERSBERG Erik	GK		
42	ERICSSON Jimmie	F	4	1
44	ERIXON Tim	D	3	2
51	WALLIN Rickard +C	F	4	0
60	BACKLUND Mikael	F	4	0
91	PAAJARVI Magnus +BP	F	1	6

Goals

#	Time	G	A1	A2	GS	P1	P2	P3	P4	P5	P6	N1	N2	N3	N4	N5	N6
1	27:40	91			EQ	30	7	10	18	24	91	31	5	6	24	29	40

Penalties

Time	No.	Min	Offence	Start	End
17:52	3	2	INTRF	17:52	19:52
24:41	32	2	SLASH	24:41	26:41
39:30	22	2	HOOK	39:30	39:53
46:06	44	2	HOLD	46:06	48:06

Team Manager: GARPENLOV Johan Head Coach: MARTS Par A. Coach: PETTERSSON Par

Visiting Team (B) (jersey colour): FIN (blue)

No.	Family and Given Name (+BP + C/A)	Pos.	L	SoG
4	VAANANEN Ossi	D	3	0
5	KUKKONEN Lasse +A	D	4	0
6	JAAKOLA Topi	D	4	0
9	KOIVU Mikko +C BP	F	1	2
15	RUUTU Tuomo +A	F	1	3
18	LEPISTO Sami	D	1	0
19	VALIVAARA Jyrki	D	2	2
20	PESONEN Janne	F	3	6
21	NISKALA Janne	D	2	3
24	LAJUNEN Jani	F	4	1
26	IMMONEN Jarkko	F	3	2
28	SALMELA Anssi	D	1	0
29	NOKELAINEN Petteri	F	4	1
31	VEHANEN Petri	GK		
35	LASSILA Teemu	GK		
37	PYORALA Mika	F	1	3
39	KAPANEN Niko	F	2	1
40	PIHLSTROM Antti	F	4	1
41	PUISTOLA Pasi	D	3	1
50	AALTONEN Juhamatti	F	2	1
64	GRANLUND Mikael	F	3	3
71	KOMAROV Leo	F	2	2

Goals

#	Time	G	A1	A2	GS	P1	P2	P3	P4	P5	P6	N1	N2	N3	N4	N5	N6
1	39:53	26	20	9	PP1	31	9	15	20	21	26	30	5	24	42	51	
2	42:35	29	40		EQ	31	5	6	24	29	40	30	11	15	22	51	60
3	43:21	39	50	71	EQ	31	19	21	39	50	71	30	5	21	23	27	44
4	56:41	20	64		EQ	31	18	20	26	28	64	30	3	9	21	22	23
5	57:16	37	9	28	EQ	31	4	9	15	28	37	30	7	15	24	42	51
6	59:05	40	24		EQ	31	18	24	28	29	40	30	11	15	42	44	51

Penalties

Time	No.	Min	Offence	Start	End
29:15	39	2	HOOK	29:15	31:15
34:25	29	2	BOARD	34:25	36:25

Team Manager: KURRI Jari Head Coach: JALONEN Jukka A. Coach: NURMINEN Pasi

Game Summary / Saves

Period	G A:B	SOG A:B	PIM A:B	PPGF A:B	SHGF A:B	GKA1	GKA2	EGA	GKB1	GKB2	EGB
1	0:0	12:13	2:0	0:0	0:0	13	0		12	0	
2	1:1	11:9	4:4	0:1	0:0	8	0		10	0	
3	0:5	10:10	2:0	0:0	0:0	5	0		10	0	
OVT											
GWS											
TOTAL	1:6	33:32	8:4	0:1	0:0	26	0		32	0	

Goalkeepers Records

GKA	MIP	GA	GKB	MIP	GA
30	60:00	6	31	60:00	1

Start of game: 20:30 End of game: 22:47

Timeout A: 50:14 Timeout B:

Game Supervisor: Sindy

Goalkeepers Changes

Time	GKA	GKB
00:00	30	31
60:00		

Referee	BURCHELL D	Referee	REIBER B	Goal Judge	Carosjki	Video Goal Judge	Halas
Sign. Referee		Sign. Referee		Goal Judge	Navratek	Timekeeper	Sinkovic
Linesman	CARLSON C	Linesman	MURCHISON K	Scorekeeper	Jankova	Sign. Scorekeeper	

Notes No Yes see reverse side

附录 6——犯规缩写

规则条款	规则犯规	缩写
116	侮辱裁判员	ABUSE
117	队小罚	BENCH
118	咬人	BITE
119	向界墙猛烈冲撞	BOARD
120	损坏的球杆	BR-ST
121	杆柄杵人	BUT-E
122	加速冲撞	CHARG
123	背后冲撞	CHE-B
124	冲撞头部或颈部	CHE-H
125	扑倒绊人	CLIPP
126	手握球	CLOS
127	横杆推阻	CROSS
128	危险装备	DANG
129-137	延误比赛	DELAY
138	假摔或假装	EMBEL
139	肘顶人	ELBOW
140	与观众冲突	ENG-S
141	打架	FIGHT
142	头部冲撞	H-BUT
143	高杆	HI-ST
144	抱人	HOLD
145	握对方球杆	HO-ST
146	钩人	HOOK
147	非法球杆 - 球杆测量	ILL-ST
148	错误地出入受罚席	INCAC
149	受伤球员拒绝离开冰面	INJUR
150	干扰	INTRF
151	干扰守门员	GK-INT
152	踢人	KICK
153	膝顶人	KNEE
154	过早离开受罚席	L-BCH
155	未戴头盔比赛	HELM
156	拉扯头发、头盔、面罩	PULL
157	拒绝开始比赛	REFUSE
158	粗暴	ROUGH
159	用杆击打	SLASH
160	踢脚绊人	SLEW
161	杆刃刺人	SPEAR
162	吐口水	SPIT
163	嘲讽	TAUNT
164	队伍官员进入比赛区域	T-BCH
165	投扔球杆或物件	THR-ST
166	场上多人	TOO-M
167	绊人	TRIP
168	违反体育道德	UN-SP
169	非法撞人（女子）	ILL-H

附录 7——国际冰联计时和记分系统指南

将《国际冰联计时和记分系统指南》推荐给国际赛事组织者，是为了在冰球比赛中把球队、裁判员、观众需要的和有用的信息显示出来。

如果冰场里现有的记分系统不能提供比赛的全部信息，建议再安装一块电子信息牌，以便把另外的数据显示上去。建议在场地的一块电子信息牌系统上显示出下列信息：

1. 记分屏左侧为主队队名，右侧为客队队名。

2. 局数显示 1–2–3，加时赛显示“OT”，射门比赛显示“PSS”。

3. 每队比赛结果为两位数字，左侧为主队，右侧为客队。

4. 记分屏上可显示进球得分队员和最多两名协助队员的队服号码，主队队员在左侧，客队队员在右侧，在信息屏上显示队员姓名。

5. 比赛时间以分和秒显示，倒计时从“20:00”至“00:00”。

6. 每局最后 1 分钟以整秒和 1/10 秒 1 显示倒计时。

7. 加时赛以分和秒显示，从加时赛的时间长度开始倒计时至“00:00”。

8. 记分牌上显示受罚队员号码，以分和秒显示受罚时间，主队队员在左侧，客队队员在右侧。

9. 受罚时间从总时长倒计时至“00:00”。每队有 3 个位置显示 2 分钟或 5 分钟的判罚。

10. 暂停从 30 秒倒计时至“00:00”，在大屏上显示实际比赛时间的位置来显示暂停时间。一旦 30 秒倒计时结束就自动再现比赛时间。

11. 射门比赛过程按每次射门显示在比赛结果的位置。最后一次射门之后，比赛结果和决定性的进球显示在这个位置上。

12. 第 1 局和第 2 局之后的 15 分钟局间休息，以及第 3 局结束之后的局间休息（如果继续进行 20 分钟加时赛），都要在每局结束后自动开始倒计时。

13. 进行 5 分钟或 10 分钟加时赛的情况下，3 分钟局间休息在第 3 局结束后自动开始倒计时。

14. 正式比赛之前，计时系统在记分屏上显示比赛倒计时：

——60 分钟　汽笛响起，队伍代表向记录员提供填写好的队伍信息表。
——43 分钟　队伍更衣室响起一声汽笛。
——42 分钟　队伍更衣室响起两声汽笛。
——40 分钟　两队进入场内热身。
——20 分钟　两队离开冰面。队伍代表向记录员提供队长等信息。
——6 分钟　信息屏上显示完整队员名单。
——3 分钟　裁判更衣室响起汽笛，场内裁判进入场内。
——3 分钟　队伍更衣室响起一声汽笛。
——2 分钟　队伍更衣室响起两声汽笛，两队进入场内。
——15 秒　裁判员召唤两队去中心争球点。
——00:00　比赛开始。

15. 第 2 局、第 3 局和 20 分钟加时赛之前，计时和记分系统显示局间休息倒计时：

——15 分钟　一局结束时，自动显示在记录牌上。
——3 分钟　裁判更衣室响起汽笛，场内裁判进入场内。
——3 分钟　队伍更衣室响起 1 声汽笛。
——2 分钟　队伍更衣室响起 2 声汽笛，两队进入场内。
——15 秒　裁判员召唤两队去中心争球点。
——00:00　比赛开始。

16. 5 分钟或 10 分钟加时赛之前，计时和记分系统显示局间休息倒计时：

——3 分钟　第 3 局结束时，自动显示在计时大屏上。
——15 秒　裁判员召唤两队去中心争球点。
——00:00　加时赛开始。

17. 使用红灯和绿灯应按以下同步：比赛停止并且绿灯亮起，监门员无法点亮红灯。在射门比赛阶段，即使计时钟不走表，监门员也可以点亮红灯。

18. 应该确保计时系统备用电力供给，一旦商业供电中断，保证计时系统的功能不受影响。

备注：

调整后的倒计时程序可能用于开幕式和闭幕式，例如，国际冰联世界冰球锦标赛中对两队进行介绍。仅在与国际冰联协调后适用。

附录 8——加时赛操作

加时赛—— 循环赛或预赛操作

如果在锦标赛顶级组单循环赛或预赛的常规 3 局每局 20 分钟结束时，参赛两队是平局，那么两队将进行不超过 5 分钟的“突然胜利法”加时赛，先得分的队伍获胜。加时赛每队队员人数为 3 名球员和 1 名守门员。

加时赛将在 3 分钟的局间休息之后开始，在这段时间内，场地工作人员使用与电视暂停时一样的程序清刮冰面。一旦局间休息结束，计时钟将被重新设置为“5:00”，并且加时赛将立即开始。队伍不交换场地。

3 分钟局间休息清刮冰面时，队员将留在他们各自的队员席中。

这个休息期间，守门员必须去他们各自的队员席，但是受罚队员必须留在受罚席。如果受罚队员离开受罚席，他将立即被场内裁判送回受罚席，不进行额外判罚，除非他违反了其他规则。这期间，不允许队伍回到更衣室。

判罚

常规比赛时间结束时两队 5 打 3，两队以 5 打 3 开始加时赛。一旦人员实力达到 5 打 4 或 5 打 5，在下一次比赛停止时，视情况将人员实力调整为 4 打 3 或 3 打 3。

常规比赛时间结束时两队 4 打 4，两队以 3 打 3 开始加时赛。一旦人员实力达到 4 打 4，在下一次比赛停止时，视情况将人员实力调整为 3 打 3。

如果常规比赛时间结束时两队 3 打 3，加时赛以 3 打 3 开始。一旦人员实力达到 4 打 4 或 5 打 4 或 5 打 5，在下一次比赛停止时，视情况将人员实力调整为 3 打 3 或 4 打 3。

任何时候一支球队场内不会少于 3 名球员，这样在进行判罚的情况下，可能需要增加第 4 名和 / 或第 5 名球员。

如果一支球队在加时赛被判罚，两队 4 打 3。如果同一次比赛停止时两队都被判罚（没有其他在生效的判罚），两队将继续 3 打 3。

加时赛中，如果一支球队被判罚后场内形成多 2 人的优势，那么犯规队将维持 3 名球员，同时允许非犯规队上场 5 名球员。

多 2 人优势不再有效之后的第 1 次比赛停止时，两队人员实力将视情况回到 4 打 3 或 3 打 3。

加时赛——晋级赛或铜牌争夺赛操作

如果在晋级赛、保级赛、分级赛或铜牌争夺赛的常规 3 局每局 20 分钟结束时，参赛两队是平局，那么两队将进行不超过 10 分钟的“突然胜利法”加时赛，先得分的队伍获胜。加时赛每队队员人数为 3 名球员和 1 名守门员。

加时赛将在 3 分钟的局间休息之后开始，在这段时间内，场地工作人员使用与电视暂停时一样的程序清刮冰面，然后开始加时赛。一旦局间休息结束，计时钟将被重新设置为“10:00”，并且加时赛将立即开始。队伍不交换场地。

3 分钟局间休息清刮冰面时，队员将留在他们各自的队员席中。 在此休息期间，守门员必须去他们各自的队员席，但是受罚队员必须留在受罚席。如果受罚队员离开受罚席，他将立即被场内裁判送回受罚席，不进行额外判罚，除非他违反了其他规则。这期间，不允许队伍回到更衣室。

判罚

如果常规比赛时间结束时两队 5 打 3，加时赛以 5 打 3 开始。一旦人员实力达到 5 打 4 或 5 打 5，在下一次比赛停止时，视情况将人员实力调整为 4 打 3 或 4 打 4。

如果常规比赛时间结束时两队 4 打 4，加时赛以 4 打 4 开始。一旦人员实力达到 5 打 4 或 5 打 5，在下一次比赛停止时，视情况将人员实力调整为 4 打 3 或 4 打 4。

如果常规比赛时间结束时两队 3 打 3，加时赛以 3 打 3 开始。一旦人员实力达到 4 打 4 或 5 打 4 或 5 打 5，在下一次比赛停止时，视情况将人员实力调整为 4 打 3 或 4 打 4。

任何时候一支球队场内不会少于 3 名球员。如果一支球队在加时赛被判罚，两队 4 打 3。如果同一次比赛停止时两队都被判罚（没有其他在生效的判罚），两队将继续 4 打 4。

加时赛中，如果一支球队被判罚后，场内形成多 2 人的优势，那么犯规队将维持 3 名球员，同时允许非犯规队上场 5 名球员。

多2人优势不再有效之后的第一次比赛停止时,两队人员实力将回到4打3或4打4。

加时赛——金牌争夺赛操作

如果在锦标赛顶级组金牌争夺赛的常规 3 局每局 20 分钟结束时，参赛的两队是平局，那么两队将进行不超过 20 分钟的“突然胜利法”加时赛，先得分的队伍获胜。加时赛每队队员人数为 3 名球员和 1 名守门员。

15 分钟局间休息期间进行浇冰，然后开始加时赛，加时赛开始之前两队回到各自的更衣室。队伍不交换场地。

判罚

常规比赛时间结束时两队 5 打 3，两队以 5 打 3 开始加时赛。一旦人员实力达到 5 打 4 或 5 打 5，在下一次比赛停止时，视情况将人员实力调整为 4 打 3 或 4 打 4。

常规比赛时间结束时两队 4 打 4，两队以 4 打 4 开始加时赛。

常规比赛时间结束时两队 3 打 3，加时赛以 3 打 3 开始。一旦人员实力达到 4 打 4 或 5 打 4 或 5 打 5，在下一次比赛停止时，视情况将人员实力调整为 4 打 3 或 4 打 4。

任何时候一支球队场内不会少于 3 名球员。如果一支球队在加时赛被判罚，两队 4 打 3。如果同一次比赛停止时两队都被判罚（没有其他在生效的判罚），两队将继续 4 打 4。

加时赛中，如果一支球队被判罚后场内形成多 2 人的优势，那么犯规队将维持 3 名球员，同时允许非犯规队上场 5 名球员。

多 2 人优势不再有效之后的第 1 次比赛停止时，两队人员实力将回到 4 打 3 或 4 打 4。如果一支球队在加时赛被判罚，两队 4 打 3。如果同一次比赛停止时两队都被判罚（没有其他在生效的判罚），两队将继续 3 打 3。

附录 9——射门比赛程序

如果任何国际冰联锦标赛常规时间结束时得分为平局，两队将进行加时赛，先得分的队伍获胜，加时赛时长和队员人数上限已在《国际冰联运动条例》中明示。

如果加时赛没有进球得分，那么将适用国际冰联射门比赛程序。适用程序如下：

1. 将在冰面两端进行射门。在射门比赛之前，组织该程序所需的时间里，将在中区和端区争球点之间 14 米宽的冰场纵向中心区域，使用浇冰车进行干刮冰。

2. 射门比赛将以每队 5 名不同的射手开始交替射门。不必首先明确队员人选。4 名守门员和在两队官方比赛记录表中的所有队员有资格参加射门比赛，以下第 3 条中列明的除外。

3. 加时赛结束时没有结束受罚的任何队员没有资格被选中进行射门，并且必须留在受罚席或更衣室。在射门比赛期间被判罚的队员也必须留在受罚席或更衣室，直到射门比赛结束。

4. 裁判员召集两名队长到裁判区，并且掷硬币决定哪队先进行射门。掷硬币获胜一方将有权选择他的队伍是否先进行射门。

5. 守门员将防守与加时赛相同的球门，并且可以在对方队伍进行射门时留在自己的球门区内。

6. 每队的守门员可以在每次射门后进行替换。

7. 将按照《国际冰球联合会官方冰球规则》规则 63 进行射门。

8. 两队队员将交替射门，直到决定性的进球得分。将不进行剩余的射门。

9. 如果每队所有射门完成后结果仍然是平局，将继续这个程序，使用同样的或新队员开始进行打破平局的射门。在第 1 个 5 轮射门比赛中后射门的队伍，将首先开始打破平局的射门。 两名队员之间出现决定性的结果时，比赛立即结束。在打破平局的射门中，一支球队可以用同一名队员进行每次射门。

10. 官方记录员将记录所有执行的射门，标明相关的队员、守门员和进球得分。

11. 只将决定性的进球计入比赛结果。该进球记在进球得分的队伍和被进球的队伍名下。

12. 如果某支球队拒绝参加射门比赛，将宣布该队比赛失利，另一支球队获胜并且积 3 分。 如果一名队员拒绝进行射门，将宣布他的队伍“没有得分”。

附录 10 —— 电视商业暂停

在国际冰联锦标赛每局常规时间中，有 3 次商业暂停，每次时长 70 秒。所有电视转播的锦标赛都依照该商业模式，对队伍和转播方保持一致性。

商业暂停协调政策

只有在两队人数相等（4 打 4 或 5 打 5 或 6 打 6）并且发生比赛停止时，可以允许商业暂停。决定人数相等的是吹哨时场内人员实力。因此，如果 A 队少一人并且 B 队受到一个判罚，不允许商业暂停。

唯一的例外是当一支球队因为一个 5 分钟大罚而缺少 1 人时，将由商业暂停协调员以正常方式实施商业暂停。但是，如果这个 5 分钟大罚期间同一个队被判 1 个 2 分钟小罚（形成 5 打 3 的情况）。在小罚结束之前，场内不清理雪沫。

比赛计时钟倒计时出现以下时间之后的第一次比赛停止时，进行商业暂停：

第 1 次暂停	14:00
第 2 次暂停	10:00
第 3 次暂停	06:00

只有这些例外，在比赛停止时不进行商业暂停：

——进球得分。
——判罚任意球。
——判定死球，除非判定死球时发生一个或多个判罚而影响了任何一支球队的场上人数。
——场内发生打架。

因为判罚或进行比赛而没有在预计的时间档进行商业暂停的情况下，错过的商业暂停机会将在下一个商业暂停时间档的第 1 次比赛停止时弥补。如果因为另一个事件错过了第 2 次商业暂停，该程序将继续循环，直到进行了所有的商业暂停。

程序

进行商业暂停的程序如下：

· 由组织者任命商业暂停协调员。
· 鸣哨时，商业暂停协调员在记录席立即打开红灯信号，示意将开始执行商业暂停。

- 商业暂停期间，记罚员打开两边受罚席门。
- 商业暂停协调员通知转播方商业暂停在进行中，并且立即启动计时装置。
- 一名边线裁判员把球放置在下一次执行争球的冰面争球点上，裁判员快速去往记录席。队员回到各自的队员席，另一名边线裁判员站在队员席之间。
- 商业暂停剩余 20 秒，商业暂停协调员提示裁判员吹哨，示意队员去往争球点。
- 商业暂停剩余 5 秒，商业暂停协调员提示后方边线裁判员吹哨准备掷球。
- 应在 70 秒时掷球。

允许进行额外商业暂停的时间档为：

- 队员受伤。
- 比赛场地（防护玻璃、界墙、球门）破损并且 / 或者正在修复。
- 任何非常规的延误，需要额外时间解决。

进行任何额外的商业暂停必须依照以上描述的程序。该暂停的时间档将从这局剩余时间档中剔除，将不会借此为转播方创造额外的商业广告价值。但是，在这种情况下，将指示商业暂停协调员打开红灯，并且示意转播车正在进行选择性的商业暂停。

第 1 局和第 2 局最后 30 秒不进行商业暂停，第 3 局最后 2 分钟不进行商业暂停。加时赛不允许进行商业暂停。

队伍考虑的因素

队伍应知晓在这些商业暂停期间：

- 允许守门员去他们各自的队员席。
- 商业暂停剩余 20 秒时，一旦裁判员吹哨示意两队回到场内执行争球，允许队伍更换队员。
- 这时更换队员与比赛停止时正常更换队员遵守相同的规则。
- 商业暂停剩余 20 秒时，一旦裁判员吹哨示意两队回到场内执行争球，允许队伍申请他们的官方暂停。
- 裁判员将立即把暂停申请告知官方记录员，官方暂停将按照正常程序进行。

附录11——视频监门系统操作程序

以下内容仅适用于国际冰联以下赛事：男子世锦赛、男子世锦赛甲级A组、女子世锦赛、男子U20世锦赛和男子U18世锦赛。

国际冰联允许对于有争议的进球使用视频回放，并且把它写在了《国际冰球联合会官方冰球规则》中。必须提供该系统可以获得的所有电视画面，供视频监门员使用这个系统。

在国际冰联赛事中，如果场馆中已经安装了可以操作的视频监门系统供组织者使用，只有在满足以下所有条件时才能使用该系统：

- 视频监门座位配备有符合国际冰联标准的设备和技术，可在该赛事全部比赛中使用。
- 视频监门系统必须用于所有安排的比赛，费用由组织者承担。
- 每场比赛委派技术人员在现场进行操作，费用由组织者承担。
- 赛事委派第2名国际冰联比赛监督，在所有比赛中操作该系统。
- 国际冰联知晓该系统，并且在签署承办国合同时，系统的操作必须已被包含在合同内容之中。

如果上述条件中任何一条不能达到或不能用于所有的国际冰联锦标赛比赛，那么该系统不可以在赛事中使用。

程序

1. 当裁判员要求对争议进球视频回放时，裁判员将使用记录席的电话系统联系视频监门员。
2. 当视频监门员要求视频回放时，视频监门员将在事件发生后的第1次比赛停止时，使用电话系统联系官方记录席，以便通知裁判员比赛在进行回放。
3. 如果裁判员或视频监门员任意一人要求视频回放，宣告员将进行以下宣告：“正在进行比赛回放。”
4. 如果视频回放没有确定的结果，视频监门员将向裁判员报告，由裁判员进行最终裁定。
5. 在回放和后续裁定之后，将进行以下一种宣告：

   “进球得分……”（时间）

“因为……没有进球得分。”（原因）

6. 队伍没有权利要求比赛视频回放。

7. 如果球进入球门并且比赛停止，裁判员或视频监门员在这次比赛停止期间可以要求回放。如果这次比赛停止期间没有回放，那么结果是最终的，并且之后不允许进行比赛回放。

8. 如果球进入球门并且比赛继续，那么在这之后的第 1 次比赛停止期间可以要求回放。如果这次比赛停止期间没有进行回放，那么之后不允许进行比赛回放。

9. 当裁判员或视频监门员表示将进行视频回放时，所有队员必须回到各自的队员席。

10. 即使第一次比赛停止是在一局结束或者一场比赛结束时，也可以要求进行视频回放。

情况 1

A 队一个明显的进球没有被场内裁判看到，并且比赛继续。这个情况发生后第 1 次比赛停止期间，视频监门员将回放比赛。如果视频回放确认为进球，判定进球得分，并且重新设置比赛计时钟（包括判罚时间，如果适用）到进球得分的时间。如果判定没进球，则比赛计时钟不做调整。

情况 2

A 队一个明显的进球没有被场内裁判看到，并且比赛继续，B 队在另一端进球导致比赛停止。在比赛停止期间，视频监门员将回放 A 队这个明显的进球。如果视频回放确认 A 队的明显进球得分，判定进球得分，并且重新设置比赛计时钟（包括判罚时间，如果适用）到 A 队进球得分的时间。取消 B 队的进球。如果视频回放确认 A 队没有得分，B 队的进球将被回放，如果视频回放确认为进球，那么判定 B 队进球得分，并且不需要调整比赛计时钟。

情况 3

A 队一个明显的进球没有被场内裁判看到，并且比赛继续，A 队第 2 次进球使比赛停止。在比赛停止期间，视频监门员将回放 A 队这个明显的进球。如果视频回放确认 A 队的明显进球得分，判定进球得分，并且重新设置比赛计时钟（包括判罚时间，如果适用）到 A 队这个明显的进球得分的时间。

裁判员使用视频监门指南

1. 请了解以上任何情况中判断缓判的程序，与国际冰联规则中解释一致。

2. 使用球门内摄像机时，需要了解球可能打到摄像机并且快速弹出球门。

3. 比赛视频回放之后必须调整比赛计时钟的情况发生时，允许计时员有足够的时间在比赛计时钟上重新设置正确的时间。

4. 电视转播的比赛中进球后，请了解进球后间歇条例，允许转播方有时间重放进球。

5. 如果受罚队员离开受罚席，并且在视频监门回放之后必须重新设置比赛计时钟，那么，可能需要让队员回到受罚席执行剩余的受罚时间。

6. 如果有疑问的进球后的第 1 次比赛停止，恰是一局结束或比赛结束时，裁判员或视频监门员要求视频回放，必须在队伍离开冰面之前进行。

2022 年国际冰联锦标赛条例

2022 IIHF CHAMPIONSHIP REGULATIONS

世界锦标赛和世界锦标赛甲级组

前 言

承办方必须意识到国际冰球联合会（简称“ 国际冰联”）冰球锦标赛的价值，并按照国际冰联标准举办锦标赛，以维护国际冰联和冰球锦标赛的商业利益。

国际冰联制作并向所有成员国家协会分发锦标赛条例，指引承办锦标赛的机构进行组织管理和比赛运行。

为了服务于国际冰联世界冰球锦标赛承办方，以及未来可能的申办者，本条例已经经过修订并包括之前条例和指南中所有的必要信息。国际冰联和其商业伙伴签署的 2018—2023 年新合同的备注部分已在新版条例中得到体现。

本条例的内容只适用于国际冰联世界冰球锦标赛及国际冰联世界冰球锦标赛甲级组，并代替了之前出版的全部锦标赛条例。其中同样包括针对青年组、女子组以及各级别的国际冰联锦标赛的条例。我们很高兴将目前的重要议题呈现给所有国际冰联成员国家协会，为他们在国际冰联的授权下申办和组织各类相关比赛提供必要的说明和指导。我们相信本条例包含的说明和信息将为国际冰联成员国家协会、各国家和地区代表队和队员提供国际冰联锦标赛必要的细节和方法说明，使其以公平和符合体育精神的方式竞争。

有关国际队员转会、运动技术事项、种子排名、比赛日程、医疗、健康和急救、药物兴奋剂检查、纪律案件、实际比赛规则、招标程序和国际冰联代表大会组织的内容可在国际冰联相关的规则和章程文件中找到。如果本条例中对某些规章或问题未进行说明，请直接联系国际冰联办公室。

第 21 章中带下划线的标题表示其内容是关于承办国际冰联世界冰球锦标赛甲级组的特别规定。

相关定义

锦标赛 指每届国际冰联世界冰球锦标赛，并在适用时指每届国际冰联世界冰球锦标赛甲级 A 组和 B 组。

商业主体 指经过商业伙伴或其任何所属公司授予商业开发权的任何实体。

商业伙伴 指经过国际冰联授予商业开发权的实体，特别是与锦标赛市场营销、广告开发权和转播权相关的实体。

商业权利 指一切与锦标赛商业开发有关的权利，如电视和转播权，以及市场营销、广告开发权和特许经销权。

装备供应商 指国际冰联指定的在锦标赛期间为每支国际冰联参赛队伍配备正版比赛服装的任何实体。

承办国合同 指国际冰联与承办国之间签订的关于组织锦标赛的合同。

承办方 指由国际冰联代表大会指定的承办和举办锦标赛的国际冰联成员国家协会，包括任何实体，无论其是否以举办锦标赛作为自己承办比赛的唯一目的。

供应商 指经国际冰联授权，可在锦标赛期间在队员使用的冰球装备（如头盔、手套、球杆、冰鞋、护具）上展示其标识（标志）的任何实体。

1 概述

1.1 《国际冰联锦标赛条例》

《国际冰联锦标赛条例》指所有在国际冰联的规则、法规、细则、锦标赛条例、运动条例及医疗条例中列明的（包括与组织国际冰联锦标赛相关的）文件。

1.2 应用

《国际冰联锦标赛条例》适用于国际冰联世界冰球锦标赛（成人男子），原则上也适用于国际冰联世界冰球锦标赛甲级组（对于 U21 组别将有其他规定）。

1.3 国际冰联锦标赛的所有权

根据国际冰联细则 1 规定，国际冰联全球独家拥有所有国际冰联锦标赛（以下简称“锦标赛”）和赛事的所有权。

国际冰联已授权其商业伙伴独家开发锦标赛商业价值，其商业运作模式须合理、合法，符合本条例规定。

1.4 承办权

1.4.1 概述

根据惯例，国际冰联委托其成员国家冰球协会（以下简称“承办方”）举办锦标赛或其他赛事。

1.4.2 承办权

承办方获得的锦标赛承办权不可转让给第三方。根据国际冰联的法规、细则和条例，若承办方无能力承办比赛，须将锦标赛承办权交还国际冰联（如果得到国际冰联批准），或者由国际冰联收回承办权。

承办方有承办权和相关事务筹办责任，必须始终保持全面承办和组织负责，并根据国际冰联要求提供中期进展报告和财务报告。

1.4.3 承办分包商

如果承办方有意将部分承办权利和义务分包给第三方，分包协议和第三方的选定均须经国际冰联理事会批准。

如果承办方的部分权利和义务分包给第三方，承办方仍对国际冰联及其合作伙伴负有组织锦标赛的全部责任。承办方应确保第三方根据国际冰联的法规、细则和条例履行所有义务。

1.5 承办方义务

承办方应代表国际冰联组织锦标赛。

承办方必须根据国际冰联的法规、细则、条例和指南（不定期地由国际冰联发布以及修订）对锦标赛的组织工作负全部责任，无一例外，并且履行承办国合同以及任何与国际冰联单独签订的协议中规定的全部组织责任。承办方应认可并接受所有这些法规、细则、条例和指南的约束。

承办方为满足这些要求而订立的任何协定，应仅以承办方的名义订立。任何情况下，国际冰联不会通过承办方与第三方分包商达成协议成为合作伙伴。

对于有意申请组织锦标赛的成员国家协会，建议在申请承办锦标赛之前，向国际冰联提出任何可能不符合国际冰联关于锦标赛规定的情况。

1.6 承办方与国际冰联商业伙伴

锦标赛的全球独家商业权与转播权已由国际冰联无限制地授予其商业伙伴，即承办方不应对任何相关的商业权利（除票务和食宿以外）进行开发。

根据国际冰联与其商业伙伴达成的协议、锦标赛条例、承办国合同及其全部附件和国际冰联不定期发布修正的指南（例如但不限于转播指南、市场营销/赞助指南、特许经销指南、比赛在线统计要求），承办方应当履行与国际冰联协议中的全部义务。

承办方应采取一切必要的措施避免在承办国境内进行埋伏营销，并尽最大努力防止商业主体的竞争对手进行埋伏营销。此外，承办方应确保场馆、冰场所有者及任何其他实体不会授予或支持授予其他方任何权利，以避免其行为直接或间接与被授权的商业伙伴和商业主体形成利益冲突，或侵犯授权的商业伙伴和商业主体的利益。

承办方不得对任何商业权利进行开发，也不得以任何方式干涉国际冰联和国际冰联伙伴（如商业伙伴与商业主体）的权利。

2 组织规定

2.1 项目计划

在签署国际冰联承办国合同时受到批准的项目计划（简称“项目计划”），应不断更新并告知国际冰联。

项目计划是国际冰联与承办方的协作基础，应包含：

· 组织架构图，包含所有人员及其岗位。
· 时间表，包含所有重要活动、关键决策和里程碑，这些将根据锦标赛条例和其他筹备锦标赛的关键日期决定，如《国际冰联招标条例》时间轴所示。

2.2 执行委员会

2.2.1 执委会成员

为了组织锦标赛，应设立执行委员会（简称“执委会”），除国际冰联另有规定外，执委会应由以下人员组成：

主席：承办方国家协会主席。
成员：最多 2 名国际冰联代表。
　　　最多 2 名商业伙伴代表（媒体代表、营销事务代表各 1 名）。
　　　组委会主席，若承办方国家协会担任该职位，则无需另外安排。

执委会主席承担组织锦标赛有关事项的全部责任，并对国际冰联负责。

2.2.2 执委会任务

执委会应履行以下职责：

· 根据需要制定政策和做出决定。
· 确保锦标赛的组织符合国际冰联法规、细则和锦标赛相关条例。
· 监督锦标赛的准备情况，并根据以下 2.3 的规定接收有关组委会所有活动的报告。
· 批准和监控运营预算。

执委会负责在锦标赛期间向国际冰联竞赛委员会（由国际冰联代表及至少 1 名以英文发言的参会代表组成）提供相应的报告，以确保锦标赛运营符合国际冰联法规、细则和锦标赛相关条例。

2.3 组织委员会

2.3.1 概述

如果锦标赛在单一城市举办，执委会可委任一个组织委员会（简称“组委会”）。

如果锦标赛在 2 个城市举办，将在执委会以外设立一个中央组织委员会（简称“中央组委会”），在每个城市设立地方组织委员会（简称“地方组委会”），中央组委会应代表地方组委会与执委会和国际冰联进行沟通。

英语是锦标赛的官方语言，所有相关文件必须是英文的。中央组委会负责传达国家法律法规，获得和协调地方政府的批准并承担相关费用。

2.3.2 组委会成员

组委会（团队）应由承办方国家协会代表、各地方市民和冰球社区的代表组成。组委会（团队）的结构和管理岗位的任命设置须经执委会批准。

举办地为单一城市的情况下，组委会主席也可以由其他承办方国家协会的代表担任，从而承担组织锦标赛相关的全部责任并且对执委会和国际冰联负责。

如果承办方聘请第三方提供服务，协助组织锦标赛，经国际冰联 / 商业伙伴批准后，则第三方可以成为执委会代表。

2.3.3 组委会任务

组委会应履行以下职责：

- 推广和举办锦标赛。
- 执行执委会决议。
- 执行国际冰联指示。
- 为组织工作建立管理和运营构架。

在锦标赛之前，组委会应根据国际冰联要求，向国际冰联和参赛成员国家报告锦标赛组织的各方面情况。

2.4 工作人员和志愿者

承办方应负责委任具有资格的人员加入执委会和组委会（团队），协调锦标赛赛前、赛中及赛后的日常工作。

2.5 场地考察

在确定举办锦标赛的地点后，承办方必须立即与国际冰联联系并安排与商业伙伴一起进行场地考察，讨论与锦标赛合作相关的全部事宜，包括但不限于转播、广告及特许经销、场地检查、广告投放、球迷区、医疗室和储藏室与锦标赛的组织和运营相关的材料（如公告、期刊、海报、日程表、场内活动品牌、卡片、门票、办公用品、统计等）筹备和生产、获得设备、供应商和赞助商。

2.6 会议和会议纪要

承办方负责其与国际冰联之间的所有会议记录和会议纪要分发，以及承办方、国际冰联及其合作伙伴（包括商业伙伴）之间的会议记录和会议纪要分发。会议纪要一经核准，承办方应在会议结束后 1 周内将会议纪要分发给有关各方。

如果商业伙伴没有参加会议，任何与其权利和义务有关的问题应尽快发送给他们。

凡举行正式会议或与商业伙伴达成任何协议必须事先通知国际冰联，国际冰联可决定是否派 1 名国际冰联代表参加会议。

2.7 锦标赛发展小组

为了将往届组织经验用于日后的锦标赛，每届锦标赛将成立一个锦标赛发展小组。小组应由国际冰联代表、商业伙伴和往届的执委会 / 组委会成员、本届和未来的锦标赛代表组成。小组应尽最大努力促进承办方、国际冰联和商业伙伴之间的合作，鼓励将往届经验传递给未来的组织者。

2.8 与商业伙伴合作

商业伙伴与国际冰联合作，有权直接要求承办方履行承办国合同中与商业伙伴利益相关的义务。如果商业伙伴直接发出要求，承办方应抄送国际冰联，并且定期及时更新相关进展。

3 资金财务

3.1 收入

3.1.1 概述

除以下项目之外，承办方拥有来自锦标赛的全部收入的所有权：

- 根据以下 3.1.2，向国际冰联支付的组织费用。
- 国际冰联和其合作伙伴，比如商业伙伴，进行商业开发获得的收入。

承办方可以购买或者被国际冰联和其商业伙伴授予额外的权利。来自开发权的收入应由国际冰联和其商业伙伴逐一确认后进行分配。

3.1.2 组织费用

承办方应向国际冰联支付 150 万瑞士法郎的组织费用（加上销售流转税，如无限制，增值税，如果需要）。

150 万瑞士法郎的保证会费（加上销售流转税，如无限制，增值税，如果需要）必须在锦标赛开始前 4 周内支付给国际冰联。

国际冰联有权获得与门票定价和门票销售有关的全部信息。如果门票分级销售，国际冰联将有权重新计算门票销售收入，并且对组织费用进行相应的调整。

承办方应该将应付款全额支付给国际冰联，不应因任何原因发生抵扣。如果承办方因为税收、税费或其他此类原因进行扣减或延迟支付，承办方应进行补偿并支付该部分额外金额，并且确保国际冰联收到应收的全部金额。

3.2 成本责任

除国际冰联另有规定外，承办方有义务按照国际冰联法规、细则和条例的规定，支付与组织锦标赛有关的全部费用。

3.3 向国际冰联提交财务报告

承办方应向国际冰联提供一套完整的锦标赛账目管理资料。

3.4 承办国税收、费用等

承办方应当支付税收和 / 或类似费用，包括由承办国的政府、州、地方或其他税

注：本部分规定中带下划线的标题不适用于组织 U20 锦标赛甲级组。

务机关或机构征收的费用，与锦标赛收入有关的支付给国际冰联、国际冰联下属机构或参赛国家协会，包含官员 、顾问、国际冰联及其下属机构雇员的费用，除国际冰联的瑞士所得税，或者国际冰联下属机构、参赛国家协会，包括他们的官员、顾问、雇员在其居民国家的所得税以外（为避免任何疑问，除承办方以外，其他主体被视为不在承办国居民征税范围）。

为了执行锦标赛相关的全部权利和义务，承办方应当支持国际冰联、国际冰联下属机构、参赛国家协会（包括国际冰联及其下属机构和参赛国家协会的队员、官员、顾问和雇员）、商业伙伴和商业主体（如转播方、官方赞助商和供应商）对项目、产品和技术设备（比如广告板、个人用品、技术设备、复印机、汽车、计算机、医疗设备、锦标赛队服、酒店家具等）的进口和出口，承办方应确保进口和出口不发生关税、税收和其他费用，如果发生，承办方应承担相关的费用。此外，承办方应与相关海关部门进行必要沟通，确保顺利、迅速完成进口和出口。

承办方必须向国际冰联及其合作伙伴提供所有必要的官方文件，用于以任何交通方式供应给锦标赛使用的相关设备和材料的免税、免关税进口和出口。

4 场馆和设施

4.1 场馆 / 城市

4.1.1 场馆数量 / 城市

如果有 7 支或更多队伍参加锦标赛，则承办方必须准备 2 个符合国际冰联要求的场馆（符合比赛的系统和比赛、训练所需的上冰时间的要求）。

锦标赛不能在超过 2 个场馆进行（世界锦标赛甲级组：一个场馆）。

例外情况可由国际冰联理事会批准。

锦标赛的组织者必须同时提供一个备用场馆（不是练习场馆），作为紧急情况下的后备解决方案。

由于承办方原因在安装广告和 / 或转播设备及设施之后更改锦标赛地点，承办方应承担与上述所有重新安装相关的产品费用和安装费用。

4.1.2 场馆位置

举行锦标赛的城市之间所需通行时间最多 3 小时（场馆到场馆），场馆和城市须经国际冰联理事会批准。

4.1.3 场馆、冰场和附近区域

比赛场馆和练习场馆必须保证所有区域的排他性，如更衣室、俱乐部区等，并确保全部时间只由国际冰联锦标赛参赛人员使用，包括非比赛日。

冰场的具体要求必须符合《国际冰球联合会官方冰球规则》。冰场端区的保护网应为深色，且不允许出现任何广告或印刷物。

承办方负责确保场馆设施符合比赛要求，并在整个锦标赛中按要求保持。

4.1.4 灯光需求

冰场上的灯光至少有 1400 勒克斯，在主摄像机方向 1.5 米以上的高度。灯光在比赛场地表面和看台应该有相同的温度。没有日光照射的场地，最低 3200 开氏度。有日光照射的场地，最低 5600 开氏度。灯光应该在比赛场地表面均匀延伸，在界墙附近没有阴影。练习冰场应至少提供 600 勒克斯的灯光照度。

为满足快速采访区的要求，每个局间休息开始，在队员全部离开冰面之后的前 3 分钟内需要全部照明。

冰场显示器的照明需要安装电力和特殊照明装置。

4.1.5 电力需求

为了顺利组织和转播比赛，承办方必须免费提供充足和不中断的电力供应，并且有备用供电系统（电力充足，并且可以无缝切换），符合商业伙伴和电视转播伙伴的明确要求。在每个场馆，电力供应和备用供电系统都必须提供至少 550 千伏安。至少在比赛开始前 6 个月，商业伙伴应该向承办方委员会提供具体的供电系统要求。任何高于 550 千伏安的供电要求，至少在比赛开始前 3 个月提交给承办方，额外产生的费用由提出要求的商业伙伴承担。

电视公司转播车、转播间的电力消耗，将由请求方基于锦标赛举办城市适用的国内标准电价（最多提高 15%）计算。承办方必须在锦标赛前至少 12 个月公布价目表。冰场内全部转播办公室（包括电视混合区的转播办公室）的国内电力消耗，由组委会支付。

商业附属公司室内和室外展示与销售位置的电力必须根据适用个人消费标准的成本提供。

4.1.6 互联网连接

在每个场馆，必须保证充足的网络连接（LAN 至少 100MB/s，或者 WAN 至少平均 8MB/s，加 8MB/s 备用）。在电视转播车、转播中心、工作室、评论席，都应确保 LAN 连接。承办方必须在公共区域内免费提供互联网所需的基础设施，包括但不限于接待区、球迷区等，并满足所有商业伙伴关于互联网的具体要求，这些要求是承办方在比赛前 3 个月从商业伙伴那里收到的。例如赞助商展示区域、商品销售展台区域等，承办方将在比赛前 4 个月内向商业伙伴提供报价单。

4.1.7 环境要求

承办方应确保遵守与场馆有关的国家环境法律要求。承办方应采取一切措施确保场馆内没有吸烟的情况，并防止使用喇叭和其他制造噪音的物品。承办方应确保不出售或分发喇叭汽笛。

未事先获得国际冰联批准，不能分发赠送喇叭汽笛。

4.2 赛场房间和设施

所有房间、楼层和设施应在世锦赛开始前 5 天免费提供，并应清楚签署。一些特定房间，如队服服务中心及注册中心，须于比赛开始前 14 天提供。适当的标识系统（结合国际冰联批准的认证区域）应能方便快捷地引导不同人员通过整个场馆和邻近区域，如电视区、球迷区、室外接待区和媒体中心、停车场等。

所有的房间都必须提供匹配的空调设施，并且要求提供 24/7 的访问密钥。

4.2.1 房间分配

房间配置和所有相关的细节，比如办公器材、基础家具、各个房间之间为满足要求而必备的连接，将在场地考察时确定。国际冰联、商业伙伴和承办方将在场地考察记录和附带的平面图上签字。国际冰联可要求或者批准更改房间配置，必须至少在赛前 3 个月提出相关要求。

4.2.2 队伍更衣室

每支参赛队伍应被分配一间固定的更衣室（至少 120 平方米）。更衣室附带的额外房间应至少有 6 个淋浴、3 个蹲位。更衣室内有教练室， 配备有线网络连接、按摩室、储藏室、烘干设备，以及具有所有场地全部比赛实况信号的电视。

4.2.3 队伍拉伸和准备活动区域

承办方应在场馆中提供队伍拉伸和准备活动区域，参赛队伍共享。这片区域应至少配备 20 台固定自行车、地垫、壁挂式消毒洗手液和适当的通风系统和安保人员。

4.2.4 场内裁判区域

应为场内裁判（2 名裁判员、2 名边线裁判员）和替补裁判（1 名裁判员、1 名边线裁判员）分配足够的更衣室和一个最小面积为 20 平方米、配有淋浴和厕所的房间。如在一个场地内每日举行 2 场或以上比赛，如国际冰联需要，应为场内裁判提供 2 间更衣室。

场内裁判更衣室应配备：

- 4 名场内裁判（执裁人员）的凳子 / 椅子和设备摊位，包括衣架。
- 2 名替补场内裁判的凳子 / 椅子和设备摊位，包括衣架。
- 互联网连接（高速 Wi-Fi 接入）。
- 适当大小的电视屏幕，包括来自两个场馆的现场信号。
- 时钟 / 比赛计时钟连接。
- 安保。
- 比赛期间的清洁服务。

应为场内裁判配备：

- 获得设备安装和维修服务。
- 获得磨冰鞋服务。
- 送至更衣室的饮料服务（密封水瓶、运动饮料、咖啡 / 茶，包括牛奶和糖）。
- 送至更衣室的零食服务（水果、能量棒等）。
- 为所有指定的比赛官员提供浴巾。
- 在每场比赛和冰上训练后，为队服和内衣提供洗衣服务（包括洗衣袋），最好是在赛场内提供（第 2 天送货上门）。
· 冰鞋鞋带（白色），胶带分类（黑色、白色和透明胶带）和面罩清洁。

场内裁判热身区应配备：
· 2 辆固定的热身自行车。
· 地垫。
· 充足的空调、通风。
· 安保设置。

场内裁判装备烘干室应配备：
· 在比赛场地或酒店提高烘干设施与通风。
· 为所有场内裁判的设备提供足够的烘干架。
· 除湿 / 电加热器。
· 可锁的门。

4.2.5 队服服务中心

为了运营队服服务中心，承办方应至少在比赛前 14 天在每个场馆内安排充足的空间（200 平方米），用临时墙体隔离出符合以下要求的小区域，内部有门互通：

· 工作面积 100 平方米，门上带锁。
· 为缝纫机准备 15 张桌子放电动工具和用品。
· 8 把额外的椅子。
· 20 个可以移动的衣服架。
· 600 个金属衣架。
· 国际冰联提供的 2~3 台热压机。
· 可供 6 台缝纫机和 2~3 台热压机同时使用的电路和电力。
· 一间至少 80 平方米的储藏室，靠近工作区域，用挂锁固定。
· 在 20 平方米的队服服务中心内的工作区域，有 2 个工作空间，包括：
　——咖啡机。
　——电话。
　——有线网络连接。
　——冰箱。
　——电视机。
· 2 间临时专用的更衣室，使用至世锦赛开赛前 2 天（见 4.2.2）。

4.2.6 兴奋剂检查室和急救室

承办方应提供 1 个兴奋剂检查室和 1 个尽可能靠近冰场和队伍更衣室的急救室。房间和更衣室之间应使用橡胶地板连接，并按《国际冰联医疗条例》和《国际冰联兴奋剂检查条例》配置设备和进行操作。

4.2.7 视频监门室

承办方应提供视频监门室，按照《国际冰联视频监门系统技术指南》安装视频监门系统。确保有必要的摄像头和电视反馈信号，以及有线电话线路、电话装置。房间必须具有无遮挡的视野，位置和系统安装必须经过国际冰联批准。

除国际冰联另有说明外，承办方有义务承担与安装和操作视频监门系统相关的全部费用。

4.2.8 统计服务

承办方应在场馆内为电脑统计提供工作空间。统计办公室位置应靠近计时席，为 3 人提供工作空间。环境必须有适合电脑设备运行的温度和通风条件，并且提供有全部比赛画面的电视机。

4.2.9 竞赛委员会会议室

如果场馆距离很近，可以只在一个地点召开会议。承办方应提供一间足够大的会议室用于竞赛委员会召开会议，配备家具和设施（可转播视频光盘的电视、白板、投影仪）、可容纳约 40 人的 U 形排座。每队配有邮件箱和信息箱，理事会成员和比赛监督应参加会议。会议应提供饮料和零食。

第 1 次竞赛委员会会议当天，应额外安排 3 个房间，布置成教室形式，每间容纳约 20 人，可用于同时召开医疗团队会议、队伍规则信息会议和队伍媒体经理会议。这些房间同样配备可转播视频光盘的电视、白板、投影仪。

4.2.10 国际冰联工作人员办公室

承办方在每个场馆内为国际冰联工作人员提供最多 3 间办公室，或者 1 间足够容纳 15 人的办公室，配备必要的设施，在比赛开始前 7 天准备好投入使用。必要设施包括但不限于：充足的照明、电话、强大的网络连接、模拟线路传真机、复印机（可快速打印、彩打、双面打印、装订）和 2 台打印机。

根据国际冰联提供的名单，为国际冰联工作人员提供免费的手机和 SIM 卡。

国际冰联工作人员办公室应配备 2 台电视设备，可以实时观看场地内正在进行的所有比赛。

4.2.11 国际冰联认证办公室

承办方应根据《国际冰联认证指南》，在认证中心（见 4.2.18）为国际冰联认证经理及其助理提供一个办公空间。

4.2.12 国际冰联监督办公室

承办方应在每个场馆内为国际冰联 3 位监督（医疗监督、比赛监督、兴奋剂监督）提供办公空间。

4.2.13 国际冰联脑震荡观察员

承办方应在每个场馆为医疗主管提供一个空间，以备每个场馆有队员出现脑震荡。

4.2.14 国际冰联官方网站工作人员办公室

承办方应在每个场馆为 3 名代表国际冰联的工作人员提供国际冰联锦标赛官方网页的工作空间。工作空间应配备 3 条高速互联网连接。

4.2.15 国际冰联摄影师办公室

承办方应在每个场馆内为 2 名国际冰联摄影师提供配备 3 条高速网络连接线路的办公空间。办公空间的位置应尽可能靠近场馆冰面一层。承办方应为摄影师提供安全有锁的器材储藏室。

4.2.16 媒体服务

承办方应根据第 15 章提供媒体服务，包括提供以下设施：

· 媒体中心：为最多 300 名经授权的记者（包括商业伙伴展示的区域）提供方便办公的房间或者帐篷。
· 媒体座席：每个场馆每场比赛在观众席为 300 位平面媒体人员提供座席。整个比赛期间位置应该固定，并且已考虑媒体设备所占空间，且提前经过国际冰联批准。
· 评论员：每个场馆每场比赛在观众席为 50 位评论员安排 300 个座席，集中在观众区，作为主要摄像平台。座席安排应保持不变，并尽可能靠近冰面中央区域。每个评论员位置必须配备 3 个座席、1 张桌子和必要的设备，如 15.2.2 所述。
· 新闻发布室：在媒体中心内部或附近，安排最多可容纳 200 人的独立房间用于新闻发布会。
· 混合采访区：在场馆内尽可能靠近队伍更衣室和新闻发布室的开阔区域，用于媒体采访。混合采访区应足够容纳相关的媒体代表，有 40 米宽的背景，且方便通行。该区域应分成 3 个部分：①电视区；②广播区；③平面媒体区。混合采访区以相应的顺序依次靠近队伍更衣室。
· 快速采访区：在队员进入冰场的通道留出充足空间，转播员可以在局间休息时对队员进行快速采访（不超过 90 秒）。
· 复印中心：独立的办公室（至少 20 平方米），尽可能靠近媒体中心和统计办公室，见 4.2.8。
· 媒体餐厅：位于媒体中心内部或附近，价格适中。

- 商业伙伴办公室（电视部门见 4.2.19）：根据商业伙伴要求，安排在电视综合转播区内部或附近。

4.2.17 交通中心

根据第 8 章，承办方应在每一个比赛场馆内部或附近提供一个设备齐全的交通办公室 / 服务台。

4.2.18 认证中心

承办方应在每个比赛场馆内部或附近设立认证中心（100 平方米），应根据《国际冰联认证指南》设置并运营。

应有可容纳大量人流的足够空间，并且允许公众直接进出认证中心。

4.2.19 国际冰联商业伙伴办公室

承办方应确保每个锦标赛场馆有 3 间办公室（每间至少 20 平方米），设备齐全，并免费提供给商业伙伴电话、互联网接入、打印机、两套电视转播设备等。与此有关的一切费用应由承办方承担。商业伙伴可要求合理的储存空间，以便在锦标赛前 5 天和锦标赛期间储存货物。

此外，承办方应确保在 2 个场馆中都提供以下空间，供商业关联公司和商业伙伴的供应商使用：

- 在冰场层为医疗 / 骨科供应商提供办公室。
- 在冰场层的工作室 / 储藏室（60 平方米），用于放置广告牌和幕布供应商。
- 在体育服务办公室附近，用于存放运动饮料、15 个背板的材料。
- 官方主赞助商的展区（最少 60 平方米）。
- 销售岗位附近的商品储存室（最少 60 平米）。
- 官方主赞助商礼仪小姐的更衣室。
- 商业伙伴礼仪小姐的更衣室。
- 官方印刷供应商的储存室。
- 颁奖典礼地毯的储存室。
- 吉祥物团队的带淋浴的更衣室。

4.2.20 国际冰联商业伙伴设施

承办方应在不迟于锦标赛前 12 个月，按照国际冰联的要求提供办公空间给国际冰联商业伙伴使用。

4.2.21 贵宾休息室

根据第 11 章的规定，承办方应为国际冰联和商业伙伴提供贵宾休息室，位置尽可能靠近下文 11.2 和 11.3 的指定区域。

4.2.22 转播设施

根据第 14 章和第 15 章，承办方必须在冰场内为电视转播和广播转播提供足够及适当的空间和设施。转播设施包括但不限于可用的电力、电话线、网络连接和电视设备，如摄像机台座、在天花板的摄像机安装设备（如视频监门摄像机）、墙壁等。

承办方应为 2 间电视工作室提供场地（每间大约 30 平方米），根据国际冰联的要求最好在冰场内，但不要造成观众座席减少（“ 座席损失” ）。 必须在锦标赛开始前 11 个月提出该需求。

如果上述不可行，需将座席损失减小到最低，且必须在开始销售门票前提出相关要求。

根据 14.4.2，如果电视制作办公室有需要，承办方应在收取合理费用的情况下提供额外的空间作为电视制作办公室。

4.2.23 场馆公共区域

场馆的公共区域和邻近区域应提供给商业伙伴活动使用（见第 12 章），例如投放广告、放置产品和基本信息。承办方在这些区域组织活动，应经过商业伙伴和国际冰联批准。如上述活动需要公共部门的许可，承办方应代表商业伙伴寻求此类许可。

4.2.24 标识

场馆（以及承办城市）内部和附近所有相关区域，必须提供方向性的指示标识，为来访者、宾客、参与者、工作人员、志愿者和媒体指示各个房间和功能区域的位置。这样的指示标识应同样出现在承办城市的关键位置，包括机场、火车站、街头公共汽车站、相关的停车场等。

计划使用的指示标识的外观和位置，包括在场馆和附近使用指示标识的细节，必须至少在比赛开始前 6 周提交至国际冰联审批。

承办方有责任在所有场馆提供一致的指示标识，特别是在运动员进场和上冰时。

4.2.25 纪律委员会会议室

承办方应该在场馆内为纪律委员会提供一间设备齐全的会议室，包括：

- 供 6 人使用的方形会议桌。
- 1 台台式电脑 / 笔记本。

- 1个大屏幕。
- 1 部电话。
- 4接口的高速网络连接。
- 能与不同场馆间进行视频会议的系统配备。

国际冰联可以保留根据场地的位置以及举办世界锦标赛使用的设施，而要求额外会议室和 / 或对以上计划进行改变的权利。

5 竞赛

5.1 《国际冰球联合会官方冰球规则》和《国际冰联运动条例》

承办方有义务遵守《国际冰球联合会官方冰球规则》《国际冰联运动条例》和其他条例与指南，没有例外。

5.2 邀请函及入境签证

承办方必须负责按时为所有队伍和参赛官员（包括国际冰联代表、商业伙伴和商业主体以及他们的材料和装备）准备邀请函，并提供所有入境签证所需的支持及同意资料。

5.3 队伍联络人

承办方必须为每支参赛队伍分配队伍联络人。队伍联络人将起到承办方和每支队伍联络的作用。队伍联络人必须能流利地用英语及各自队伍的母语进行沟通。

5.4 比赛服务

承办方必须为所有的参赛队伍和场内裁判提供以下服务：

- 根据国际冰联队服服务程序提供队服服务。
- 装备维修服务。
- 磨刀服务。
- 干洗服务（包括干洗袋），用于每场比赛和训练结束后干洗队服和贴身衣物，最好安排在场馆内。
- 为比赛和训练提供毛巾。
- 为训练、赛前热身准备足够的冰球（每支队伍约 50 个），正式比赛用球由国际冰联提供。
- 比赛和训练中，为各个更衣室和场内裁判室准备饮料和零食。
- 在热身结束后和每局之间，打扫更衣室、场内裁判室、过道、队员席和受罚席。

5.5 仪式

承办方必须指派一位首席礼宾官和足够的人员来保证下述国际冰联礼仪得到准确的执行。

5.5.1 旗帜

比赛场馆必须在同样的高度悬挂同样规格的参加国际冰联世界锦标赛队伍的国旗。国旗从左向右（从主看台的方向看）按照参加锦标赛的排名顺序悬挂。国际冰联的旗帜可以悬挂在各国国旗首部、尾部或中间。各个旗帜要放置在赛场内有最佳可视度的位置。国际冰联旗帜的尺寸不一定要和各国国旗尺寸相同。承办方必须确认所展示的各国国旗和国歌的准确性。

旗帜可以由国际冰联提供，如果国际冰联提供了，则必须使用国际冰联提供的。

根据 5.5.5，赛后仪式必须有升旗的环节。注意部分国家对国旗方向（如斯洛伐克）和国歌（如丹麦）特定的要求。比赛结束后，国际冰联提供的国旗必须归还国际冰联在苏黎世的办事处。

5.5.2 官方音乐和官方发言人

在开幕式、闭幕式以及队伍进入冰面时，承办方有义务使用国际冰联办公室提供的国际冰联官方音乐。承办方要分别向版权协会（德国音乐版权协会、瑞士版权协会、法国国际版权公司）报告国际冰联官方音乐使用情况，并且负责任何以及所有的因使用音乐作品版权而产生的费用。

国际冰联确实有权指派额外的发言人或替换组委会指定的发言人。然而，指定的发言人必须接受过根据国际冰联发言人脚本协议以英语和母语进行广播的培训。

5.5.3 开幕式

开幕式计划应在锦标赛开始前 8 周提交给国际冰联批准。

开幕式应该是不超过 10 分钟的欢庆活动，不应危及第一场比赛冰面质量。在各国旗手入场之后，升承办国国旗，奏承办国国歌。接下来，承办国冰球协会主席致辞，然后由国际冰联主席或者国际冰联竞赛委员会主席代表国际冰联宣布锦标赛正式开幕。 在承办国家协会的要求下，国家的代表也可以宣布锦标赛开幕，并且使用以下措辞：：“我谨代表国际冰球联合会宣布（年度）国际冰联冰球（组别）锦标赛（组别）开幕。”

5.5.4 赛前仪式

在比赛开始前大约 3 分钟或在锦标赛音乐转播期间，双方队伍一个接一个地进入冰面，并且分别站在各自的蓝线处，裁判员和边线裁判员站在计时席前方。各队队长将向前走向裁判员，交换队旗并且握手，同时宣告员介绍双方首发阵容，然后双方滑行至他们的守门员处，再回到队员席，只有首发队员留在冰面上。应在比赛开始的准确时间争球。详细时间见国际冰联赛前、赛后倒计时。

5.5.5 赛后仪式

比赛结束之后，双方队员应在各自的蓝线处立即列队，将为每队的最佳队员颁奖，在颁奖之后裁判员站在红线上。必须奏获胜队伍的国歌，同时升获胜队伍的国旗。所有队员应摘下头盔面向国旗以示尊重。最后，双方所有队员将握手并且离开冰面。

详细时间见国际冰联赛前、赛后倒计时。

5.5.6 锦标赛奖项

根据 13.7，锦标赛结束后将在冰面上颁发由赞助商和供应商提供的奖杯和奖项，国际冰联代表应出席。奖杯和奖项可能包括但不限于以下项目：

由国际冰联和商业伙伴提供：
- 每场比赛每支队伍的最佳队员奖，由商业伙伴提供（见 13.7）。
- 锦标赛最佳守门员、最佳后卫、最佳前锋奖项（由竞赛委员会提名），由国际冰联提供。
- 锦标赛最有价值球员奖（MVP），由商业伙伴提供。
- 裁判纪念奖，由国际冰联提供。

由承办方提供：
- 锦标赛每队 3 名最佳队员奖，如果不是由商业伙伴提供的，由承办方提供。
- 全明星阵容（可选）。

由承办方提供的奖项必须经国际冰联批准。其他可能颁发的奖项也必须经国际冰联批准。

5.5.7 锦标赛奖杯及奖牌

国际冰联提供给承办方国际冰联世界冰球锦标赛奖杯、最有价值球员奖杯、第 2 名和第 3 名奖牌。

承办方有权设计获得比赛前 3 名队伍的奖牌。设计、材料以及质量必须得到国际冰联的批准。如果承办方没有需求，国际冰联将为前 3 名队伍颁发奖牌。

奖牌标准如下：
- 直径：80~100 毫米。
- 最小重量：200 克。
- 最小厚度：7 毫米。
- 数量：40 枚。
- 奖牌正面要有承办国的特点，包括完整的锦标赛官方名称和赛季。
- 奖牌背面要有国际冰联标志。
- 奖牌的绶带可以是有国家特色的颜色，或者是国际冰联使用的颜色，即红、蓝、白。
- 需要制作的奖牌总数（包括预留给国际冰联的额外数量）将由国际冰联确认，奖牌将在世锦赛的第 1 天移交国际冰联。

设计和制作的费用由承办方承担。禁止将奖牌或奖牌模具用于任何其他目的。

国际冰联冰球世界锦标赛的承办方必须最晚在锦标赛开始前 8 个月告知国际冰联

是否行使设计奖牌的权利。

5.5.8 颁奖和闭幕式

在铜牌争夺赛的赛后仪式上立即宣布获得铜牌的队伍（颁发比赛最佳队员奖）。将在场内颁发奖牌和奖品，奏获胜队伍的国歌。

搭建颁奖台时，将在立方体屏幕上宣布获得竞赛最佳的 3 名队员以及媒体全明星队，并转播视频。双方队伍将面对面站在各自的蓝线上。

在决赛的赛后仪式上立即宣布获得金牌和银牌的队伍（颁发比赛最佳队员奖）。

在此之后，将颁发场内裁判奖项，获奖裁判将上前领取他们的纪念奖牌，随后在奖台上宣布 MVP 奖项。

如果获胜队伍在整个锦标赛中赢得了全部比赛，将首先向获胜队伍颁发盈方大奖支票。

然后，由国际冰联理事会成员或代表向亚军队员和队伍官员颁发银牌，将奖牌戴在队员和队伍官员的脖子上。在闭幕式期间以及接下来的赛后混合采访区、媒体会议期间，队员要一直恭敬地将奖牌戴在脖子上。任何违反上述规则的行为，都将会报告给国际冰联纪律委员会，并可能依据国际冰联细则 1001 而给予额外的纪律处罚。队长上前领取亚军奖盘之前，已获银牌奖的队员应该滑向获得金牌的对方队伍，与其握手并且再次在蓝线列队。

然后，由国际冰联理事会成员或代表向冠军队员和队伍官员颁发金牌，将奖牌戴在队员和队伍官员的脖子上。

当所有奖牌颁发完毕，队伍沿蓝线列队，奏获得金牌队伍的国歌，升 3 支获得奖牌队伍的国旗。奏完获得金牌队伍国歌后，获得银牌的队伍从混合采访区出口离开冰面。

获得金牌队伍的队长将被召唤领取锦标赛奖杯。

获得金牌的队伍将在冰面上获胜者背景板前面集合，拍摄官方队伍合影，然后离开冰面。

仪式部分的准确时间安排和文稿将由承办方、国际冰联及商业伙伴一起决定，并且经过国际冰联批准。

6　医疗服务和兴奋剂检查

6.1　概述

承办方必须确保按照《国际冰联医疗条例》和《国际冰联兴奋剂检查条例》实施医疗服务和兴奋剂检查。

6.2　医疗服务

承办方必须根据《国际冰联医疗条例》和《医护指南》，准备、展示和运营一套完备的医疗项目，包括但不限于医疗服务和兴奋剂检查，如营养和水分摄入标准、空气质量控制、配备设施、医疗用品、医疗服务，以及在每个场馆为官方参与者和观众配备的医疗人员。

7 食宿

7.1 概述

承办方有义务为下述7.4中列明的人员（官方参与者）提供住宿和餐饮（早餐、午餐、晚餐）。

官方参与者有权（如无特殊说明）从开赛前1天中午开始，直到正式锦标赛结束当日中午（包括合理的时间安排），享有4星级或5星级酒店的住宿和餐饮。

国际冰联在锦标赛期间将安排队伍、裁判员、国际冰联和媒体代表入住指定酒店。相关酒店住宿应在锦标赛开始前12个月获得批准。此后任何更改都需要得到国际冰联的书面批准。

国际冰联代表大会委派的代表将与国际冰联理事会成员入住同一家酒店，除非承办方和国际冰联另有约定。

7.2 酒店预订

承办方应在锦标赛开始前12个月确认各酒店的位置，距离比赛场地不超过30分钟路程，以及酒店房价及客房供应情况。承办方应确保与酒店达成协议时尽可能争取灵活性，比如额外房间数量、日期更改、确认的最后期限后延，以及有利的取消政策。国际冰联及其商业伙伴应至少在锦标赛开始前3个月通知承办方每天所需房间数量。

承办方有义务按照条款7.4的要求，满足官方参与者对于酒店房间的需求，且有义务代表国际冰联和/或商业伙伴为条款7.4中未列出的人员做出房间预留，包括但不限于国际冰联委员会成员、国际冰联名誉成员、访客和合作伙伴。

任何与条款7.4中未列出人员有关的住宿费应在结账时由相关客人自行支付，除非国际冰联另有规定。

承办方应提供额外的房间，特别是为队伍，其价格与官方参与者房价相同。

承办方房间预订的大致数量：

参赛队伍：	总计 至少450间
国际冰联裁判员和国际冰联监督：	总计 至少40间
国际冰联理事会成员、工作人员和客人：	总计 至少160间
国际冰联代表大会代表：	总计 至少200间

根据世锦赛场地和设施的位置，国际冰联有权要求额外房间和 / 或更改时间表，具体取决于举办世锦赛的比赛地点和场所。

7.2.1 国际冰联办公室

在锦标赛期间，在每个场馆附近供国际冰联理事会住宿的酒店里，应提供一个房间作为国际冰联办公室，在锦标赛开始前 3 天直到锦标赛结束后的 3 天以内免费使用，总的来说，需提供 4 个工作空间，配备电话和互联网连接。

7.2.2 理事会会议室

在主场馆附近供国际冰联理事会住宿的酒店里，提供具有电视机、投影机、屏幕、活动挂图和互联网连接的宽敞会议室（至少 85 平方米），可供 25~30 人使用。理事会会议室的相关费用由国际冰联承担。

7.3 餐食及餐费

条例 7.4 中列出的所有官方参与者，都有权在各自的酒店享用早餐。

承办方必须为参赛队伍免费提供细则 11–15 中列明的队员最大数量的餐食。额外餐食由相应的队伍支付。

参赛队伍的早餐以自助餐形式在预留的早餐区或专用私人会议室内供应。 应确保没有酒店的其他客人打扰队伍用餐。晚上比赛结束后，酒店必须为参赛队伍、裁判员、国际冰联理事会及竞赛委员会成员、国际冰联工作人员提供热餐。

对于国际冰联理事和工作人员每天的两顿主餐（午餐和晚餐）餐费，应以承办方所在国货币现金支付。国际冰联和承办方应就餐费金额达成一致。该结算将通过国际冰联的前期资金和之后举办方的退款来完成。

对于裁判员和执裁教练的每天的两顿主餐（午餐和晚餐）餐费，应以承办方所在国货币现金支付。国际冰联和承办方应就餐费金额达成一致。该结算将通过国际冰联的前期资金和之后举办方的退款来完成。

承办方必须确保餐食符合《国际冰联医疗条例》中关于营养和水分摄入的标准。

7.4 官方参与者

7.4.1 参赛队伍

通常，所有参赛队伍将被安置在同一家酒店。将为每支队伍提供 8 个单人间和 14 个双人间。在分配的 14 个双人间中，2 间应相邻并由 1 个门相连，其装备能满足至少 6 人会议使用。在赛事期间，承办方应尽最大努力满足队伍的额外房间需求，由各自国家协会承担费用，直到参与者完成锦标赛官方任务。额外房间的价格应与协议的组委会房间价格相同。增加房间的价格与协商后的承办方价格一致。

如果参赛队伍被安置在多个酒店，酒店应该是同等标准。

必须在住宿酒店免费提供设备齐全的会议室（约 80 平方米）给参赛队伍，会议室应至少配有免费的互联网连接、活动挂图、连接 HDMI 线路接口的电视机（屏幕最小 60 英寸）和配有线路和屏幕的投影仪。整个锦标赛期间会议室应保持一致，并经过国际冰联批准。

7.4.2 执裁团队

应为国际冰联执裁团队（裁判员、边线裁判员、执裁教练及摄像执裁教练）于开赛前 2 天提供住宿，直至锦标赛结束后 1 天。应为国际冰联执裁团队的每位成员提供 1 个单人间。

·执裁教练	6 人	单人间
·场内裁判	裁判员 16 人	单人间
	边线裁判员 16 人	单人间
·摄像执裁教练	2 人	单人间
·理疗师	2 人	单人间（国际冰联）

国际冰联有权根据举办世界锦标赛的场地及设施的位置，以及根据不同情况对场内裁判的分配进行调整，要求增加场地及 / 或更改比赛时间表。

会议室 / 厅：
在整个锦标赛期间，国际冰联执裁团队在其下榻的酒店内的会议室，将按照国际冰联执裁教练提供的时间表对外开放。需为国际冰联执裁团队配备活动背板、电视机（足够的全高清），包括 HDMI 线路接口、音响系统及高速互联网连接（WiFi）。如果没有大的电视屏幕可用，一个投影仪是必不可少的。会议室应备有瓶装矿泉水，并备有小食和水果。应按国际冰联执裁教练的要求，提供免费影印服务。

理疗师和按摩师：
按摩治疗室或类似的房间应该随时都能使用，并配有按摩床。如国际冰联提出要求，需额外提供 2 间单人房，费用由国际冰联承担。

其他费用：
国际冰联指定的场内裁判及执裁教练，有权获得每日劳务，包括到达和离开之日，并支付锦标赛的相关费用。请参阅国际冰联费用规定。

餐费：
指定的国际冰联场内裁判和国际冰联执裁教练可领取每天的餐费（见 7.3），包括到达和离开之日，以支付与锦标赛有关的费用。请参阅国际冰联费用规定。解决办法将由国际冰联预先提供资金，并向承办方开具发票。

7.4.3 国际冰联代表

承办方必须在锦标赛开始前 1 天至结束后 1 天为国际冰联代表提供酒店房间：

- 国际冰联主席及配偶：　含 1 张会议桌的套间
- 国际冰联理事会成员及配偶：　双人间
- 国际冰联秘书长及配偶：　双人间
- 由国际冰联明确的 15 名在锦标赛场馆工作的代表：　双人间

承办方应按照 7.3 的规定，为上述所有国际冰联代表支付餐费。

7.4.4 国际冰联代表大会年会

如果在锦标赛期间召开国际冰联代表大会年会的情况下，自开幕前 1 天起至锦标赛结束，承办方有义务向代表大会第一代表和相关成员国家协会人员提供 1 个双人间及餐费。

对于代表大会第二代表和同协会的其他代表，承办方须预订房间，所有相关食宿费用发票将发给各自协会和相关成员国家协会，并由客人在酒店退房前或退房时支付。

额外房间的住宿价格和餐费不得超过酒店的官方门市价格。

7.4.5 医疗服务和兴奋剂检查监督

自锦标赛开始前 1 天至结束后 1 天，应为由国际冰联理事会指派的锦标赛国际冰联医疗服务和兴奋剂检查监督提供单人间。

7.4.6 国际冰联代表大会翻译人员

自代表大会开始前 1 天至结束后 1 天，应为 4 名翻译人员每人提供 1 个双人间。

7.4.7 商业伙伴代表

锦标赛期间，承办方应免费向商业伙伴在每个场馆的国际冰联入住酒店中提供 1 间房间。承办方应尽最大努力满足商业伙伴的其他房间要求，费用由商业伙伴承担。

7.4.8 国际冰联数据经理和信息技术人员

自锦标赛开始前 1 天至锦标赛结束后 1 天，每个场馆应为最多 5 名国际冰联数据经理和信息技术人员每人提供 1 个单人间。

7.4.9 国际冰联纪律管理员

每个场馆有 2 人负责国际冰联纪律系统工作，自锦标赛开始前 1 天至锦标赛结束，应为他们每人提供 1 个单人间。

8 交通运输

8.1 概述

承办方必须如规则7.4所列，自官方参与者到达国际冰联理事会指定最近机场开始，直到官方参与者在锦标赛的任务结束，在这段时间内为官方参与者提供往返酒店、比赛和训练场馆，包括会议的交通工具。同时，承办方必须为国际冰联终身成员及其配偶、国际冰联审计员及其配偶和国际冰联嘉宾提供交通服务。

承办方负责将被淘汰的队伍（按相关国际冰联规定的最多数目）转往最近获批准的机场。

官方参与者将自行安排飞往国际冰联指定机场。抵达后，交通将由承办方负责。

8.2 交通中心

根据4.2.17，交通中心应在锦标赛开始前7天运行，至锦标赛结束后2天终止。交通中心应在每场比赛赛前、赛中和赛后提供保障服务。必须每天24小时提供交通服务，且必须由讲英语的经理和工作人员主持。

8.3 交通服务

须包含以下交通形式：

- 供队伍使用的专用大巴和装行李的货车。
- 领队、主教练和器材师共用车辆。
- 供国际冰联代表、委员会委员、裁判员和边线裁判员使用的大巴车、小巴车或配有司机的轿车。
- 主要酒店和赛场之间的班车服务。
- 为锦标赛主席、国际冰联监督、国际冰联工作人员、国际冰联统计人员、国际冰联商业伙伴的工作人员和其他经认证的人员提供必要的交通服务。
- 医务监督和受兴奋剂检查的运动员适用延迟运送。
- 如果锦标赛在2个城市举办，裁判员、边线裁判员、裁判监督因比赛安排需要转换城市发生的交通费用（飞机、火车或汽车）将由组委会承担，且要选择最方便的交通方式。
- 轿车的交通运输只能使用官方合作伙伴的车。

需要为车队和贵宾规划上车和下车的地点，以及货车每天运送货物的情况（例如餐饮用品、球迷区用品等），特别是考虑到潜在的路障情况。

除上述之外，承办方应尽最大努力与公共交通服务部门达成协议，为持有锦标赛相关证件的人员提供免费的公共交通服务。

8.4 停车位

每一场地须向国际冰联及其商业伙伴提供 30 个免费的优先停车位（如有需要，另需提供 25 个正常收费的停车位）。

应为国际冰联的一辆车和各参赛队伍的一辆车提供停车通道，以便直接接近赛场。

所有的停车场都必须有足够的照明设备。

8.5 锦标赛官方用车

锦标赛官方用车（40 辆车）应由商业伙伴免费提供给承办方。承办方需负责司机、燃油保险、税费和常规清洁等服务。商业伙伴应在锦标赛之前明确车辆数量。

所有官方品牌的车队都必须停在赛场上一个明确可见的区域。

车辆必须保持交付时的样子，不允许增加广告。它们必须根据国际冰联程序进行编号和分配，其中包括下列各项：

- 为国际冰联主席、每位国际冰联理事会成员和国际冰联秘书长各安排 1 辆车且配备 1 名了解当地情况的专职司机。
- 在每个赛事场馆为国际冰联配备 1 辆车。
- 为组委会提供 1 辆车。

剩余的车辆按照上述要求供承办方用于相关交通服务。

如有需要，根据需要所有车队的车辆必须转移到决赛场地，费用由承办方承担。

8.6 媒体交通

必须在城市主要媒体入住的酒店和赛场、训练场之间提供免费的媒体交通。班车服务的时间表应对照媒体代表在比赛期间的工作时间。

必须以适当的成本安排锦标赛场馆（城市）之间的通勤，费用由经认证的媒体工作人员承担。

9　资格认证

9.1　国际冰联认证指南

承办方必须使用和操作国际冰联认证系统，根据《国际冰联认证指南》对各个区域的访问权限进行保护。认证计划包含每个场馆不同组别、不同认证区域的默认通行密码。认证区域和人员流向必须经过国际冰联批准。

国际冰联应提供一个由承办方操作的认证系统。在认证中心工作的人员必须在锦标赛之前接受承办方关于使用国际冰联认证系统的教育。

商业伙伴可以选择提供挂带。

9.2　权利认证

经国际冰联批准后，向以下人员发放认证卡。这些人员可根据认证卡上信息免费进入冰场相应区域和接受相关服务。

· 所有正式官方参与者，如 7.4 所列。
· 承办方人员、志愿者，以及场馆供应商和安保人员。
· 经国际冰联及其商业伙伴批准的经认证的电视和广播人员。
· 经国际冰联及承办方批准的经认证的平面媒体记者，申请表上已确认非电视台或广播公司人员。
· 为计算机、记分牌、视频监门系统和设备维修提供服务的供应商和工作人员。
· 国际冰联商业伙伴负责提供足够数量“无限制通行”认证。
· 商业附属机构和供应商代表，需要得到国际冰联和商业伙伴的批准。
· 经国际冰联批准的技术人员，可进入国际冰联指定的区域，完成与锦标赛有关的任务。
· 国际冰联委员会成员和嘉宾由国际冰联指定。

10 票务和座席预订

10.1 承办方权利

除了预留座席和本条例中提到的“座席损失”之外，国际冰联授权承办方销售所有剩余座席。最迟在锦标赛开始前 12 个月，或门票开始销售前，承办方必须提交一份考虑了所有特定预留位置的座席表，由国际冰联批准。

承办方应制定一个门票销售策略，列出类别、价格、套票、包厢票、折价票和免费票，在锦标赛开始前 12 个月提交国际冰联复核。

门票销售开始后，承办方有义务通过国际冰联售票统计表格每周向国际冰联报告门票销售情况。

10.2 票务条款

至少应在门票背面打印票务条款和条件或承办方应提醒购票者注意条款和条件。

根据国际冰联的要求，承办方应在场馆门票背面或场馆入口处指示板上打印有关观赛事项的其他信息。例如，声明禁止在比赛区域和观众区域吸烟，并有权采取行动来打击、伏击广告违规行为。

10.3 国际冰联门票

承办方应向国际冰联免费提供每个场馆每场比赛 800 个级别最高的座席（简称“国际冰联座席”）。组委会必须为预赛轮次中承办方队伍的比赛、预赛轮次中代表俄罗斯队的比赛及全部晋级赛轮次比赛提供额外 50 个座席。

国际冰联座席在场馆的最佳位置，在整个锦标赛期间不得改变座席分配。如果国际冰联没有另外指出，该座席最好分配在主电视摄像机同侧，在下层看台从中心线延伸，且距离贵宾接待区域最近。座席的位置应在锦标赛开始前 8 个月获得国际冰联批准。座席单票应在锦标赛开始前 3 个月发送给国际冰联办公室。

国际冰联可能会把这些门票退还给承办方。如果退还，国际冰联应尽其最大努力早日退回。

承办方应根据国际冰联的指示，管理国际冰联门票和座席。例如，承办方应提供指示牌，包括从座席到贵宾招待区、分隔标示出国际冰联座席、进行入场管理（通过门票）引导至座席、根据国际冰联要求在座位席上放置名签。

国际冰联可以自行决定如何使用国际冰联座席。经国际冰联批准，下列人员将获得国际冰联座席的入场券或认证：

国际冰联：

- 国际冰联主席及其配偶。
- 国际冰联理事会成员及其配偶。
- 国际冰联秘书长及其配偶。
- 竞赛委员会成员（非理事会成员）。
- 在代表大会期间 2 名代表及其配偶。
- 国际冰联执裁教练。
- 医疗服务和兴奋剂检查监督。
- 承担锦标赛任务的国际冰联工作人员及其配偶。

国际冰联客人和合作伙伴：

- 国际冰联委员会成员。
- 国际冰联荣誉会员及其配偶。
- 国际冰联荣誉嘉宾。
- 国际冰联合作伙伴，如国际冰联供应商资源团成员。
- 国际冰联商业伙伴。

以上所示所有人员的座席分配均应经过国际冰联批准。

10.4 商业伙伴门票

根据 10.3，除了收到来自国际冰联的门票（按照上述说明），商业伙伴有权提出需求，按市价购买锦标赛每天每场比赛 500 张最高类别的门票（比赛门票，非套票）自用和供商业主体使用。商业伙伴应在锦标赛开始前的 12 月 15 日向承办方提出相关要求。

承办方应在每次锦标赛开始前的 12 月 31 日之前预留出足够数量的门票，优先交给商业伙伴。

10.5 参与者看台

承办方有义务在每个场馆内提供一个 150 个座席的看台区域（经认证的区域，简称“参与者看台”）给经认证的队伍队员、队伍官员、教练员和裁判员。这些座席应不在主电视摄影机画面范围之内，并且必须经国际冰联批准，且在整个锦标赛中保持一致。

10.6 参赛队伍门票

每支参赛队伍将获得 45 张自己队伍比赛的门票，可自行分配使用。

承办方将为参赛队伍保留 200 张单场比赛门票，直至 8 月 31 日举行锦标赛。

10.7 队伍工作人员位置

承办方将为每队提供 5 个座席，供各队官员在各自的比赛中使用。应安排在不受地面高度的限制能够清楚地看到冰面的位置。在这 5 个座席中，应该为摄像执裁教练提供 1 个放置摄像机和三脚架的空间，在可能的情况下，可以使用电源插座。

10.8 媒体看台

10.8.1 平面媒体记者座席

每个场馆每场比赛，承办方必须为经认证的平面媒体记者提供 300 个配备相关设备的座席，具体要求见 15.2.1。

10.8.2 评论员座席（电视和广播）

根据 4.2.16 和 15.2.2，每个场馆每场比赛，承办方依据与商业伙伴的合同为经认证的电视评论员和广播电台提供 300 个座席。

根据 4.2.16，每个场馆每场比赛，评论员需要超过 50 个位置，商业伙伴必须在比赛开始前 3 个月通知承办方。商业伙伴应支付包括“座席损失” 在内所有额外的座席费用。

10.8.3 观察员座席（电视和广播）

每个场馆每场比赛，承办方应为锦标赛观察员在邻近评论员座席或在记者座席内提供 10 个座席。

10.9 摄影位置

承办方必须为摄影师在场馆提供 100 个位置，并在冰面同一层的冰场角落提供 20 个位置。这些位置应在出售门票之前经国际冰联批准。

国际冰联将派官方摄影师参加锦标赛，承办方应为其保留在冰面同一层（包括队员席之间），以及国际冰联观众看台的专属区域。

10.10 视频执裁教练位置

承办方必须为视频执裁教练在最佳位置提供一个工作空间。这个位置应配备互联网和电视信号源连接。

10.11 替补场内裁判座席

承办方应在冰面同一层为替补裁判员和替补边线裁判员提供 2 把吧椅（酒吧用的高腿椅）。

11 接待

11.1 顶层包厢

在锦标赛期间，承办方应在每个场地为国际冰联主席和国际冰联理事会成员在观众区域的顶层包厢免费提供约 30 个座席。餐饮费用将由国际冰联承担。

在锦标赛期间，如果承办方在场地为商业伙伴提供顶层包厢，将在每个场地为其免费提供 1 个最多可容纳 20 个观众座席的顶层包厢，并方便其从顶层包厢到达主赛场。餐饮费用应由商业伙伴承担。20 个观众座席应包含在内，不单独收费。

11.2 贵宾休息室

国际冰联和商业伙伴有权在每个锦标赛场馆建立并使用贵宾休息室，用于接待活动并由自己的餐饮公司提供招待服务。贵宾休息室必须设在每个赛事场馆或靠近赛事场馆的最佳位置，并且紧邻为国际冰联和商业伙伴提供的座席。

在主要场馆为商业伙伴提供的贵宾休息室的面积至少 800 平方米（外加厨房和储藏设施的空间），在第 2 场馆贵宾休息室的面积至少 400 平方米（外加厨房设施的空间）。国际冰联需要 600 平方米的主场馆，并将与第 2 场馆的商业伙伴共同决定贵宾休息室的大小。国际冰联将与承办方共同确定每个场馆贵宾休息室的大小。国际冰联、承办方和商业伙伴将共同确定每个场馆中贵宾休息室的准确位置和基础设施（如水、电、电视信号、进出控制、洗手间等）。贵宾休息室和适当距离的洗手间设施应由承办方提供安保。布置、餐饮等的安排，应在锦标赛开始前 8 个月经国际冰联及其商业伙伴批准（仅限已有建筑）。

应为国际冰联和商业伙伴免费提供必要的楼层空间和基础设施（例如水、电、取暖、照明、无线网络、电视信号布线的场所和足够多的监视器、抗风化的出入口、访问控制、卫生间、专门的 VIP 入口、衣柜、储物柜、存储等）。如果比赛场馆不能提供一个永久的空间，该基础设施必须尽可能靠近座位区。

贵宾休息室应根据国际冰联和商业伙伴的要求分开或合并，并通过专用的场馆贵宾入口进入。如果贵宾室合并，必须有一个特别标记的区域，供国际冰联及其商业伙伴自行决定是否允许进入。

在比赛期间，客人必须被允许留在接待区和顶层包厢。

这些贵宾休息室不应设置在任何场馆餐饮区内。

11.3 贵宾服务

国际冰联和商业伙伴将在锦标赛开始前 6 个月通知承办方是否自行筹备贵宾休息室的基础设施、装饰和服务。如果国际冰联和商业伙伴不自行筹备，那么应由承办方负责，贵宾休息室的基础设施、装饰和服务应满足国际冰联标准，这意味着高质量的服务、经典的装饰和欢庆的气氛。

与贵宾休息室相关的所有要求，如位置、装修、食品和饮料的质量、人员安排、相关时间和成本责任等，应当在锦标赛开始前 6 个月由国际冰联及其商业伙伴和承办方达成一致。

承办方应确保国际冰联和商业伙伴可以自行提供贵宾休息室或顶层包厢的餐饮服务。此外，承办方应确保国际冰联和商业伙伴配置贵宾休息室和顶层包厢装备时选用独立的商业主体，而不是来自现有供应商与场馆之间的协议。

11.4 准入和费用负担

国际冰联和商业伙伴应提前协调贵宾休息室的数量和相应的准入政策。

10.3 所列的所有人都有权进入贵宾休息室，同样也享受接待服务（食物和饮料等）。

承办方根据商定的统一标准，承担国际冰联指定的相关人员的费用。商业伙伴或承办方邀请的贵宾所产生的相关费用，应由邀请方承担。

由国际冰联和 / 或商业伙伴邀请贵宾所产生的有关第三方的费用（餐饮服务）全部应由承办方支付，然后由邀请方报销。国际冰联和商业伙伴应只支付直接来自承办方的发票。

12 市场营销和广告权

12.1 清洁场馆规定

所有与锦标赛有关的场馆,包括比赛场馆和练习场馆,必须完全没有广告和标识(包括但不限于退役队员的球衣)。承办方有义务在锦标赛开始前 5 天移除所有锦标赛相关场馆、设施内可见的广告和标识。

场馆应具备免费为商业伙伴安装商业广告的能力。

清洁场馆规定也包含对比赛场馆和练习场馆的清冰车的要求，清冰车必须为单一颜色。

12.2 广告政策

所有与锦标赛有关的广告都应符合承办国的法律。承办方必须向国际冰联说明相关法律。

禁止出现任何与政治、种族、宗教、酒精（发酵饮料、啤酒或国际冰联批准的其他烈性酒除外）、烟草和色情等内容有关的广告。任何触碰道德和伦理问题的组织或产品的广告，需要事先得到国际冰联的书面许可。

12.3 商业伙伴特权

所有锦标赛的独家新闻、全球市场营销和广告经营权归属于国际冰联。商业伙伴的市场营销的开发和广告权及其他权利都已得到国际冰联的授权。这些权利主要包括但不限于场地广告、服装和已有广告（适用于 12.8.1 的除外），名称和图案使用权，印刷品、赞助奖品和仪式的使用权，贵宾休息室和顶层包厢的使用权（如果适用），行使特许权、特许经营权、展示权、取样权、陈列权和出售权，以及进一步行使与锦标赛有关的市场营销权或广告权。

根据相关协议，商业伙伴有权签订相关协议。例如，商业伙伴可以授予第三方独家产品种类的独家广告权和供货权。一般情况下独家广告权适用于赞助商和供应商的产品，同时也适用于与锦标赛有关产品和服务的推广。

12.4 市场营销、广告及馆内销售

12.4.1 冰场周边区域

除非国际冰联另有规定，商业伙伴的权利包括对锦标赛场馆所有广告的可能性（无论是声音或视觉）的开发，但不限于宣传产品和 / 或服务的权利：

· 锦标赛期间各场地馆周边的广告牌（包括练习场馆），不允许在任何高度上使

用其他广告板。
- 队员席、记录席和受罚席区域内，条件是广告不妨碍观众视线。
- 计划在冰面下的标记。
- 防踢板和看台环绕屏幕。
- 通过在冰面上的投影，前提是比赛已经中断，并且提前经国际冰联和商业伙伴协调。
- 通过场地的扬声器，前提是比赛已经中断，在赛前、赛后或局间休息时。
- 在官方计时钟、立方体悬挂屏幕、场地视频屏幕/显示屏、记分板、指示板上，以静态贴纸或电子的广告插播形式。
- 浇冰车上（如“Zambonis”）。
- 在场馆内的观众区域（如安全网/玻璃、拉拉队的服装），须经国际冰联批准（包括停车位）。
- 在赛后的新闻发布会上，以及在现场访问期间约定的任何与电视相关的位置。
- 在整个混合区和赛后新闻发布会区域由商业伙伴提供广告背景板。在场馆的公共区域进出口位置（如入口和观众区域之间）。

除了商业伙伴放置在场馆内的广告和标识以外，禁止任何其他广告或标识出现，除非逐一经过国际冰联和商业伙伴许可。

在每个场馆内，承办方最多可以更换 3 次冰面下广告。第 1 次安装和移除冰面下广告应免费，而第 2 次和第 3 次应由商业伙伴支付费用。但是，其中广告材料的费用全部由商业伙伴承担。

应遮盖例如在官方计时钟、立方体悬挂屏幕上面的制造商标识。

球门、防护玻璃和冰场界墙的制造商标志可以在原有位置显示，前提是其尺寸合理且不损害商业附属公司权利。

承办方应出资将浇冰车刷成单一颜色。

场馆内任何其他潜在广告，可以经国际冰联批准并授权给商业伙伴。国际冰联应及时以书面形式通知承办方相关决定。

12.4.2 场馆内的公共区域/场馆特许商品零售点/连锁经营权

除在食品和饮料的常规销售点外，商业伙伴在场馆内也享有所有特许权、特许经营权、陈列权、取样权、展示权和销售权。承办方应在每个场馆内向商业伙伴免费提供充足空间，用于商业主体进行展示。

经国际冰联批准，商业伙伴和商业主体有权在赛场的公共访问区使用空间（入口处至观众席之间的区域，包括休息室、座席和冰场）进行推广活动，例如信息显示、广告赞助、赞助产品样品试用、在推广亭销售产品等。

国际冰联、承办方、商业伙伴以及商业伙伴为了锦标赛特许经销选择的官方特许经销商应逐个场馆确认展位和销售台的数量、主要位置（如主入口区），并且考虑到官方特许经销商的合理需求确认所需仓储设施，在锦标赛期间场馆内仓储设施免费。

国际冰联可以考虑商业伙伴关于使用叫卖者（例如移动销售员）在现场出售官方特许商品的需求，承办方应遵守国际冰联相关的规定。

装备供应商和商业伙伴有权在场馆内出售正版比赛服装和品牌复制品。

12.5 场馆外以及紧邻区域

商业伙伴的广告权包括场馆周围的紧邻区域（如空中、场馆墙面、球迷区域等）。例如，在国际冰联和/或承办方控制下且承办方可以免费使用的区域投放广告。在球迷区域的展示和广告，仅限于官方赞助商以及商业伙伴使用，商业伙伴须在赛事前 3 个月商讨现有的独家权益。

食品和饮料的展台不受这个独家权益的限制，但是仍然要得到国际冰联及其商业伙伴批准。

12.6 场馆名称

除非国际冰联及其商业伙伴书面同意，根据市场营销指南，现有的场馆命名权必须在锦标赛赛事期间保持中立。

承办方应限制任何把场馆命名权的所有者/受让方和锦标赛联系起来的行为。例如，场馆命名权的所有者/受让方的商标和样式不得被用作任何与锦标赛有关的目的或者因为锦标赛而使用，包括但不限于新闻发布会、新闻稿、广告、地图、印刷品等。另外，承办方对场馆名称的使用行为都应该采用中立的或者泛化的方式（比如在书面材料中用中立的字眼），以尽可能避免任何场馆命名权的所有者/受让方和锦标赛产生联系。承办方要告知场馆方以及场馆命名权的所有者/受让方，禁止其和锦标赛建立任何商业联系，否则这种行为可能会构成埋伏营销。

如果场馆命名权的所有者的产品类别与官方主要赞助商相冲突，场馆命名权的所有者的商标和品牌名称将会在场地被覆盖，并且尽可能地避免使用场馆命名权所有者的商标和品牌。

12.7 商业暂停

国际冰联给予商业伙伴在所有锦标赛比赛场次使用比赛暂停时间插播商业广告的权利。在每场比赛常规时间，保证商业伙伴至少有 3 次每次最长 70 秒的商业暂停。每场比赛商业伙伴最多有 630 秒商业开发时间。商业伙伴应免费使用商业暂停时段。

根据《国际冰联运动条例》，承办方必须确保适当操作商业暂停，以及组织协调比赛控制主体（场内裁判、场外裁判）、电视和/或广播投放商业广告的转换时间、场内比赛进程（吹停比赛和吹哨重新开始比赛）之间的联系。

12.8 队服和头盔

商业伙伴被授予独家权利开发队员和裁判员在所有比赛场次和官方练习时穿着的队服或者装备上的广告，包括为其产品和/或服务投放广告：

- 参加锦标赛（包括练习环节）的所有队员的队服双袖上各有一处广告区域，位于数字号码的上方或者下方，每个尺寸为 22 厘米 ×8 厘米。
- 参加锦标赛（包括练习环节）的所有队员的头盔上（守门员面罩除外）有一处广告区域，位于前方，尺寸为 16 厘米 ×5.5 厘米。
- 参加锦标赛（包括练习环节）的所有裁判员和边线裁判员的服装上有两处广告区域，位于上衣胸前和后背，每个尺寸为 455 平方厘米。
- 参加锦标赛（包括练习环节）的所有裁判员和边线裁判员的头盔有一处广告区域，位于前方或者后方，尺寸为 88 平方厘米。

12.8.1 队伍广告权

参赛队伍有权在所有比赛期间以及官方练习期间队员所戴头盔上进行非独家广告。各参赛队伍必须在锦标赛前的 11 月 1 日向国际冰联及其商业伙伴以书面形式递交相关需求。

由此产生的销售收入归相应国家协会独家所有。

12.9 未来广告的可能性

商业伙伴有权使用未来可能产生的，并经国际冰联批准的广告机会，以便为其赞助商和供应商提供与未来锦标赛相关的合适的广告机会。国际冰联已授权该商业伙伴进一步开拓市场的机会（如博彩）。

12.10 餐饮

如果可能的话，承办方应使每类产品来自一个商业主体，以便可追踪到场馆内所售商品的独家餐饮服务商。

12.11 承办方义务

12.11.1 保证商业伙伴权利

承办方要采取所有必要的措施来避免第三方有任何损害国际冰联、商业伙伴及其赞助商和供应商权利的行为。

承办方应确保商业伙伴赞助商和供应商广告没有被任何人或者任何物品覆盖，并且曝光度没有以任何方式减少。

特别是承办方应确保在锦标赛期间，场馆内所有广告板的公共视野和其在电视摄像头前没有以任何方式被遮挡，尤其是被安保人员或者其他官方工作人员或者摄像师遮挡。

除非经国际冰联以及商业伙伴批准，否则承办方应确保没有媒体销售人员、随行人员或者被允许进入场馆的人员展示任何广告材料。

12.11.2 广告的应用

商业伙伴应制作广告板并且将它们及时运送至承办地，承办方不承担其费用。

广告（界墙、冰面下广告等）应在锦标赛开始前 3 天在场馆内完成安装。在赛前、赛中、赛后安装（喷涂、固定）、维护以及移除广告均由商业伙伴指定的合同方负责。所有相关的费用由各自广告区域的权利持有者承担。

在锦标赛结束后，商业伙伴负责移除界墙广告。而冰上部分由承办方负责。

12.12 球迷数据

以市场营销为目的，承办方应该向国际冰联提供承办方和门票供应商能够得到的所有球迷数据。为了达到这个目的，承办方应该把所有用于市场营销的球迷数据转移给国际冰联，并且与门票供应商通过合同约定将所有球迷数据通过承办方转移给国际冰联，因为如果没有约定，门票供应商可能不会将这些球迷数据转移给承办方。

承办方和门票供应商应该确保：购买门票的人同意进行以上所述数据转移，国际冰联以市场营销为目的使用这些球迷数据符合所有适用的数据保护法律以及相关法律、法规要求。

13 许可和特许经销权

全球独家特许经销权和其他许可权属于且必须属于国际冰联。

13.1 赞助商和供应商合同

商业伙伴被许可拥有与锦标赛组织相关的装备供应商和服务供应商签订合同的独家权利，包括但不限于车辆、复印机、电脑硬件、摄像机、视频光盘转播器、视频光盘、饮料服务以及因组织方需要而同意的其他服务（简称“组织装备”）。

13.2 组织设备

13.2.1 承办方需求

在比赛之前，商业伙伴将与国际冰联和承办方及时确认具体需求。

承办方以及国际冰联可以要求商业伙伴为供应商合同列出最多 10 个产品类别，供应商合同将以合理价格签订。该需求必须在不晚于锦标赛前的 9 月 30 日提出。该产品类别的发布应该符合承办方和商业伙伴之间单独的协议。为了避免疑惑，商业伙伴在此期间没有义务发布任何产品类别。

商业伙伴应在不晚于锦标赛前的 9 月 30 日向承办方和国际冰联提供一份供应商合同清单（包括产品类别）以及承办方在该供应商合同中的权利。为了完成供应商合同中的承办方需求，至开赛前的 10 月 1 日，商业伙伴应发布没有包含在上述清单内的最多 10 个产品类别。该产品类别的发布应该符合承办方和商业伙伴之间单独的协议。

13.2.2 车辆和复印机

在机动车和复印机类别中，商业伙伴有权但不是必须与承办方和国际冰联协调，就这两个产品种类与供应商达成协议。如果到相应锦标赛前的 12 月 15 日未达成该协议，商业伙伴有义务在世界冰球锦标赛期间提供最多 40 辆车和最多 20 台打印设备。

13.2.3 承办方的供应商合同

任何承办方和供应商之间的供应商合同，都应事先征得商业伙伴的书面同意。

13.2.4 商业伙伴供应商

承办方负责在锦标赛结束后 4 周内向商业伙伴和商业主体归还组织锦标赛使用的所有设备。由于延迟归还、损坏、滥用、不当处置供应设备而产生的损失或者费用，由承办方承担。

13.2.5 国际冰联装备供应商

只有国际冰联有权指定装备供应商。

13.2.6 产品使用

承办方应使用商业主体的产品和 / 或服务，不使用任何与其竞争的产品和 / 或服务。然而，如果不能与某个商业主体就适当的供应和服务条款达成一致，承办方则有权从第三方寻求这样的产品或者服务，前提是该供应商不得擅自使用任何与锦标赛、国际冰联或者承办方有关的商业联系、官方地位或者其他标识。适用 13.2.1 中设立的基本原则。

承办方应确保在锦标赛期间不在场馆使用、展示或者放置任何除了商业主体和当地供应商品牌以外的，带有可见品牌名称、商标、标志、服务标记或者设计的产品，如使用其他品牌需经国际冰联和商业伙伴协调后书面批准。

13.3 锦标赛官方标识

13.3.1 商业伙伴权利

商业伙伴被许可拥有非独家使用受保护的各类锦标赛标识（标识、吉祥物、颜色、字体、音乐等）的权利，并用于商业开发以及达成相应协议。承办方应与国际冰联以及商业伙伴合作设计该标识。国际冰联以及商业伙伴应就登记、保护、使用该标识达成一致，并且承担费用。

13.3.2 承办方权利

如果承办方被授予设计锦标赛标识的权利，由此产生的任何相关费用将由承办方承担。承办方应确保该标识中未包含支付或者未支付费用的广告。

承办方应知晓国际冰联可能不会授予承办方任何出于商业目的而使用其标识 [包括“（年份）国际冰联世界冰球锦标赛”字样] 的权利，除非有商业伙伴事先书面同意，否则该使用权可能因为与国际冰联提供的锦标赛形象指南不相符而被拒绝。

国际冰联以及商业伙伴应合作执行锦标赛形象指南，该指南将规定锦标赛的商标和标识（包括所有的图像元素、印刷品、场馆装饰、标志等）。承办方应遵守这些锦标赛形象指南。

承办方有权生产、分配锦标赛特许商品，例如有限数量的胸章或钥匙扣，但不可以推广为目的出售或赠送。生产（模式、质量、数量等）必须事先得到国际冰联或者商业伙伴的批准。

13.3.3 官方吉祥物

商业伙伴已被授权在锦标赛之前及比赛期间设计、生产、推广和销售官方吉祥物。

承办方必须遵守商业伙伴关于吉祥物使用的规定，并遵守关于分配吉祥物使用权的程序。

商业伙伴负责现场的吉祥物动画，同时提供艺术家的机票和薪资，而承办方负责服装、住宿、食宿和当地交通。

13.4 印刷品

13.4.1 概述

所有印刷的宣传和生产材料以及与锦标赛有关的产品，如锦标赛标识和官方吉祥物，必须包含锦标赛的官方名称、国际冰联标识（标志）和官方主要赞助商标志，国际冰联和商业伙伴另有说明的除外。在生产这些材料和产品之前，国际冰联和商业伙伴有权批准这些材料和产品。

13.4.2 商业伙伴权利

商业伙伴被授予出版自己的锦标赛相关印刷资料的权利，可用于广告目的。

商业伙伴有权向其合同伙伴授权，提前进行与锦标赛相关的适当宣传。该权利应限于合同伙伴作为赞助商和 / 或合作伙伴的状态。

商业伙伴有权在承办方印刷品上免费显示商业主体的名称、标志、徽标或任何其他设计，相关规定如下：

- 如果制作官方秩序册，此内容在官方秩序册中最多占 21 页。根据商业伙伴要求和支付成本可增加额外的页面。
- 在官方海报上。
- 在锦标赛相关的认证卡和其他官方身份证件（如工作卡、授权卡等）上，前提是技术上可行。
- 在锦标赛入场门票上，前提是技术上可行。主赞助商的标志应显示在每张票的正面，与相同尺寸的国际冰联标识和赛事标识一起显示。
- 在所有与锦标赛有关的印刷品（如复印件、信纸抬头、资料夹、新闻资料、小册子、邀请函、排名名单、简报、期刊、出版物等）上。
- 上面的规则同样适用于其他推广（例如公共汽车、电车、出租车等公共交通或公告牌、LED 牌等）。

所有与锦标赛印刷品相关的事项均应符合市场营销赞助指南，并由承办方事先获得国际冰联及商业伙伴批准。

13.4.3 国际冰联权利

国际冰联有权在所有国际冰联锦标赛秩序册中免费使用最多 5 页，用于其公共关系和信息目的。

13.5 特许经销权

13.5.1 商业伙伴特许经销权

商业伙伴已获得除 13.2 所涉及的组织装备以外，任何产品类别的，对锦标赛特许商品进行开发、制造、营销、分销、推广、销售和宣传的独家权利（该权利包括商业伙伴开发、制造、营销、分销、推广、销售和宣传非品牌复制品的权利，不包括非品牌复制球衣）。商业伙伴同时获得了生产、分销和销售有锦标赛官方标识纪念品（纪念章、T 恤衫、帽子、围巾、吉祥物、冰球等）的权利 。

13.5.2 推广使用锦标赛特许商品

商业伙伴应在承办方要求下向其授权使用锦标赛特许商品，用于非商业的程序和推广目的，前提是这些产品不用于转售。但是，承办方有义务订购和 / 或拥有官方特许经销商生产的锦标赛官方特许商品。商业伙伴应以书面形式要求官方特许经销商，以优惠价格向承办方提供锦标赛官方特许商品。此外，承办方的任何锦标赛特许商品分配安排，都应经过商业伙伴批准。

13.5.3 承办方特许经销权

· 商业伙伴允许承办方设置单个承办方特许经销计划，并依据以下条款使用标志：承办方特许经销计划条款，由国际冰联代表大会至承办方的分配日期为最近赛事开始前的 12 月 1 日。承办方需确保该条款结束后主动召回产品，以确保在赛事开始前的 12 月 1 日官方特许经销商的唯一性。

· 地理限制：承办方特许经销项目应被限制在承办国内。

· 特许经销商品：在开始生产之前，所有计划的特许经销商品需要事先获得商业伙伴对于质量、设计和数量的书面批准。为了官方特许经销商的商业排他性，以下核心商品不在承办方商品特许经销计划以内：吉祥物、任何形式的服装、纪念章和冰球。

· 收入和成本：承办方有权保留所有来自承办方特许经销项目的收入。承办方应承担所有与承办特许经销项目有关的费用。

13.6 官方名称

商业伙伴已获得持有、营销和销售以下官方头衔的独家权利：

- 官方主赞助商。
- 官方赞助商。
- 官方服装。
- 官方合作伙伴。
- 官方供应商。
- 官方支持者。
- 官方产品和/或服务。
- 官方许可方。
- 官方计时员/计时服务。
- 官方转播方。
- （公司）大奖。
- 其他类似的名称。

13.7 赞助奖杯和奖项

商业伙伴有权利和义务安排商业主体在世界冰球锦标赛每场比赛结束时向每支球队最佳队员颁发奖品。进行颁奖的商业主体有权制作用于颁奖典礼的地毯/垫子。商业伙伴应向国际冰联咨询是否在锦标赛的不同阶段颁发不同的奖项。

承办方为运动员颁奖典礼的设置和颁奖仪式提供相关人员支持。

13.8 胶卷、录像带和磁带等的权利

商业伙伴已获得生产、制作或转让与锦标赛相关的胶卷、录像带、磁带、音频光盘、视频光盘、U 盘以及其他声音、视觉和/或声音视觉载体有关的独家媒体制作权利，无论其应用模式或存储/记录方法（模拟、数字）是哪种，同时商业伙伴还具有开发视频游戏的权利。

13.9 多媒体和附加权利

13.9.1 国际冰联和商业伙伴的权利

多媒体的权利，如对关于锦标赛的任何内容通过电话、网络流媒体、手机短信、手机网络等现在和未来线上/线下服务等社交网络或其他数字平台进行报道的权利，全部属于且应属于被国际冰联授予开发权的商业伙伴。

13.9.2 网站页面

在国际冰联的领导下，国际冰联和商业伙伴与承办方共同运营和维护唯一的世界锦标赛官方网站。

在确定锦标赛举办地点之后的 6 个月内，承办方应联系国际冰联，以获得世界锦标赛官方网站的相关指南，其中包括下列规定：

- 国际冰联和商业伙伴应提供主页的设计。
- 官方网站至少提供英语和承办国家语言版本。未经商业伙伴和国际冰联书面批准，不得在网站上刊登广告。
- 网站上应包含商业伙伴赞助商和合作伙伴的标识，位置和大小应经过商业伙伴批准。
- 所有可编辑内容（文本、图片、视频）必须由承办方提供并承担费用，在发布前必须经过国际冰联批准。
- 官方特许经销商有权在每届锦标赛赛事官方网站设置链接直接跳转到其在线商城。
- 网站地址由国际冰联提供和注册。

13.9.3 社交媒体规则

社交媒体规则由组委会为国际冰联赛事开发的社交媒体渠道应事先得到国际冰联的批准。国际冰联网站管理员必须获得管理员权限，并在活动结束时将社交媒体网页的所有权交还国际冰联。组委会必须确保国际冰联、承办国成员国家协会、赞助商、商业伙伴和参赛团队能够与发布的内容相关联。帖子的语气应该是中立的，不应该批评上面提到的任何利益相关者。

国际冰联保留由组委会为推广国际冰联赛事或活动而设立的任何社交媒体账户的所有权。国际冰联比赛结束后，保留将社交媒体账户重新分配给一个新的地方组委会的权利。如果现有的组委会希望将账户用于其他目的或促进未来的比赛，他们必须获得国际冰联市场和传播部门的批准。

14 转播

所有转播权属于并且应该属于国际冰联。

14.1 商业伙伴的独家权利

商业伙伴已获得全球独家锦标赛转播的权利，可用技术方法对全部或部分内容进行现场转播或者通过电视、电台进行记录[包括通过电视—卫星传输，通过卫星—电缆、电报传输，通过有线或无线（无线电通信）传输，通过闭路、付费电视按次计费转播、视频点播，及通过其他任何未来技术系统（模拟或数字）进行传输]。

根据以上内容，转播权包括安排必要传输和信号制作的权利，或安排的权利。转播权还包括开发或利用电视赞助、电视插入和电视叠加的权利（透明或非透明、整体或部分、屏幕上的图形/广告），以及将“虚拟”广告板（非真实存在于冰球场馆）插入电视信号中的权利。

承办方不得利用并且不得授权（传输）任何第三方生产和/或转播锦标赛的电视和无线电信号，无论全部还是部分，无论传输时间长短，也无论以任何方式生产或转播，其中内容包括但不限于总结、精选、新闻报道、特写等。

14.2 商业伙伴义务

商业伙伴有权并有责任根据国际标准提供锦标赛所有比赛的电视信号。商业伙伴应确保场馆之间的实时信号传输，并提供该信号给场馆内转播车使用。

14.3 比赛日程

承办方必须按照国际冰联细则616和《国际冰联运动条例》为锦标赛准备比赛日程。比赛日程应在不晚于锦标赛前的7月31日经过国际冰联、参赛队伍和商业伙伴批准。

对于锦标赛四分之一决赛和半决赛，应灵活安排每场比赛的开始时间， 而且不需要与相关参赛队伍协商，以保障下午比赛可以更改为晚上比赛， 反之亦然。

因此，四分之一决赛和半决赛的门票不应该指定任何比赛对阵。

承办方必须知晓经国际冰联批准的、与承办方密切合作的商业伙伴及其电视需求的比赛日程变化。

14.4 承办方义务

14.4.1 概述

为了完成锦标赛的专业新闻报道和传输，承办方必须完全遵守国际冰联，特别是转播指南中列明的有关技术设施、设备、服务和基础设施的所有要求。承办方应确保场馆控制主体可以满足这些要求。为此，承办方与场馆控制主体之间应就转播指南的相关规定达成协议。

14.4.2 电视基础设施

承办方与国际冰联和商业伙伴达成协议，必须免费提供指定电视相关基础设施，如电视转播车、节目制作卡车和其他技术车辆所需空间，以及这些规定中列明的、为了满足电视转播和广播功能所需的适当设施。

· 摄像机位置

每个场馆应提供：

——一个可放置 6 台摄像机的主摄像机平台，设置在队员席对面。

——根据商业伙伴的要求不限量的摄像机平台（包括但不限于冰场角落、反角度、超慢镜头、球门后、电缆凸轮等）。

——在球门上方（赛事需要）和冰面中心（仅限于世锦赛）上方的屋顶摄像机装置。

——确保摄像人员的工作环境不受干扰，并采取适当的安保措施，包括在没有进一步安全检查的情况下直接从电视台进入赛场。

· 数据 / 统计

数据来自国际冰联数据系统，提供给转播方（电视和广播）图形系统和评论员。

· 工作室

每个场馆应提供充足空间：

——在观众座席区内提供 2 间工作室，每间大小约 30 平方米（不超过 50 个座席），在评论员位置区域和 / 或记者席以内，或者在这些区域旁边。

——如有需要且条件允许，可免费在观众座席区以外提供额外工作室；如有需要且条件允许，也可有偿在观众座席区以外提供额外工作室。

—— 6 个 1.5 米 x 2 米、面向冰面、有良好视野的电子新闻采集位置（用作站立位置或小型工作室）。

· 制作办公室

在每个场馆内应有足够数量的房间供转播团队、票务预定办公室和额外的工作室使用；如果无法满足，应在紧邻该场馆的集装箱内提供充足空间。

· 球员动态肖像

在比赛区域内，面积 25 平方米，高度至少 3 米。

· 电视综合制作中心

紧邻每个场馆且距离场馆内制作中心最近的位置应有充足的空间，供电视信号传输车、电视和广播制作车及其他所需的技术车辆（PTT 等）使用。电视综合制作中心的大小不应超过 2000 平方米。必须有适当的围栏保护。必须在相同的注册区内提供卫生基础设施。

· 综合卫星新闻采集区域

每个场馆周围应有足够空间，供车辆与最近的电视综合制作中心连接电视信号。该区域的位置应满足转播方的需求。综合卫星新闻采集区域的大小不应超过 500 平方米。

· 电缆

每个场馆内的电缆应供所有转播方使用。依据场馆安全证书，要求自己准备电缆的转播方有权安装并且使用自己的电缆系统，前提是经过有资质的即被颁发场馆安全证书的机构检查和认证。

在锦标赛开始前，为了准确无误地完成技术设备安装，承办方必须提供所需的任何必要条件，并对整个 24/7 赛场内外的电视设备的安全负责。

14.4.3 混合采访区

在国际冰联通知的情况下，承办方根据以下顺序控制有限数量的特殊通行人员进入混合采访区：

1. 承办转播方。
2. 来自参赛队伍本国的电视机构。
3. 来自参赛队伍同一组队伍国家的电视机构（先到先得）。
4. 其他参赛队伍、其他组别队伍国家的电视机构（先到先得）。
5. 其他电视机构（先到先得）。

承办方将协助按该顺序执行。混合采访区应摆放由商业伙伴提供的赞助商背景板，并提供监视器显示比赛实况。

国际冰联和商业伙伴应批准与混合采访区有关的所有其他细节。

14.4.4 快速采访区

每个场馆在比赛区域附近应有足够的空间授权转播方在局间休息时对队员进行快

速采访（不超过 90 秒）。在中场休息和比赛结束的时候快速采访区应放置赞助商背景板。

14.4.5 母带

国际冰联锦标赛各站比赛的母带 / 视频光盘为国际冰联财产，并将通过商业伙伴送达。

14.4.6 所有进行中的比赛传输

承办方应在媒体中心、更衣室、贵宾休息室、国际冰联和商业伙伴办公室提供充足的电视显示器，以进行所有进行中的比赛的现场直播。商业伙伴应根据上述情况免费向承办方的电视显示器提供电视转播车的实时信号。

15 媒体

15.1 媒体中心和记者席

15.1.1 媒体中心

承办方有义务根据国际标准提供媒体中心，但不限于 4.2.16 关于设施的规定。

媒体中心的开放时间，应从当天第一次冰上练习或当地时间 9:00 开始，直到当天最后一场比赛结束后的 2 小时或当地时间 24:00 结束。

根据 13.2.1，承办方应在锦标赛开始前 12 个月向商业伙伴明确所需的设备和服务。

媒体中心应安装空调和供暖设备，并为最多 300 名经认证的平面媒体记者提供配备电话、电源插头和互联网连接的工作空间。应放置至少 4 台实时转播正在进行比赛的电视显示器，还应配备数量充足的电话、互联网终端机，供经认证的媒体代表使用。媒体中心还应提供 1 个功能完善的服务台，能够快速连接和收取线路及传输费用，提供互联网接入、复印服务，以及手机和互联网连接。

15.1.2 新闻发布厅

承办方应提供可容纳 200 人的国际标准新闻发布厅。新闻发布厅应配备 1 个讲台、至少 5 个麦克风（供发言者和媒体代表使用），并在讲台对面设置电视摄像台。承办方应为新闻发布会提供助理，助理应配备无线麦克风，以便在新闻发布会上迅速地将麦克风传递给媒体代表进行提问。发言者讲台应放置商业伙伴提供的赞助商背景板。

15.1.3 信息服务

承办方应向经认证的媒体代表提供有锦标赛信息的系统。信息服务由在媒体中心工作的助理提供，或通过媒体中心的自助服务获得，如电脑资讯站、比赛信息箱等。

15.1.4 复印中心

承办方应提供一个复印中心，配备速印机（每分钟至少 50 份），并配有分类和装订功能，可复制和分发来自国际冰联比赛结果和统计系统的报告。

15.1.5 媒体餐区

承办方应在媒体中心内部或附近设置快餐厅，以合理的价格提供食物和饮料，包含热餐。

15.1.6 主赞助商附属新闻中心

承办方应在商业伙伴的要求下，为主赞助商提供空间作为主赞助商附属新闻中心。附属新闻中心应位于媒体中心附近，其家具、装饰和设备由商业伙伴提供。

15.1.7 摄影

国际冰联拥有在锦标赛中使用闪光灯的独家权利。

在比赛中使用频闪灯设备拍照的权利必须经国际冰联批准。场馆内最多可安装 2 套频闪灯，并且频闪灯必须经过测试，满足摄影师、承办方和国际冰联的要求。

地方组委会必须为 100 名摄影师提供场地，包括至少 20 个冰面层位置。开始售票前，照片位置必须得到国际冰联和地方组委会照片管理人员的批准。

15.2 媒体席

15.2.1 平面媒体记者媒体席

根据 4.2.16，观众区域的媒体看台应尽可能地配备至少 300 个有电力和电话插头的写字台。媒体必须在锦标赛开始前 3 个月，订购特殊的连接到座席上的电话线和互联网连接，并为其支付各自的费用。媒体席必须有明确的标志、隔离和门卫，使观众无法进入媒体席。媒体席的座位应该合并成一个单一区域，方便进出媒体工作区，特别是混合区。

15.2.2 评论员位置（电视及广播）

承办方应向与商业伙伴签订合同的电视公司和广播电台提供评论员位置。

评论员位置由 6 个座席组成（3 个座席宽、3 个座席安装桌子），相互之间通过小塑料挡板分开，位置上安装必要的功能设备，包括但不限于可用的电力、电话线、一个根据国际标准用作统计的数据显示器 / 笔记本电脑。不过，电视显示器将通过商业伙伴免费提供给承办方。必须预先订购特殊的连接到座席上的电话线和互联网连接，并由各自电视公司和广播电台支付费用。因转播技术变化产生的新需求应经过国际冰联批准。

商业伙伴应在锦标赛开始前 3 个月向承办方提供转播需求清单。

16 统计和锦标赛文件

16.1 国际冰联统计系统

为了使用国际冰联统计系统，要求承办方根据 Hydra 系统需求提供以下环境：

- 2 个 Hydra 场地服务器之间的专用永久性同步光纤电缆连接（100MB/s），以实现流畅的数据同步。该连接可同时作为电视信号备用线。
- 在每个场地的计时席中设置 1 部专线电话和连接互联网的局域网或广域网连接。插头的位置应在计时席内，或者非常靠近计时席并对冰面拥有良好视野。
- 适当的硬件（包括笔记本电脑和 A4 打印机）以及对操作人员进行适当的培训。承办方将从国际冰联获得运行统计系统必要的软件，将其链接到国际冰联网站。
- 评论员区域至少有 12 个座席且有互联网连接。
- 队员席侧面最少有 4 个额外的座席，且对冰面和计时钟无视野遮挡。

16.2 比赛视频素材分配

承办方将提供的锦标赛比赛视频以电子版形式发放。承办方应确保将影像的所有权利（版权等）提供给国际冰联，并向国际冰联提供所有比赛的数字拷贝。每支参赛队伍应免费获得自己比赛的数字拷贝，并有权以非商业目的使用这些数字拷贝，比如作为技术指导资料。每场比赛后应向国际冰联执裁教练提供一份数字拷贝副本，用于复核和培训。承办方应以适中价格为参赛队伍制作所有比赛的数字文件。

16.3 最终文件

锦标赛结束后，承办方有义务提供完整的数据统计文件和基本信息（简称“最终文件”）。承办方应在锦标赛结束后 14 天内，向各参赛国家协会以及国际冰联办公室发送一份最终文件副本。 如有可能，最终文件应以数字拷贝形式分发。

国际冰联最终文件必须至少包含以下内容：

- 执委会和 / 或组委会成员。
- 名誉主席，如果设立。
- 锦标赛竞赛委员会的人员和助理官员（裁判监督、医疗服务和兴奋剂检查监督、首席统计员和记录秘书）。
- 裁判员比赛报告。
- 经认证的新闻记者、电视和电台记者、摄影师和摄像师的名单。

16.4 国际冰联档案文件

下列文件原件必须在锦标赛结束后 7 天内提交至国际冰联办公室：

- 国际冰联比赛摄像协议。
- 由竞赛委员会控制和签署的个人队员报名表。
- 队伍官员名单。
- 国际冰联官方比赛记录表原件，附最终比赛报告和签名原件。
- 低年龄队员的负责声明。
- 特别程序的记录或会议记录。

关于国际冰联的档案，承办方有义务在国际冰联或冰球名人堂提出要求时，送出官方样本或比赛使用的装备。承办方应向数据经理提供活页夹和护板，以便收集归档文档。承办方必须将上述所有物品送至国际冰联。

16.5 对锦标赛组织的评价

承办方有义务根据国际冰联分发的指南和表格，在锦标赛之后进行评估和汇报。此外，承办方应与未来的承办方、国际冰联、国际冰联商业伙伴协作，将组织锦标赛的经验传递给未来的承办方。承办方应参与锦标赛发展小组的工作，与国际冰联合作在赛事期间组织观察员实地考察，并根据相关要求填写所需的纸质文件。

17 保险

17.1 赛事取消和放弃险

承办方应自费向国际标准认可的承保人投保综合保险，确保并维持所有超出承办方或国际冰联控制能力，因被保险事件（全部或部分）的取消、放弃、延期、中断、缩短或改变地点而导致的可查证的净财务损失（收入、费用）有保险进行赔偿。

17.2 一般第三方责任险

17.2.1 第三方责任险

承办方应自费向国际标准认可的承保人投保，确保并维持全面的第三方责任险，为每个事件可能发生的身体伤害、财产损失和 / 或经济损失投保足量的最低金额。承办方应确保国际冰联在一般第三者责任险中被指定为附加被保险人。

17.2.2 范围

承办方应获得综合保险，除非国际冰联在承办国合同和 / 或保险指南中单独说明。

17.3 其他保险

承办方应根据《国际冰联保险指南》，自费投保其他被视为必要的险种。

17.4 <u>保险 —— 一般条款</u>

17.4.1 保险政策

所有承办方（如适用，第三方如场馆所有者 / 操作员）执行的保险政策应不可撤销，并应覆盖赛事后续流程工作。保险政策应当尽早订立。

17.4.2 保险书面批准

为世锦赛拟定的保险政策应提前经国际冰联书面批准。国际冰联可能要求对拟订的政策进行合理的修改或修正，承办方有义务执行该要求。

所有保险政策必须以英文形式尽早提交至国际冰联，且不应晚于世锦赛开始前 6 个月。

17.4.3 国际冰联保险指南

这些规定在相关的《国际冰联保险指南》中有详细说明，对承办方具有强制性。

17.5 官方参与者

17.5.1 参与者的保险

根据国际冰联法规、细则和锦标赛条例，成员国家协会及其锦标赛参赛队伍应自费为其队员和参赛官员投保，确保并维持所有必要的健康险和人身意外保险覆盖其参赛队员和参赛官员。

17.5.2 保险证明

每个成员国家协会必须根据国际冰联要求，在它的代表队到达锦标赛举办地时用国际冰联的官方语言向国际冰联提供涵盖其队伍的书面医疗保险证明。如果成员国家协会未满足该要求，承办方与国际冰联配合，必须根据国际冰联章程、细则、规则和锦标赛条例安排必要的健康保险。国际冰联应为承办方承担上述保险费用，并应将所述健康保险的费用从该成员国家协会参加锦标赛的款项中扣除。

17.5.3 第三方责任险

国际冰联建议，每个成员国家协会应自费投保，确保和维持全面的第三方责任险。

18 安保

18.1 场馆安保和防护

在整个比赛期间，承办方负责所有相关房间、区域和设施（如球迷区、电视区、媒体中心、办公室、储藏室、单独的 VIP 入口、VIP 休息室）的进出控制和安全。

承办方应为控制进出场馆和观众区域座席提供充足的安保。承办方应与当地警察和消防部门密切合作，制订安保计划。该计划应为英文，并且包含针对特殊政治情况、危险群体、炸弹和类似威胁的情况的预案，以及为高级别贵宾、队员和国际冰联官员、合作伙伴和客人准备的紧急疏散预案。

在练习和比赛期间以及比赛开始之前，承办方必须为队伍和办公区域提供充足的安保。如果发生事故，承办方可能负有责任。

承办方必须为场馆内部和外部整套已安装的电视设备提供 24 小时安保，并且在场馆外为电视综合制作中心提供 24 小时安保和进出控制。

18.2 进出锦标赛酒店

承办方应确保媒体和球迷对国际冰联指定的队员酒店的访问受到限制，并确保酒店提供充足的安全保障。

18.3 进出冰面

承办方应采取一切合理步骤确保任何时间都没有未经授权的人员出现在冰面上。

18.4 安全认证

承办方负责确保在锦标赛开始前获得场馆及其设备运营所需的，以及公众和雇员任职所需的全部安全认证。

19 国际冰联代表大会

19.1 概述

国际冰联代表大会年会每年在国际冰联世界锦标赛期间组织召开，通常持续大约3天。如果国际冰联代表大会年会将在世界锦标赛期间举行，承办方必须根据《国际冰联代表大会指南》组织会议，并按要求向代表大会代表提供服务。

世锦赛前的国际冰联代表大会半年会，由国际冰联主办，由各自的承办方出资，以承担《国际冰联代表大会指南》中明确的运营责任。

19.2 国际冰联代表大会指南

承办方应根据《国际冰联代表大会指南》，从代表大会开始之日起直至代表大会结束后2天，提供与代表大会有关的设施并且满足相关要求。承办方应提供以下内容：

- 可容纳约200人的会议室。
- 讲台，有14个座席的论坛桌及14支麦克风供理事会使用，在秘书长的椅子后准备1张空桌子。
- 英语、德语和俄语同声传译设备。翻译人员将由国际冰联提供。
- 4支无线麦克风。
- 背面投影的屏幕或LED屏。
- 通用的视频放映系统。
- 为使用电脑进行演讲准备的投影工具。
- 茶歇期间的饮料和零食。

20 制裁

20.1 国际冰联纪律委员会

锦标赛竞赛委员会主席必须报告任何侵犯国际冰联和 / 或其合作伙伴、国际冰联商业伙伴权利的行为。该问题可能提交至国际冰联纪律委员会。

20.2 撤回承办权 / 取消锦标赛

如果承办方未履行其举办和组织锦标赛的承诺，承办方将被国际冰联处以 100 万瑞士法郎的罚款，遇不可抗力除外。

罚金不限制国际冰联和 / 或国际冰联成员国家协会因撤回承办权或已确认参赛而提起赔偿的权利。

此外， 如果在承办方用尽所有可能的补救措施后，国际冰联理事会仍认为：

1. 承办方从根本上违背了承办国合同。
2. 承办方没有能力根据承办国合同履行其义务。
3. 承办方未能满足被授予承办权的任何实质性先决条件。
4. 队员、官员、前来的观众和媒体的福祉、安全或行动自由受到质疑。

那么，国际冰联理事会有权从承办方处收回承办权，并将锦标赛交回国际冰联，不承担对承办方的赔偿，并有权根据代表大会核准将锦标赛分派给另一成员国家协会。

如果承办成员国家协会已建立了一个独立的实体负责组织和承办锦标赛，该承办方的所有责任，应由承办方及其成员国家协会共同承担。

20.3 未履行承办义务

如果承办方未能按照承办国合同、国际冰联章程和细则、《国际冰联锦标赛条例》《国际冰联运动条例》《国际冰球联合会官方冰球规则》，以及与组织锦标赛有关的其他条例和指南所规定的权利和义务履行组织锦标赛的承诺，国际冰联应有权依照以下程序自主对承办方处以最高 10 万瑞士法郎的罚款。

<u>程序</u>

所有违反与组织锦标赛相关的承办国合同及国际冰联法规和细则、条例的情况：①如果在锦标赛期间发现，将立即报告给竞赛委员会主席；②如果在锦标赛之前或之后发现，将立即报告给国际冰联秘书长。如果竞赛委员会主席或者秘书长确认发生了违规，将立即要求承办方予以改正，并且用以下方式施加罚款。

罚款

罚款是累加的，也就是说，每项违规将被单独评估并施加相应的罚款。如果承办方竞标展示中的事实发生了任何形式的变化，或者没有坚持国际冰联的时限，也适用同样的规则。

第 1 次违规：	500 瑞士法郎
第 2 次违规：	2500 ～ 8000 瑞士法郎
第 3 次违规：	3500 ～ 12000 瑞士法郎
第 4 次或 4 次以上违规：	4500 ～ 15000 瑞士法郎

国际冰联罚款金额的变动，取决于组委会违规的行为或者造成的损失是否可以补偿，以及是否首次违反此类规定。

根据国际冰联纪律准则第 12 条，所有处罚均可以根据国际冰联纪律准则向国际冰联纪律委员会提起上诉。

20.4 未履行参赛义务

如果参赛成员国家协会未能按照锦标赛有关的队伍录入表以及国际冰联法规和细则、条例、指南所规定的权利和义务履行参与锦标赛的承诺，除非在这些文件中另有规定，国际冰联有权依照以下程序自主对参赛成员国家协会处以最高 2 万瑞士法郎的罚款。

程序

所有违反与组织锦标赛相关的承办国合同及国际冰联法规和细则、条例的情况：①如果在锦标赛期间发现，将立即报告给竞赛委员会主席；②如果在锦标赛之前或之后发现，将立即报告给国际冰联秘书长。如果竞赛委员会主席或者秘书长确认发生了违规，将立即要求承办方予以改正，并且用以下方式施加罚款。

罚款

罚款是不累加的，也就是说，每项违规将被单独评估并施加相应的罚款。

第 1 次违规：	警告或 500 瑞士法郎
第 2 次违规：	1000 ～ 4000 瑞士法郎
第 3 次违规：	1500 ～ 6000 瑞士法郎
第 4 次或 4 次以上违规：	2000 ～ 8000 瑞士法郎

国际冰联罚款金额的变动，取决于参赛成员国家协会违规的行为或者造成的损失是否可以补偿，以及是否首次违反此类规定。

根据国际冰联纪律准则第 12 条，所有处罚均可以根据国际冰联纪律准则向国际冰联纪律委员会提起上诉。

21 承办国际冰联世界冰球锦标赛甲级组的规定

承办国际冰联世界冰球锦标赛甲级 A 组和 B 组（锦标赛甲级组）比赛，以下的条款将取代《国际冰联锦标赛条例》中 1 ~ 20 的相应条款。《国际冰联锦标赛条例》中未在以下列出的其他条款，同样适用于锦标赛甲级组的承办方。

3.1.1 概述

除以下项目之外，承办方对来自锦标赛的全部收入有所有权：

· 国际冰联和其合作伙伴，比如商业伙伴，进行商业开发获得的收入。

承办方可以购买或者被国际冰联和 / 或商业伙伴授予额外的权利。购买此类权利产生的收入，应由国际冰联和 / 或商业伙伴逐一确认后进行分配。

3.1.2 组织费用

不适用。

4.2.4 场内裁判区域

需要为场内裁判（2 名裁判员，2 名边线裁判员）和替补裁判（1 名裁判员，1 名边线裁判员）分配足够的更衣室，在每个区域设置一个最小面积为 20 平方米、配有淋浴和厕所的房间。如在一个场地内每日举行 2 场或以上比赛，如国际冰联有需要，须为场内裁判提供 2 间更衣室。

场内裁判更衣室应配备：

· 4 名场内裁判（执裁人员）的凳子 / 椅子和设备摊位，包括衣架。
· 2 名替补场内裁判的凳子 / 椅子和设备摊位，包括衣架。
· 互联网连接（高速 Wi-Fi 接入）。
· 适当大小的电视屏幕，包括来自两个场馆的现场信号。
· 时钟 / 比赛计时钟连接。
· 安保。
· 比赛期间的清洁服务。

应为场内裁判配备：

· 获得设备安装和维修服务。
· 获得磨冰鞋服务。
· 送至更衣室的饮料服务（密封水瓶、运动饮料、咖啡 / 茶，包括牛奶和糖）。
· 送至更衣室的零食服务（水果、能量棒等）。

· 为所有指定的比赛官员提供浴巾。
· 在每场比赛和冰上训练后，为队服和内衣提供洗衣服务（包括洗衣袋），最好是在赛场内提供（第 2 天送货上门）。
· 冰鞋鞋带（白色），胶带分类（黑色、白色和透明胶带）和面罩清洁。

场内裁判热身区应配备：
· 2 辆固定的热身自行车。
· 地垫。
· 充足的空调、通风。
· 安保设置。

场内裁判烘干室应配备：
· 在比赛场地或酒店提高烘干设施与通风。
· 为所有场内裁判的设备提供足够的烘干架。
· 除湿 / 电加热器。
· 可锁的门。

4.2.5 队服服务中心

不适用。

4.2.7 视频监门室

承办方应提供视频监门室，并按照国际冰联视频监门室操作系统指南的规定安装系统，并确保该位置有必要的摄像机和电视源，以及一条包括一套通信耳机在内的有线电话线。房间必须位于不受冰面限制的视野范围内，其位置和装置应由国际冰联批准。

除国际冰联另有规定外，承办方有义务承担与视频裁判系统安装和运行有关的一切费用。

4.2.9 竞赛委员会会议室

承办方应提供 1 个宽敞、设备齐全的房间（可根据要求提供电视会议系统、白板、投影仪等），容纳约 15 人的 U 形排座， 还应为每支队伍、竞赛委员会成员以及裁判监督提供邮件箱和信息箱，将其设置在会议室内或会议室附近。会议应提供饮料和零食。

第 1 次竞赛委员会会议当天，应额外安排 2 间房间，布置成教室形式，每间容纳约 10 人，可用于同时召开医疗团队会议和队伍规则信息会议。

4.2.10 国际冰联工作人员办公室

承办方必须为工作人员提供最多3个办公室（包含免费网络连接），配备必要设施，如电话、复印机和打印机。

国际冰联工作人员办公室应配备1台电视机，可以实时观看所有场地内正在进行的所有比赛。

4.2.11 国际冰联认证办公室

不适用。

4.2.12 国际冰联监督办公室

不适用。

4.2.13 国际冰联脑震荡观察员

不适用。

4.2.14 国际冰联官方网站工作人员办公室

承办方应在每个场馆内为1位代表国际冰联工作的人员提供办公空间，用于维护比赛的官方网站。办公空间应配备1条高速网络连接线路。

4.2.15 国际冰联摄影师办公室

不适用。

4.2.16 媒体服务

承办方应根据第15章提供媒体服务，包括提供以下设施：

- 媒体中心：为最多50名经授权的记者提供方便办公的房间或者帐篷。
- 媒体座席：每个场馆每场比赛在观众席有50个座席，提供给50位平面媒体人员。整个比赛期间位置应该固定，并且已考虑媒体设备所占空间，且提前经过国际冰联批准。
- 评论员：每个场馆每场比赛在观众席为15个评论员安排60个座席，集中在同一侧作为主要摄像平台。座席安排应保持不变，并尽可能靠近冰面中央区域。每个评论员席位必须配备3个座席、1张桌子和必要设备，如15.2.2所述。
- 新闻发布室：最多可容纳50人的独立房间用于新闻发布会（在隔音的位置）。
- 混合采访区：在场馆内尽可能靠近队伍更衣室和新闻发布室的开阔区域，用于媒体采访。混合采访区应足够容纳所有感兴趣的媒体代表，并确保其可以轻松出入媒体区。该区域应分成3个部分：①电视区；②广播区；③平面媒体区。混合采访区以相应顺序依次靠近队伍更衣室。

- 复印中心：独立的办公室（至少 20 平方米），尽可能地靠近媒体中心和统计办公室，见 4.2.8。
- 媒体餐厅：位于媒体中心内部或附近，价格适中。

4.2.21 贵宾休息室

承办方应为国际冰联和商业伙伴提供功能齐全的贵宾休息室。

4.2.22 转播设施

承办方必须在冰场内为电视转播和广播转播提供足够及适当的空间和设施。转播设施包括但不限于可用电力、电话线、网络连接和电视设备，如摄像机台座、在天花板的摄像机安装设备（如视频监门摄像机）、墙壁等。

承办方应为电视工作室提供场地，根据国际冰联的要求最好在场馆内，但不要造成观众座席减少（简称“座席损失”）。该需求必须在锦标赛开始前 11 个月提出。

如果上述不可行，需将座席损失减小到最低，且必须在门票发售前提出相关要求。

5.5.7 锦标赛奖杯及奖牌

国际冰联向承办方提供国际冰联世界冰球锦标赛第 1 名、第 2 名和第 3 名的奖牌，以及整套金牌、银牌和铜牌。

5.5.8 颁奖和闭幕式

闭幕式计划应该在第 1 场四分之一决赛开始前上交给竞赛委员会主席，征得其同意，并且要符合以下要求：

3 支获奖队伍将站在开放的方形场地上，面向主看台，获得金牌、银牌的队伍站在蓝线上，获得铜牌的队伍沿界墙站在蓝线之间面向看台。同时，各单项奖获得者将进入冰面领取奖项，奖项由赞助商公司的代表在国际冰联代表和组委会代表的陪同下颁发。

商业伙伴有权为锦标赛最佳队员（守门员、防守队员和前锋）安排颁发奖杯和奖项以及主赞助商奖杯等。奖杯和各奖项由商业伙伴在国际冰联代表的陪同下在闭幕式期间在冰面上颁发。

颁奖之后，这些获奖队员与前 3 名的队伍一起站在开放的方形场地内。然后由国际冰联理事会成员给 3 支获胜队的队员颁发奖杯以及金、银、铜牌，并且将奖牌戴在队员和队伍官员的脖子上。在闭幕式期间以及接下来的赛后混合采访区、媒体会议期间，队员要一直恭敬地将奖牌戴在脖子上。任何违反上述规则的行为都将会报告给国际冰联纪律委员会，并可能根据国际冰联细则 19 而给予额外的纪律处罚。

最后，奏获得金牌队伍的国歌，升获得前 3 名队伍的国旗。

如果锦标赛的结构设计是只有 2 支队伍可以参加颁奖仪式和闭幕式，那么铜牌颁奖仪式也可以在铜牌争夺赛后进行。

仪式部分准确时间安排和文稿将由承办方、国际冰联及商业伙伴一起决定，并且经过国际冰联批准。

7.2 酒店预订

承办方应向国际冰联确认各酒店的位置，其位置距离各自场馆（包括酒店）不超过 20~30 分钟车程，以及酒店房价和可向国际冰联提供的房间数量。

国际冰联及其商业伙伴应至少在锦标赛开始前6个月通知承办方所需的房间数量。

承办方有义务按照 7.4 的要求满足官方参与者对于酒店房间的需求，且有义务代表国际冰联和 / 或商业伙伴为 7.4 中未列出人员做出预留，包括但不限于国际冰联委员会成员、国际冰联名誉成员、访客和合作伙伴。

任何与 7.4 中未列出人员有关的住宿费应在结账时由相关客人自行支付， 除非国际冰联另有规定。

承办方应提供额外的房间，特别是为队伍，其价格与官方参与者房价相同。

承办方必须提供房间预订的最低数量：

参赛队伍：	总计 至少 110 间
国际冰联裁判员和国际冰联监督：	总计 至少 8 间
国际冰联理事会成员、工作人员和客人：	总计 至少 10 间

7.3 餐食及餐费

7.4 中列出的所有官方参与者都有权在各自的酒店享用早餐。承办方须按照最多球员和官员的人数为参赛队伍提供免费餐饮服务，详情请参阅《国际冰联章程》第 11 条至第 15 条。额外的餐费必须由各自的团队支付。参赛队伍须于指定的早餐区或设有专用自助早餐的私人会议室用餐。其他酒店客人不得在用餐期间打扰参赛队伍。晚上比赛结束后，必须为参赛队伍、赛事官员、国际冰联理事会成员和国际冰联工作人员提供热餐。

承办方必须确保提供的食物符合《国际冰联医疗条例》中所规定的营养和水分摄入标准。

对于国际冰联理事会和国际冰联工作人员，每天的两顿正餐可以用承办方货币（餐费）向承办国支付。国际冰联与承办国就餐费金额达成一致。该结算将通过国际冰联的预先拨款和后期承办国的退款来完成。

7.4 官方参与者

7.4.1 参赛队伍

如有可能及方便，所有参赛队伍必须入住同一酒店。每队提供 6 间单人房和 12 间双人房。东道主应尽其最大努力满足额外的房间要求，由各自国家协会承担费用。若参赛队伍住宿多于一间酒店，则该等酒店须符合同等标准。

参赛队伍入住的酒店必须提供会议室，会议室应配备活动挂图、电视机（至少 60 英寸）包括 HDMI 接口和电线，或带电线和屏幕的投影仪。

7.4.2 执裁团队

应为国际冰联执裁团队全体成员（裁判员、边线裁判员、执裁教练和摄像执裁教练）于开赛前 2 天提供住宿，直至锦标赛结束后 1 天。应为国际冰联执裁团队的每位成员提供 1 个单人房。

世锦赛甲级 A 组

· 执裁教练	2 人	单人间
· 场内裁判	裁判员 7 人	双人间
	边线裁判员 7 人	双人间
· 摄像执裁教练	2 人	单人间

世锦赛甲级 B 组

· 执裁教练	2 人	单人间
· 场内裁判	裁判员 4 人	双人间
	边线裁判员 7 人	双人间

国际冰联保留要求额外客房和 / 或上述时间表变更的权利，这取决于举办世锦赛的场地和设施的位置，以及根据不同的比赛情况对比赛官员进行岗位分配。

会议室 / 厅：
国际冰联执裁团队的会议室将按照国际冰联执裁教练提供的时间安排，并在整个锦标赛期间开放。

国际冰联的执裁团队必须配备活动背板、电视机（足够的全高清）包括 HDMI 接口及电缆、音响系统及高速互联网接口（WiFi）。没有大的电视屏幕，投影仪是必不可少的。

会议室应备有瓶装矿泉水，并备有零食和水果。

酒店应根据执裁教练的要求，为其提供免费复印。

理疗师和按摩师：
另外，20 岁以下世锦赛的按摩治疗室或类似的房间应全天开放，并配有按摩床。如果国际冰联要求，必须额外提供 2 间单人房，费用由国际冰联承担。

劳务：
国际冰联指定的场内裁判及执裁教练应收到每天相应的劳务，包括到达和离开之日，为了支付世锦赛的相关费用。请参阅国际冰联费用说明。

将通过国际冰联的前期融资来完成支付，该前期融资将向承办方开具发票。

餐费：
应向国际冰联指定的赛事官员及执裁教练每日发放餐费（见 7.3），包括到达和离开之日，为了支付世锦赛的相关费用。请参阅国际冰联费用说明。

7.4.3 国际冰联代表

根据国际冰联的要求，承办方必须为国际冰联代表提供酒店客房和餐饮：

- 国际冰联主席及配偶：套间
- 国际冰联理事会成员及配偶：双人间
- 国际冰联秘书长及配偶：一个双人间
- 由国际冰联明确的 3 名在锦标赛场馆工作的代表：双人间

7.4.4 国际冰联代表大会年会

不适用。

7.4.6 国际冰联代表大会年会翻译人员

不适用。

7.4.8 国际冰联数据经理和信息技术人员

应为每个场馆 2 名国际冰联统计服务人员提供每人 1 个单人间。

8.3 交通服务

须包含以下交通形式：

- 供队伍使用的专用大巴和装行李的货车。
- 供裁判员和边线裁判员使用的巴士、小巴车。
- 主要酒店和赛场之间的班车服务。
- 为锦标赛主席、国际冰联执裁教练、国际冰联工作人员、国际冰联统计人员、国际冰联商业伙伴的工作人员和其他经认证的人员提供必要的交通服务。

8.5 锦标赛官方用车

锦标赛官方用车（约 10 辆）应由商业伙伴免费提供给承办方。承办方需负责司机和燃油。商业伙伴应在锦标赛之前明确车辆数量。

车辆必须保持交付时的样子，不允许增加广告。它们必须根据国际冰联程序进行编号和分配。

9.1 国际冰联认证指南

承办方必须使用 Hermes 的认证系统来保护访问和控制相应的区域。

承办方必须制定一份认证计划，包括不同组别的默认接入码、每个场馆的认证区域以及交通流量，必须得到国际冰联的批准。

商业伙伴可以选择提供证件挂带。

10.3 国际冰联门票

承办方应向国际冰联免费提供每个场馆每场比赛 150 个级别最高的座席（以下简称“国际冰联座席”）。国际冰联及其商业伙伴最迟将在锦标赛开始前 3 个月提交所需座席的确切数量。

国际冰联座席在场馆的最佳位置，在整个锦标赛期间不得改变座席分配。如果国际冰联没有另外指出，该座席最好分配在电视主摄像机同侧，在下层看台从中心线延伸，且距离贵宾接待区域最近。

国际冰联可能会把这些门票退还给承办方，如果发生，国际冰联应尽其最大努力早日退回。

承办方应根据国际冰联的指示管理国际冰联门票和座席，如承办方应分隔标示出国际冰联座席、进行入场管理与座席引导，并在座席上根据国际冰联要求放置名签。

10.5 参与者看台

承办方有义务在每个场馆内为经认证的队伍队员、队伍官员、教练员和场内裁判提供一个 75 个座席的看台区域（经认证的区域）。这些座席应不在电视主摄影机画面范围之内，并且经国际冰联批准且在整个锦标赛中保持一致。

10.6 参赛队伍门票

每支参赛队伍将获得 29 张自己队伍的比赛门票，可自行分配使用。

10.7 队伍工作人员位置

不适用。

10.8 媒体看台

10.8.1 平面媒体记者座席

每个场馆每场比赛，承办方必须为经认证的平面媒体记者提供 50 个座席，并在可能的情况下配备写字台。媒体必须在不晚于锦标赛开始前 3 个月，订购特殊的连接到座席上的电话线和互联网连接，并支付各自的费用。

10.8.2 评论员座席（电视和广播）

根据 4.2.16 和 15.2.2，每个场馆每场比赛，承办方依据与商业伙伴的合同，为经认证的电视评论员和广播电台提供 60 个座席。

如果每个场馆每场比赛，评论员需要超过 15 个位置（每个位置包括 3 个座席），商业伙伴必须在不晚于比赛开始前 3 个月通知承办方。商业伙伴应支付包括“座席损失”在内的所有额外的座席费用。

10.9 摄影位置

承办方必须为摄影师在冰面同一层的冰场角落提供空间。这些位置应在出售门票之前经国际冰联批准。

10.11 替补场内裁判座席

组委会应在冰面同一层为 1 名替补裁判员和 1 名替补边线裁判员提供两把吧椅。

11.4 准入和费用负担

国际冰联和商业伙伴应提前与承办方协调贵宾休息室的数量和相应的准入政策。

国际冰联、商业伙伴或承办方邀请的贵宾所产生的相关费用应由邀请方承担。

由国际冰联和 / 或商业伙伴邀请的贵宾所产生的有关第三方的费用（餐饮服务）应先由承办方支付，然后由邀请方予以报销。国际冰联和商业伙伴应只支付直接来自承办方的发票。

14.3 比赛日程

承办方必须按照国际冰联细则 10 和《国际冰联运动条例》为锦标赛准备比赛日程。比赛日程应最终经过国际冰联、参赛队伍和商业伙伴的批准。

任何经国际冰联批准的比赛日程变化，承办方、商业伙伴以及与承办方密切合作的电视需求方都应知晓。

15.1.1 媒体中心

承办方有义务根据国际标准提供媒体中心，包括但不限于上述 4.2.16 关于设施的规定。

媒体中心的开放时间，应从当天第一次冰上练习或当地时间 9:00 开始，直到当天最后一场比赛结束后的 2 小时或当地时间的 24:00 结束。

根据 13.2.1，承办方应在锦标赛开始前 12 个月让商业伙伴明确所需的设备和服务。

媒体中心应安装空调和供暖设备，并为最多 50 名经认证的平面媒体记者提供配备电话、电源插头的工作空间。应放置实时转播正在进行的比赛的电视显示器，还应配备数量充足的电话、传真机和互联网终端机供经认证的媒体代表使用。媒体中心还应提供一个功能完善的服务台，能够快速连接和收取线路及传输费用，提供互联网接入、复印服务，以及手机和互联网连接。

15.1.2 新闻发布厅

承办方应提供一间国际标准的新闻发布厅。新闻发布厅应配备一个讲台，至少 5 个麦克风，供发言者和媒体代表使用，并在对面设置电视摄像台。承办方应为新闻发布会提供助理，助理应配备无线麦克风，以便在新闻发布会上迅速地将麦克风传递给媒体代表进行提问。发言者讲台应放置商业伙伴提供的赞助商背景板。

15.1.6 主赞助商附属新闻中心

不适用。

15.1.7 摄影

摄影和存档的义务。

15.2.1 平面媒体记者媒体席

根据 4.2.16，如果可能，观众区域的媒体看台应配备至少 100 个有电力和电话插头的写字台。媒体必须在锦标赛开始前 3 个月，订购特殊的连接到座席上的电话线和互联网连接，并为其支付各自的费用。

16.1 国际冰联统计系统

为了使用国际冰联统计系统，要求承办方根据上述第 16 章对 Hydra 系统提供需求。

17.4 保险 —— 一般条款

17.4.1 保险政策

所有承办方（如适用，第三方如场馆所有者 / 管理方）执行的保险政策不可撤销，并应覆盖赛事后续流程。保险政策应当尽早订立。

17.4.2 保险书面批准

这些规定在相关的《国际冰联保险指南》中有详细说明，对承办方具有强制性。

19 国际冰联代表大会

不适用。

Hydra Orion 用户手册

（9.3.1）

1 Orion 定义和用途

Orion 是在比赛中获取以下比赛进程的工具：

—— 进球。
—— 与 Gemini 操作员 / 观察员配合记录协助。
—— 判罚。
—— 暂停。
—— 守门员替换。
—— 观众人数。
—— 与 Gemini 操作员 / 观察员配合记录进球时在场队员。
—— 记录比赛最佳队员。

Orion 与 Gemini 操作员和记录员紧密配合。根据锦标赛级别，Orion 可以通过有线或无线电和 Hydra Chat （Hydra 即时通讯）或者只使用 Hydra 即时通讯与 Gemini 操作员沟通。在第 201~ 第 202 页“ 沟通——Orion 中使用 Hydra 即时通讯” 中详细解释 Hydra 即时通讯。

更多信息见单独的《统计团队内部通讯与无线电规程》。

2 登录界面

确认接入互联网并且使用国际冰联成绩经理（RM）提供的 Hydra 网址链接登录到 Orion。推荐使用谷歌 Chrome 浏览器，并应避免使用微软 Edge 浏览器。

打开 Hydra 网址链接时将出现以下登录窗口。

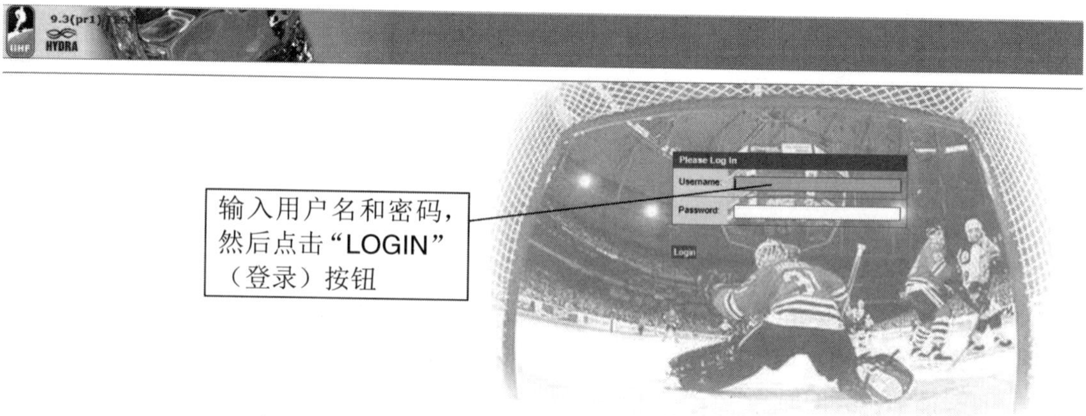

您的用户名和密码都由国际冰联成绩经理（RM）提供。如果您无法登录，首先确认您连接到了互联网并且正确地输入了您的用户信息。如果仍然无法登录，请让地方统计协调员或国际冰联成绩经理知晓。

3 Orion 指南

3.1 选择比赛

登录进 Hydra 时，将弹出以下窗口。

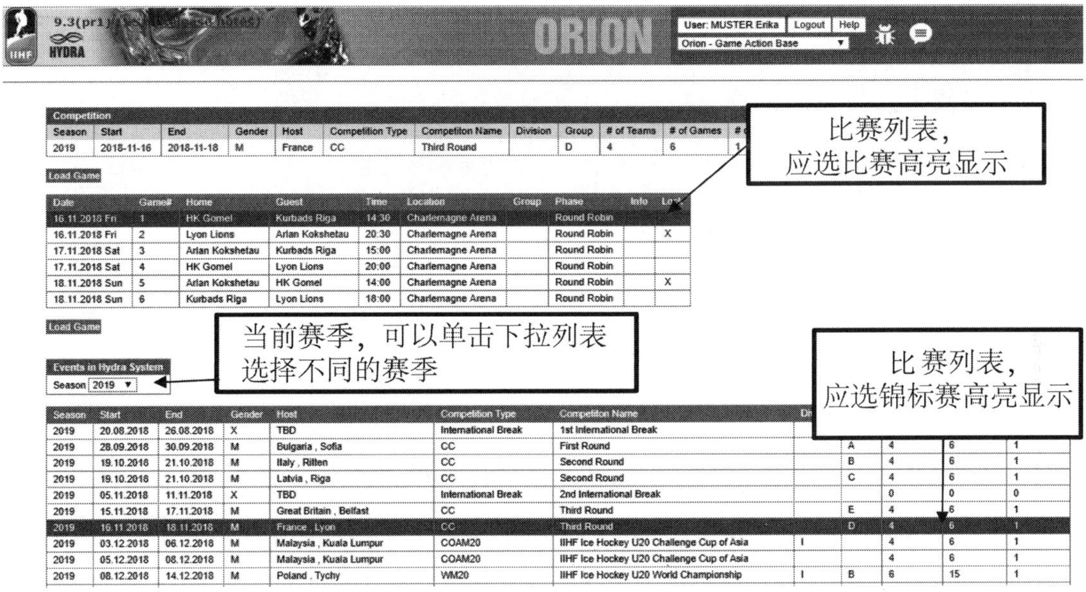

—— 从比赛列表中选择应选的赛事。比赛列表将刷新显示选中的赛事中的比赛。

—— 在比赛列表中滚动选择应选的比赛。

—— 在选择比赛中双击应选的比赛，只需点击比赛一次并且点击“Load Game”（上传比赛）。

3.2 主界面介绍

Orion 主界面如下。

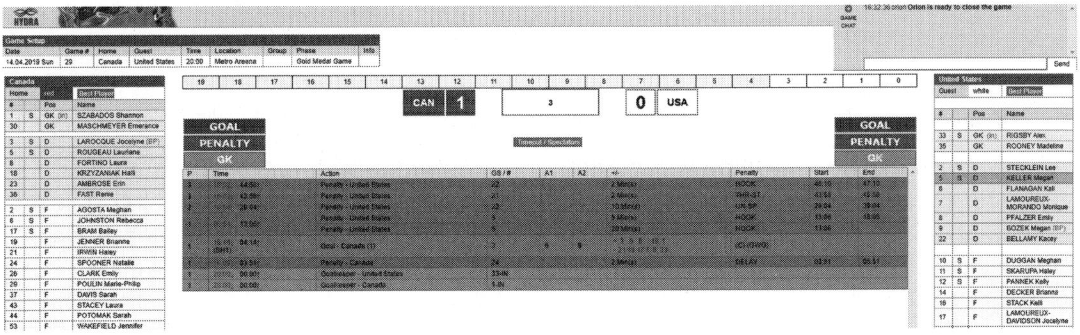

不同功能的概述。

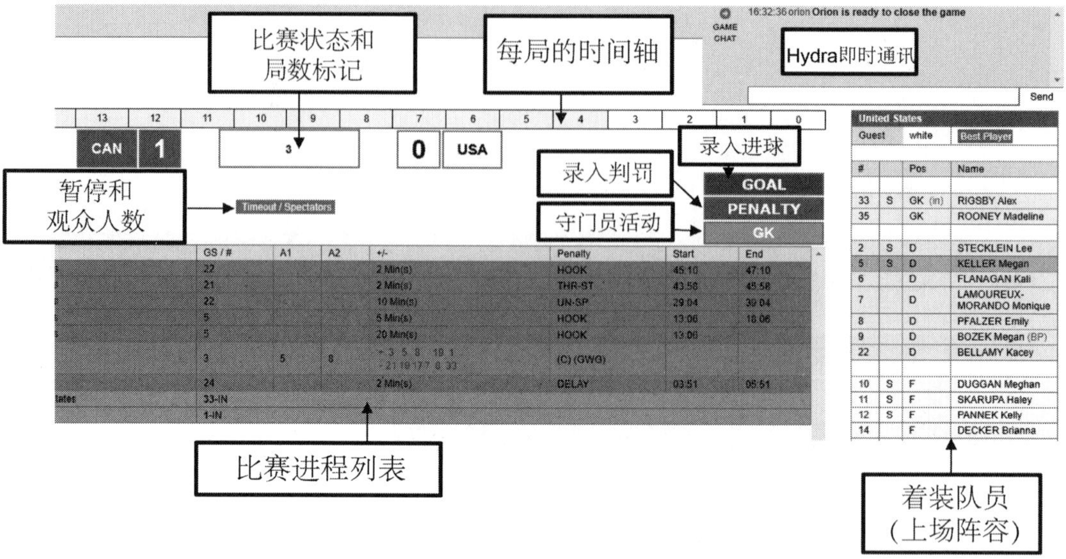

3.3 比赛状态和局数标记

点击“Game Status/Period In dicator”（比赛状态 / 局数标记）方框，将显示如下窗口。

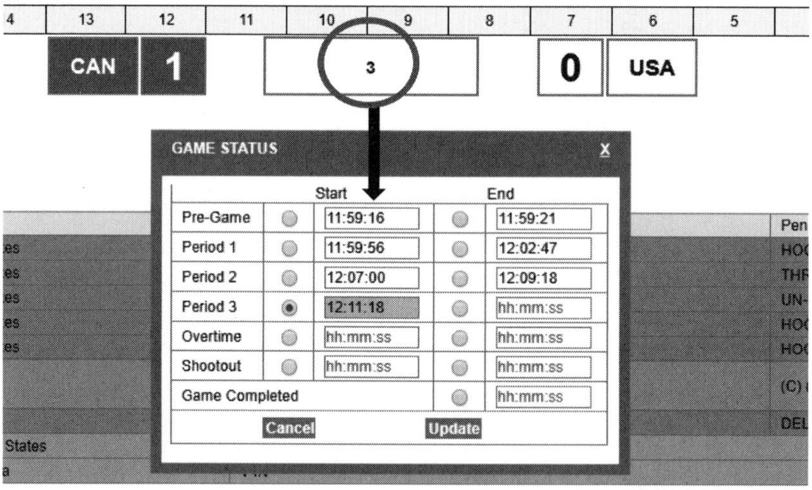

Game Status（比赛状态）窗口与 Orion 中可以弹出的其他窗口，如 Goal（进球）、Penalty（判罚）、Timeout/ Spectators（暂停 / 观众人数）等，这是 Hydra 系统中的特殊功能，并且可以通过点击表头部分拖拽而移动。因此，如果窗口重叠或者影响操作，可以在屏幕上移动窗口以便于操作。

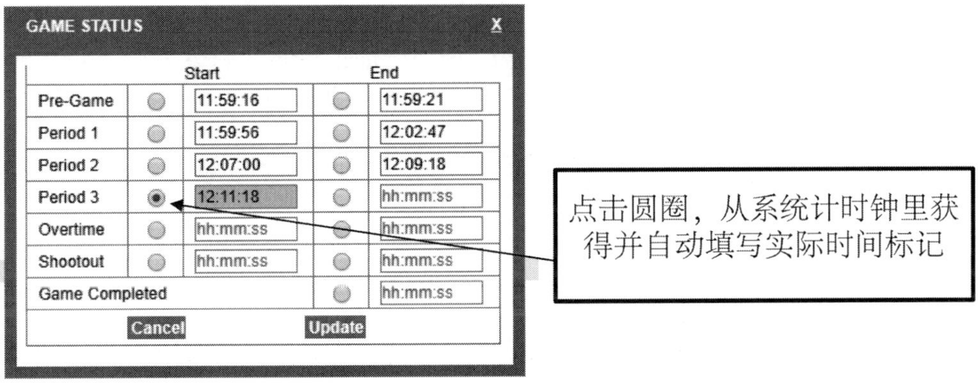

比赛状态窗口用来获取比赛开始 / 结束以及每局开始 / 结束的实际时间。这可以用来衡量每局和比赛的持续时间。通过点选每局开始 / 结束将获取电脑系统计时钟的时间并且填入相对应的方框中。

可以通过点击时间栏并且手动录入理想的时间。获取所在比赛状态的时间后，点击“Update”（更新）保存并关闭此窗口。

提示：

—— 总是以 24 小时制录入时间（时时：分分：秒秒）。

—— 不要跳步，总是以时间顺序执行每个步骤。例如：赛前热身→赛前热身结束→第 1 局开始→第 1 局结束→第 2 局开始→第 2 局结束→第 3 局开始→第 3 局结束→比赛结束（如果需要，包括加时赛和射门比赛）。

—— 从第 1 局结束切换到第 2 局开始也将改变系统中现有的局数标记。如果因为某些原因需要录入之前局数的信息，应可以录入而不影响该 Game Status（比赛状态）窗口（例如，守门员替换、判罚等）。

—— 比赛结束后，确保 Game Complete（比赛完成）栏中的时间是获取的所有时间中最晚的。例如，如果第 1 局结束是 21:53 并且比赛完成是 20:59，那么比赛完成后该状态将持续显示为“End Period 1”（第 1 局结束）。因此，关闭比赛时比赛完成显示比赛的最后一个时间很重要。

- 如果因为某些原因 Game Status（比赛状态）没有改变，例如从第 2 局结束到第 3 局开始，检查时间标记。可能是第 3 局开始时间早于第 2 局结束时间。

3.4　更换守门员（空门和守门员替换）

当比赛开始并且注意到场上守门员不同于 Starting Six（首发 6 名队员）时，点击比赛进程中橙色的“Goalkeeper In”（守门员上场）进程，选中相应的守门员。

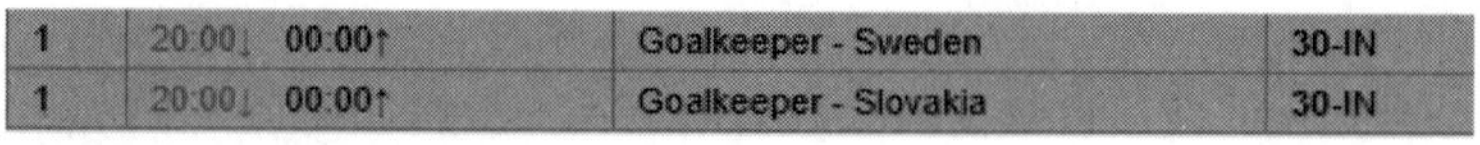

将弹出以下窗口，可以在“Jersey”（比赛服）一栏改变号码。之后点击“Save”（保存）。注意，该操作只可以改变守门员号码，不能删除。

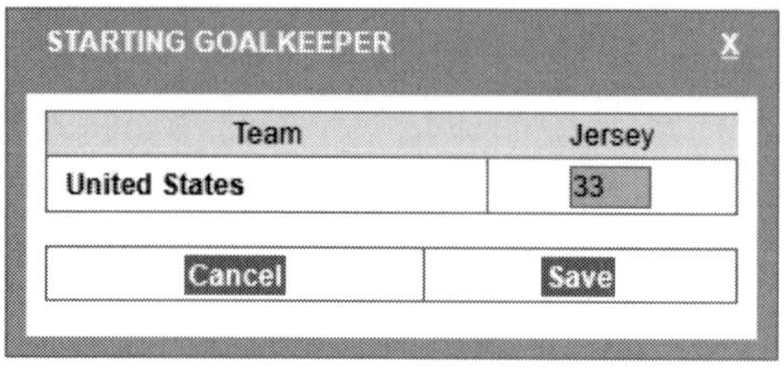

两队有 2 个橙色的 GK 按钮（还有绿色的 GOAL、红色的 PENALTY）。点击需要调整的队伍按钮。本操作可以在比赛进行中改变守门员号码或者标记为 Empty Net（空门）。

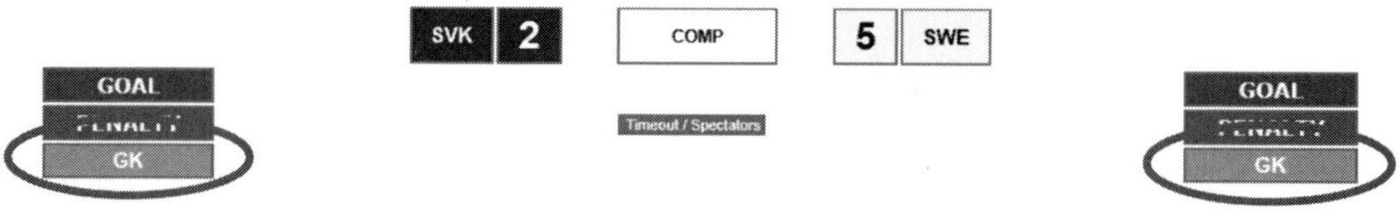

对于守门员的替换，在“Jersey”（比赛服）一栏改变守门员号码。检查局数和时间是正确的。之后点击“Save”（保存）。如果是空门的情况，“Jersey”（比赛服）一栏为空白。

——例如，1 号守门员下场并且 30 号上场。录入局数、时间和 30。

——例如，30 号守门员下场并且队伍为空门。录入局数、时间，号码一栏空白。

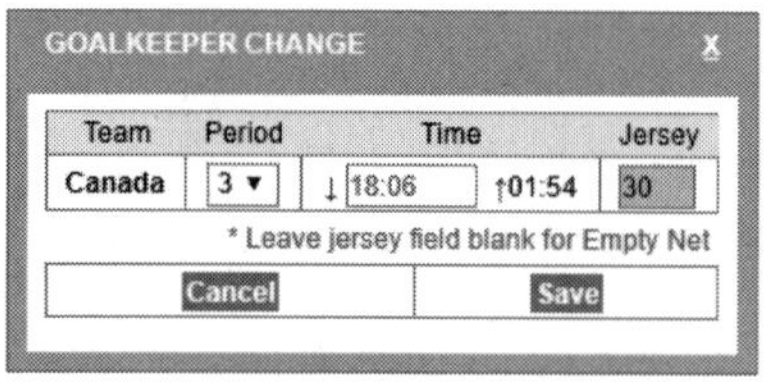

提示：

——当比赛状态设置为 Game Complete（比赛完成）时，系统自动移除比赛完成时在场的守门员。

3.5 进球——进入进球页面概述

当进球得分时，在相应队伍下点击“GOAL”（进球）按钮。

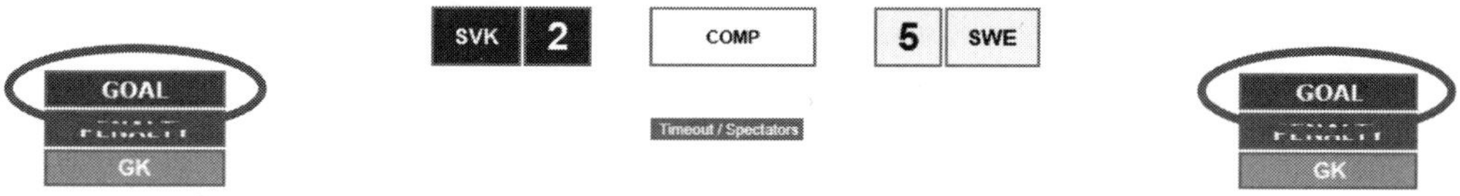

将弹出以下窗口。

提示：

如果在点击“GOAL”（进球）按钮之前，在进球得分队的队伍组成表里点击进球得分的队员，得分队伍的进球窗口将出现，并预填得分队员的号码。

可能出现要求确认在场守门员的信息框（仅为建议，并且可以被覆盖）。但是，用户应知晓并且使用前面介绍的守门员记录工具记录当前的守门员。进球窗口设计为根据目前守门员记录页面中的守门员生成在场守门员。

如下图标出的圆圈所示，一定要确认即将录入进球的个数和队伍。如果弹出的页

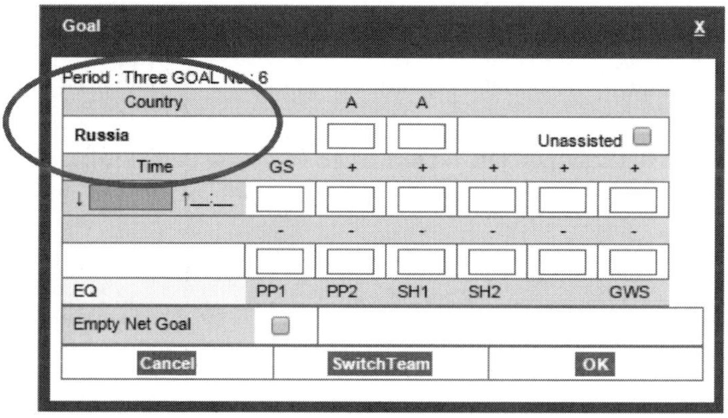

面是错误的并且是另一个队伍，那么，点击“SwitchTeam”（更换队伍）。

3.6 进球——填写进球页面

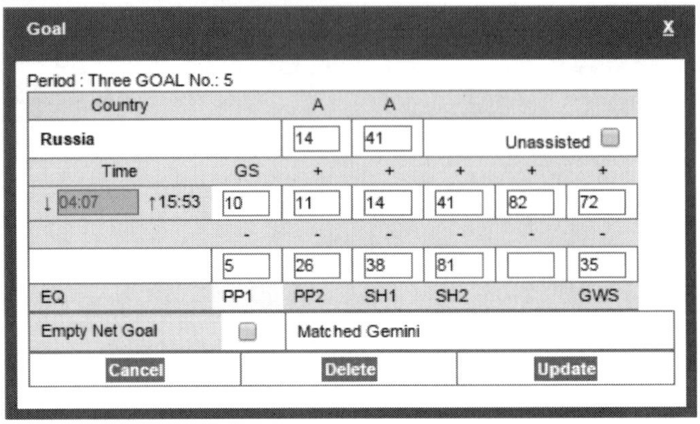

当进球得分时：

——根据设置，录入进球的时间 00:00—20:00 或者 20:00—00:00。

——录入进球队员号码，通过在 Orion 界面的一侧点击队伍组成列表中的队员栏，或者通过键盘或数字键盘录入号码（如果录入了不存在的号码，将出现错误提示）。

——录入进球后，让 Gemini 知晓以便于在射门统计中录入正确的进球队员。

——录入进球队员后，可以点击“OK”保存记录（根据赛事的不同，协助和进球时在场队员信息会晚些获得，因此，为了保证速度，先录入进球队员是可以接受的）。

——一旦知道 Assists/Unassisted（协助 / 无协助）以及 / 或者 Plus/Minus（进球时在场队员），用户可以双击比赛进程列表编辑进球。使用队伍阵容表或者使用键盘 / 数字键盘录入队服号码。如果使用键盘，使用 tab 键可以切换所在栏。

- 可以从 Hydra 即时通讯直接输入进球时在场队员统计，由 Gemini 操作员提供。可以从第 202 页找到该程序的更多信息。

——守门员号码已经由系统填写，但需再次检查以确保正确。

——通过点选相应栏设置比赛情况。EQ：场上人数相等，PP1/PP2：多打少，SH1/SH2：少打多。

——如果对方队伍没有守门员在场，该进球需要被标记为 Empty Net Goal（ENG，空门进球）。

——点击“OK”或者“Update”（更新）在系统中录入进球。

备注：

——一旦 Orion 已经录入进球，应该让 Gemini 知晓该进球已录入。

- 只有 Orion 已经确认该进球已经录入，Gemini 才可以增加这个射中的进球。

——对于使用 Gemini 记录射门的赛事，“Matched Gemini”（与 Gemini 匹配）表示 Gemini 中录入的射门与 Orion 中录入的一致。对于进球队员 / 协助 / 比赛情况，Orion 具有最终发言权，并且最后将覆盖任何 Gemini 完成的录入。

——Empty Net Goal（空门进球）：用于比赛中空门进球的得分。再次强调，守门员记录必须自动反映该情况。

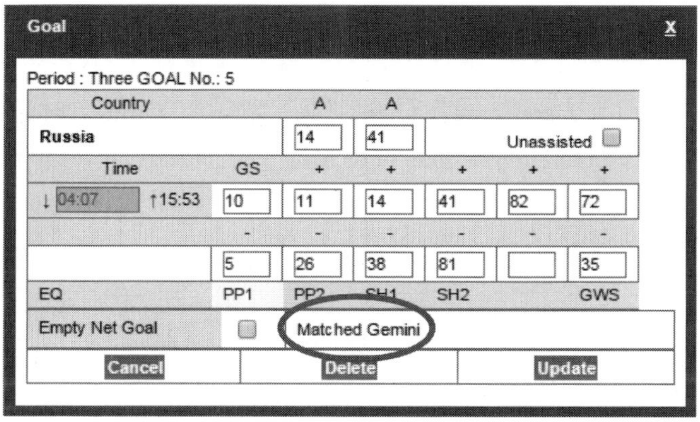

3.7 沟通——Orion 中使用 Hydra 即时通讯

如果无法使用有线或无线通信，Hydra 即时通讯是能够满足彼此之间的通信协议的一个简单的通信工具，更多信息见单独的《统计团队内部通讯与无线电规程》。

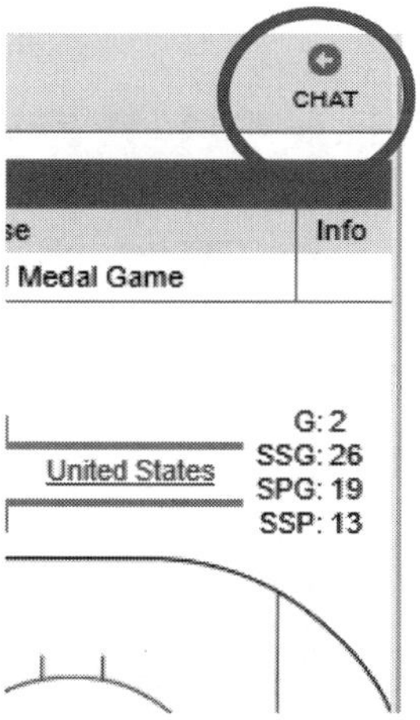

可以在 Hydra Gemini 窗口右上角单击“CHAT”按钮打开即时通讯对话框。

即时通讯只可以用来沟通：

—— 当 Orion 已经开始某一局。例如，“Period 1 is open”。

—— Orion 中已输入进球。该情况可以在 Hydra 即时通讯中简单地沟通为“Goal at time XX:XX entered ”。

—— 当某局或比赛结束时，Orion 需要从 Geimini 处获得确认已经完成输入，可以关闭比赛。

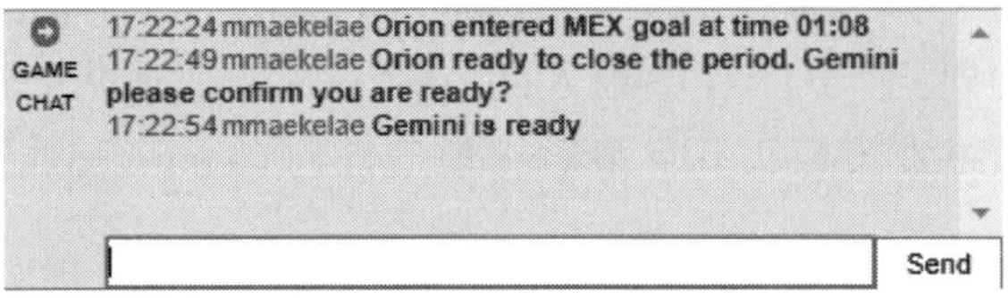

—— 无论何时，Orion 改变一队的守门员或者设置守门员下场，必须立即让 Gemini 知晓。可以沟通为“GK for team USA has been changed, please refresh”。

在进球时上场队员的观察员与 Gemini 操作员同在统计席时，Hydra 即时通讯还用来在 Gemini 和 Orion 之间传输进球时在场队员的信息。这种情况下，进球时上场队员的信息必须在 Hydra 即时通讯中用以下范例信息的格式发送：“goal at time XX:XX +12 23 34 12 52 –18 1 24 12”。

加号后的号码应该用空格分开，并将被视为进球队伍的在场队员号码。同理，减号后的号码将被视为失球队伍的在场队员号码。

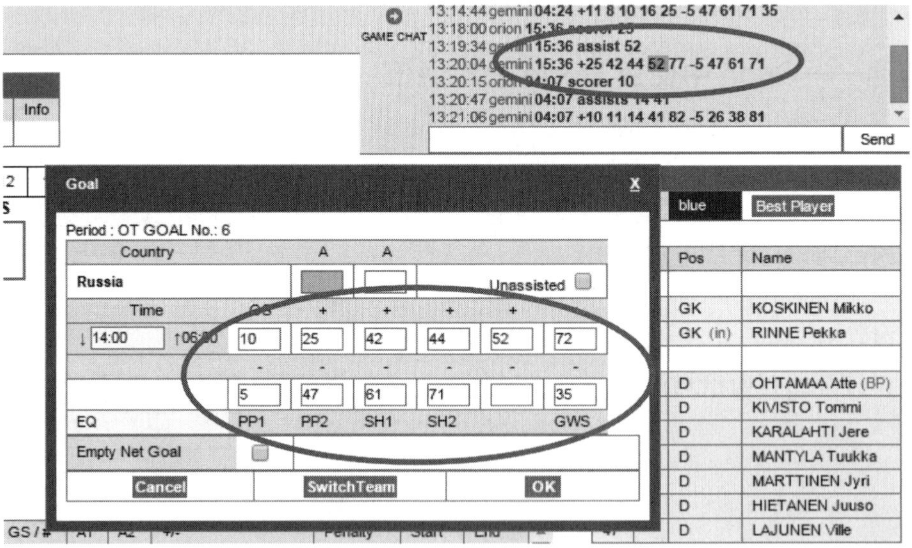

Orion 使用这些信息的方法如下：

——打开“GOAL”（进球）窗口。

——输入进球时间和进球队员队服号码。

——双击 Hydra 即时通讯中包含进球时上场队员信息的消息。

——将从 Hydra 即时通讯中抓取队服号码并插入进球窗口对应栏。

——完成其他栏填写后，按“OK”按钮保存进球。

3.8 队伍阵容表

在 Orion 主界面上可以获得两队的队伍阵容表，主队在左侧，客队在右侧。在录入进球或判罚时可以点击对应的队员。选择队员后，他的名字将变成红色，之后再打开进球或判罚窗口，该队员号码将显示其中。

在 Orion 中录入了判罚的队员，只要判罚没有结束，该队员的名字就被标记为灰色。

Canada			
Home		red	Best Player
#		Pos	Name
1	S	GK (in)	SZABADOS Shannon
30		GK	MASCHMEYER Emerance
3	S	D	LAROCQUE Jocelyne
5	S	D	ROUGEAU Lauriane
8		D	FORTINO Laura
18		D	KRZYZANIAK Halli
23		D	AMBROSE Erin
36		D	FAST Renie
2	S	F	AGOSTA Meghan
6	S	F	JOHNSTON Rebecca
17	S	F	BRAM Bailey
19		F	JENNER Brianne
21		F	IRWIN Haley
24		F	SPOONER Natalie
26		F	CLARK Emily
29		F	POULIN Marie-Philip
37		F	DAVIS Sarah
43		F	STACEY Laura
44		F	POTOMAK Sarah
53		F	WAKEFIELD Jennifer

3.9 比赛进程表

比赛进程表，选中高亮的进球：双击打开

P	Time	Action	GS / #	A1	A2	+/-	Penalty	Start	End
3	14:20↓ 45:40↑	Goal - Canada (2)	6			+6 1 - 33			
3	15:02↓ 44:58↑	Penalty - United States	22			2 Min(s)	HOOK	45:10	47:10
3	16:02↓ 43:58↑	Penalty - United States	21			2 Min(s)	THR-ST	43:58	45:58
2	10:56↓ 29:04↑	Penalty - United States	22			10 Min(s)	UN-SP	29:04	39:04
1	06:54↓ 13:06↑	Penalty - United States	5			5 Min(s)	HOOK	13:06	18:06
		Penalty - United States	5			20 Min(s)	HOOK	13:06	
1	15:46↓ 04:14↑ (SH1)	Goal - Canada (1)	3	5	8	+ 3 5 8 19 1 - 21 19 17 7 8 33	(C) (GWG)		
1	16:09↓ 03:51↑	Penalty - Canada	24			2 Min(s)	DELAY	03:51	05:51
1	20:00↓ 00:00↑	Goalkeeper - United States	33-IN						
1	20:00↓ 00:00↑	Goalkeeper - Canada	1-IN						

3.10 判罚——解释判罚录入页面

当发生一个判罚时，单击“PENALTY”（判罚）按钮。

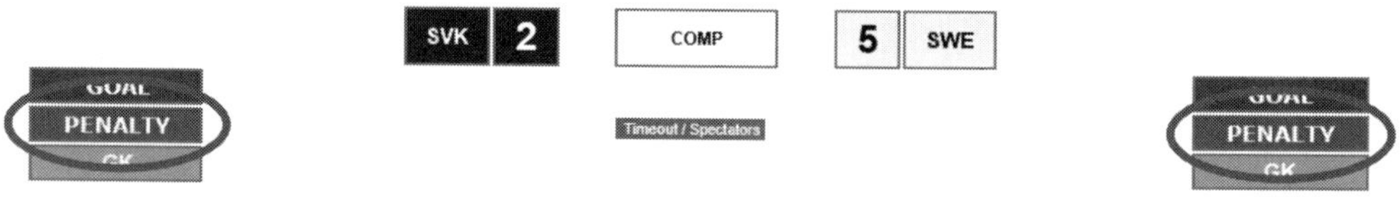

如下窗口就会弹出。

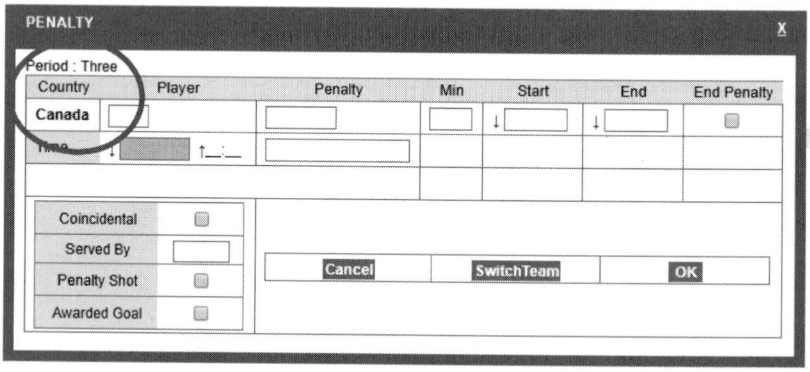

务必确认录入的判罚发生在哪支队伍以及哪一局（见标注出的圆圈）。如果出现的页面有错误，显示为另一支队伍，单击“SwitchTeam”（更换队伍）。

3.11 判罚—— 录入判罚

当发生判罚时：

—— 单击“PENALTY”（判罚）按钮。

—— 录入计时钟上显示的判罚时间。判罚开始时间将默认与比赛停止时间相同。但是，在暂缓执行判罚的情况下，用户可以手动改变开始时间，点击对应的区域并且录入适当的时间。

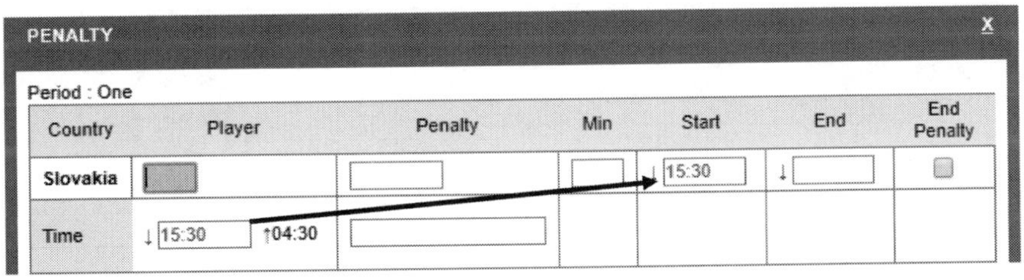

—— 录入被判罚的队员号码，通过点击队伍组成表中的号码或者用键盘 / 数字键盘录入。

—— 录入判罚原因。可以使用光标向上 / 向下翻动判罚列表或者使用键盘点击要寻找的判罚的首字母。如果要录入钩人，可以键入字母 H 并且使用光标寻找 HOOK。或者，可以快速键入“hook”，将出现该判罚。当您输入“A”时，所有判罚首字母为“A”的都会出现在列表中。

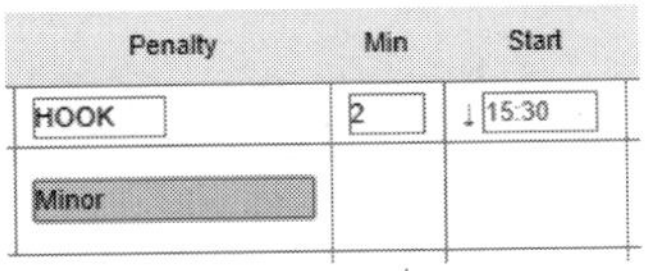

—— 当翻动判罚时，最少受罚时间将显示在“Min”区域。一般情况下，将是默认的 2 分钟小罚。

—— 其他判罚时长情况下，单击“Min”区域并且使用光标翻动判罚时长区域，更改为双重小罚、大罚、严重违例等。

—— 守门员判罚或者队伍判罚的情况下，在“Served By”（由……执行）一栏录

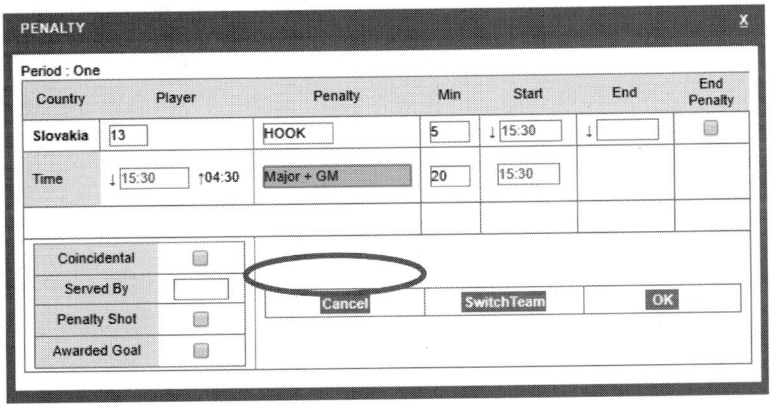

入执行判罚队员的号码（通过键盘或者鼠标点击队伍组成表）。

·更多队伍判罚的信息请见第 209 页 3.14 判罚——录入队小罚。

——在准备好保存判罚之后，点击“OK”录入系统。

3.12 判罚——结束判罚

双击比赛进程表中列出的判罚，将出现判罚窗口，点击“End Penalty”（结束判罚）选项框。

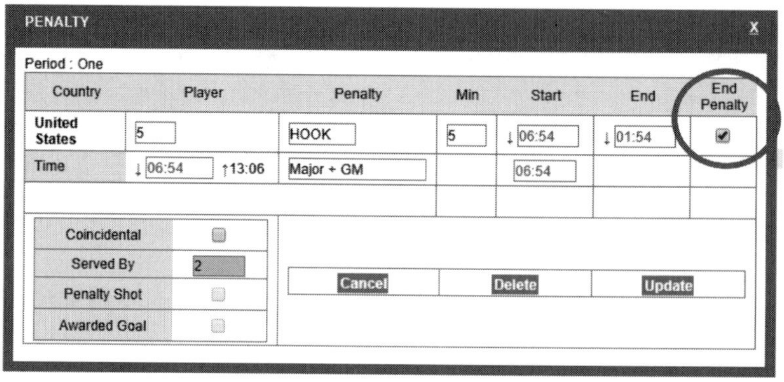

结束时间将默认为开始时间加上判罚时长，除非发生了多打少进球。如果发生了多打少进球，该窗口将自动出现，询问是否以多打少进球时间结束该判罚（见以下举例）。点击“OK”录入系统。

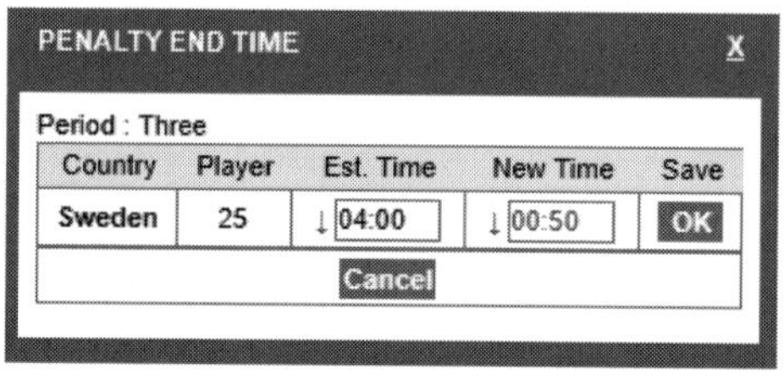

超过比赛结束时间的判罚，应该在比赛状态设置为比赛结束之后关闭。比赛结束时间区域将填写实际比赛结束时间（例如，如果是 5 分钟加时赛，结束时间应为 65:00）。

3.13 判罚——多重记录的判罚（严重违例、双重小罚）

严重违例：

—— 按以上步骤录入判罚。

—— 记得在 5 分钟判罚中增加“Served by”（由……执行）。

—— 点击“OK”录入。

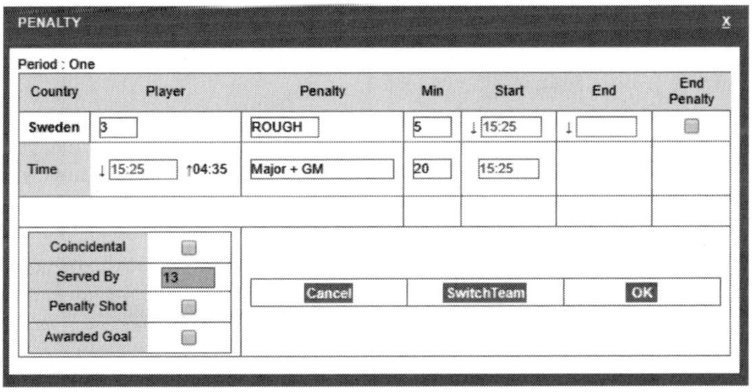

—— 结束 5 分钟判罚，打开判罚窗口并且勾选“End Penalty”（结束判罚）。

—— 20 分钟判罚的“End Penalty”（结束判罚）选项框不显示，因为这类判罚将自动在比赛结束时关闭。

—— 点击“Update”（更新）将判罚录入系统。

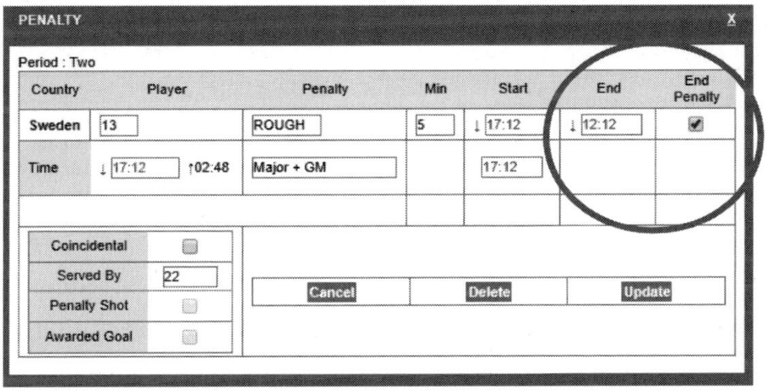

双重小罚：

—— 对于双重小罚，按以上步骤录入并且在判罚时长一栏选择双重小罚（如果可选），以下页面将会出现。

—— 点击“OK”录入系统。

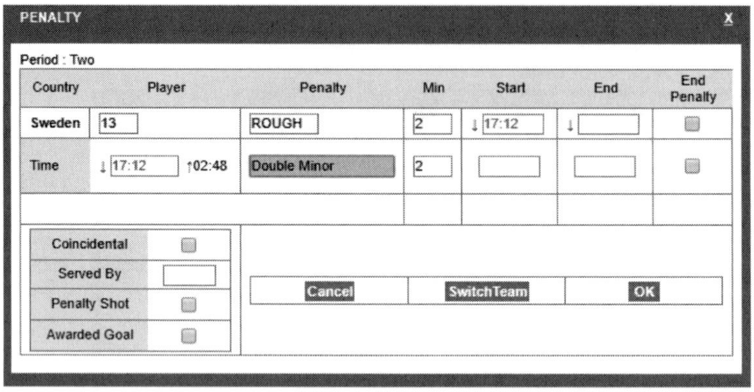

—— 当第 1 个判罚结束时，双击比赛进程表中的判罚记录，带出该条判罚并且点击“End Penalty”（结束判罚）选项框。结束时间将默认为判罚开始时间加上判罚时长。例如，比赛计时钟正计时，15:01+2 分钟 =17:01；比赛计时钟倒计时，15:01–2 分钟 =13:01。一旦已经填写结束时间，将自动填写第 2 个小罚的开始时间。

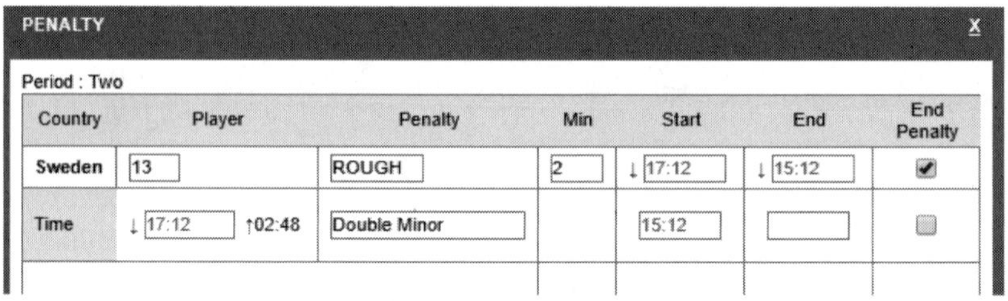

—— 再次点击“Update”（更新）录入系统。

—— 当第 2 个小罚已经结束时，重复同样的操作步骤 [点击“End Penalty”（结束判罚）选项框]，并且点击“Update”（更新）录入系统。

3.14 判罚——录入队小罚

—— 打开判罚窗口前，如下图显示，预选中队伍的名称，或者在队员号码一栏为队伍判罚录入“T”。

—— 记住这仅适用于判罚为队小罚（TOO–M 场上多人、DELAY 延误比赛等）或者守门员判罚。

—— 在“Served by”（由……执行）一栏录入执行判罚的队员号码（通过键盘或者鼠标点击队员名单）。

—— 点击“OK”将判罚录入系统。

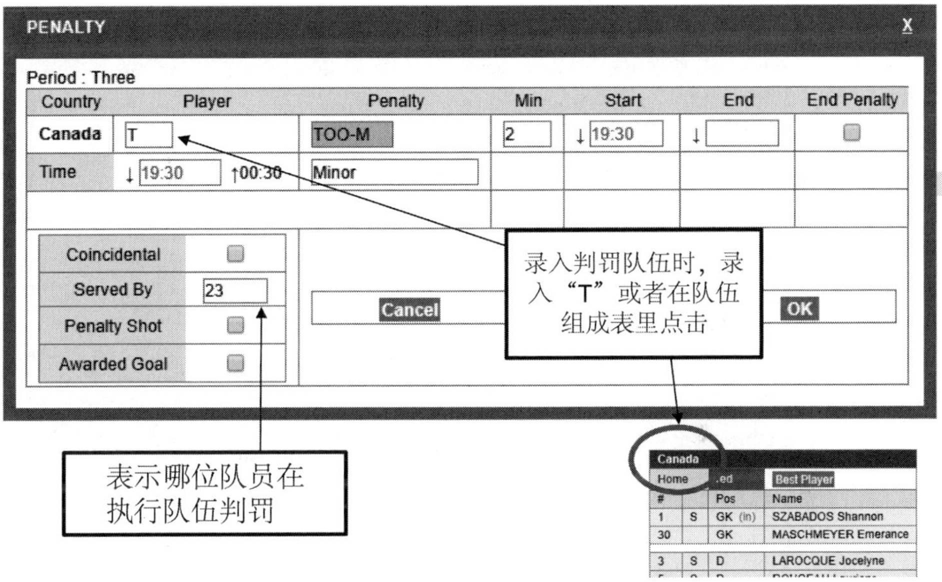

3.15 判罚——录入同等判罚

—— 当发生同等判罚时，点击“PENALTY”（判罚）按钮。

—— 确认将被录入的判罚对应哪支队伍（如标注出的圆圈所示）。

—— 录入判罚的时间，之后录入被判罚队员的号码以及判罚时长，通常为小罚。

—— 在点击“OK”之前，勾选“Coincidental”（同等判罚）选项框，将出现另一个判罚界面，显示对方队伍名称（如果打开的第2个界面与第1个界面有重合，点击并拖住抬头移动至理想的位置）。

—— 一旦第2个判罚界面已经打开，在第1个判罚界面上点击“OK”保存并且关闭。

—— 录入第2个同等判罚相关的信息，然后点击“OK”保存并且关闭。

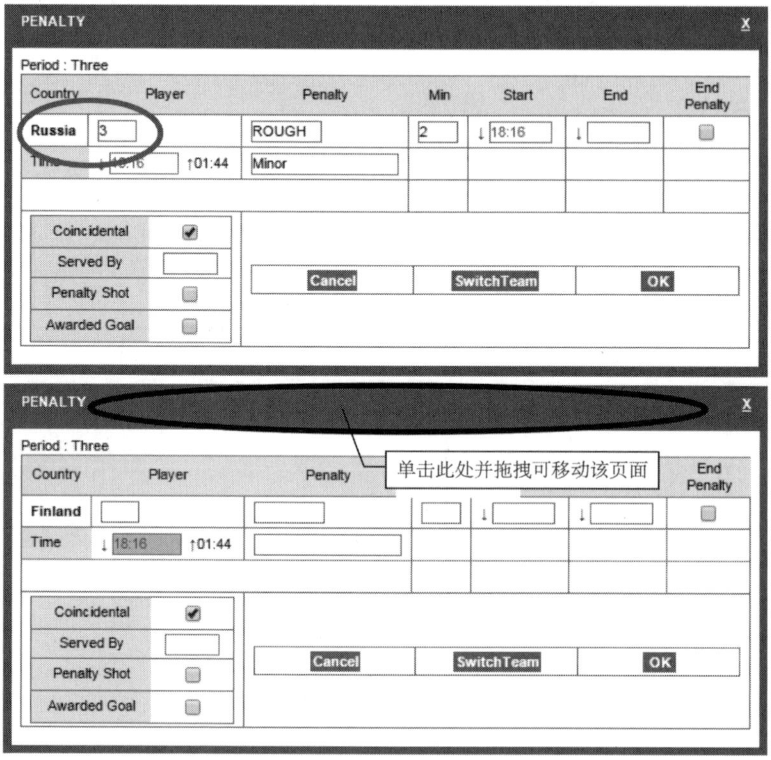

在有一个小罚和同等判罚的情况下，首先录入小罚。然后将同等判罚作为暂缓执行的处罚录入系统（时间将是比赛停止时间，手动修改该队员同等判罚的开始时间和结束时间）。不要勾选“End Penalty”（结束判罚）选项框，因为该选项框不能决定应如何处理暂缓执行的处罚。按正常操作录入另一个同等判罚。

3.16 判罚——录入任意球

—— 一旦裁判员判罚了任意球，点击“PENALTY”（判罚）带出判罚页面（确认显示的队伍名称。如果不正确，点击“SwitchTeam”更换队伍）。

—— 录入比赛停止时间、引起判罚的队员号码、引起判罚任意球的犯规类型。

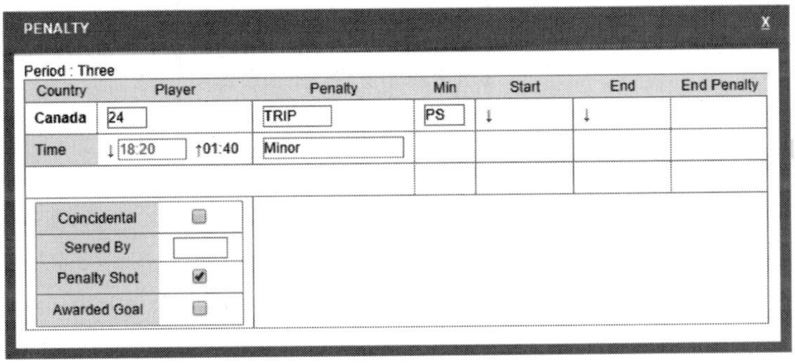

—— 勾选“Penalty Shot”（任意球）选择框。该操作将：

- 改变判罚时长为 PS，并且删除判罚开始时间；
- 带出进球页面，已经填写了比赛结束时间，比赛情况已经高亮显示为 PS。

—— 在 GS（进球队员）一栏填写射门队员的号码，在“–”的最后一格填写对方守门员号码。

—— 任意球结束之后，点击适当的按钮：Scored（得分）（该任意球录入为进球）或者 Missed（未得分）（在比赛进程中录入为未得分的任意球）。通过点击这两个按钮之一，任意球将被保存并且录入系统。

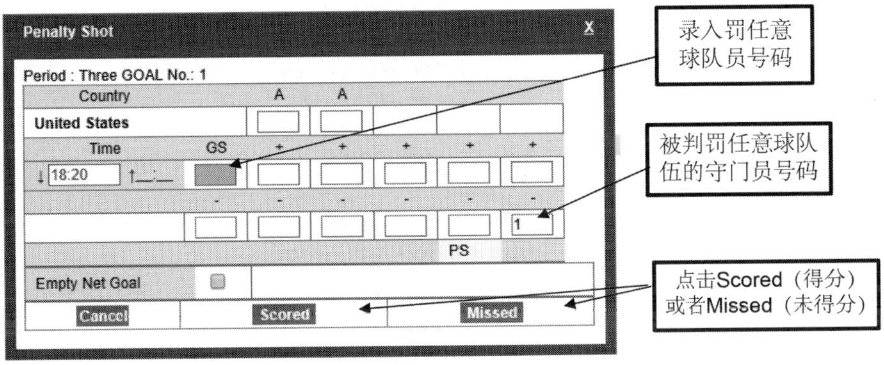

注意：

—— 如果任意球得分，那么 Gemini 用户必须也录入一个结果为进球的射门。

3.17 录入暂停和观众人数

通常在第 3 局过程中可以得到观众人数。

点击 “Timeout/Spectators” （暂停 / 观众人数）一栏带出窗口进行录入。

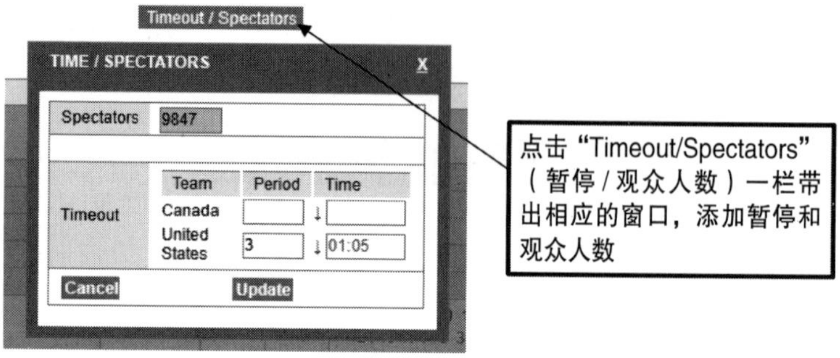

录入观众人数：

—— 使用键盘 / 数字键盘在“Spectators”观众一栏录入观众人数，然后点击“Update”（更新）。

录入暂停：

—— 点击适当的队伍对应的 “Period” （局数）一栏，录入局数和叫暂停的时间，然后点击 “Update” （更新）。

3.18 录入比赛最佳队员

对于颁发最佳队员的锦标赛，是 Orion 操作员负责标记最佳队员。

一旦获得信息：

Canada			
Home		red	Best Player
#		Pos	Name
1	S	GK (in)	SZABADOS Shannon
30		GK	MASCHMEYER Emerance
3	S	D	LAROCQUE Jocelyne
5	S	D	ROUGEAU Lauriane
8		D	FORTINO Laura
18		D	KRZYZANIAK Halli
23		D	AMBROSE Erin
36		D	FAST Renie
2	S	F	AGOSTA Meghan
6	S	F	JOHNSTON Rebecca
17	S	F	BRAM Bailey
19		F	JENNER Brianne
21		F	IRWIN Haley
24		F	SPOONER Natalie
26		F	CLARK Emily
29		F	POULIN Marie-Philip
37		F	DAVIS Sarah
43		F	STACEY Laura
44		F	POTOMAK Sarah
53		F	WAKEFIELD Jennifer

一旦选择完毕，将可以在队员名字后面看到红色（BP）。

3.19 射门比赛（PSS）程序

两队与场内裁判掷硬币时，将 Game Status（比赛状态）更改为“Shootout”（射门比赛）。点击“Update”（更新）录入系统，将被重新定位到 Orion 主窗口。

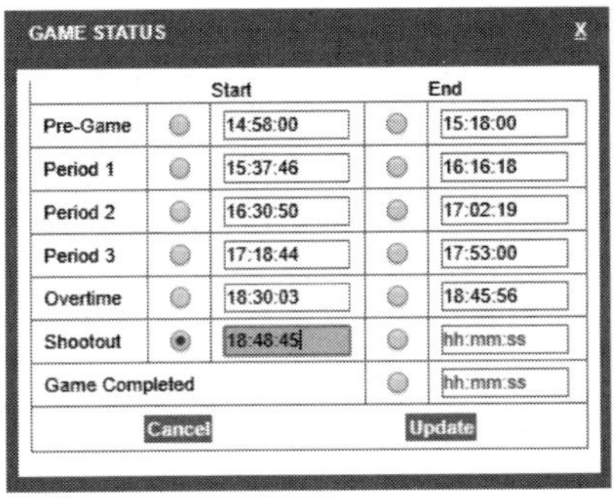

一旦比赛状态被设定为“Shootout”（射门比赛），绿色“GOAL”（进球）按钮将变为“PSS”。

点击绿色的“PSS”按钮（不论哪支队伍均可）打开射门比赛窗口：

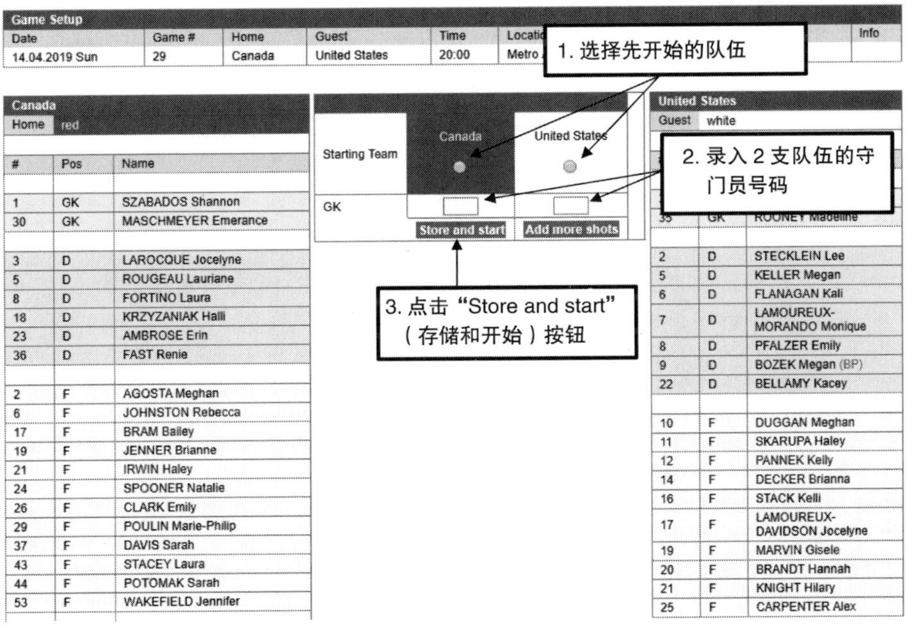

在射门比赛窗口：

——选择先开始的队伍。

——录入两支队伍的守门员号码。

——点击“Store and start”（存储和开始）按钮。

现在您准备好录入射门的细节：

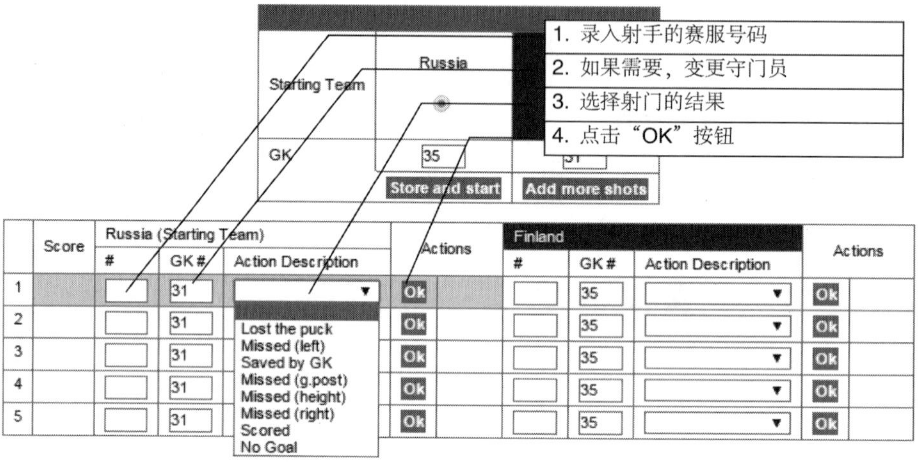

在每一次射门后：

——录入射手的队服号码。

——如果需要，变更守门员。

——选择射门的结果。

——点击“OK”按钮。

这次任意球被保存，并可以继续记录下一个即将发生的任意球（另外一支队伍）。

提示：

——下一个即将记录的任意球总是显示为灰色（记住两队前5轮射门之后，执行任意球的顺序反转）。

——如果两队前5轮在屏幕上显示不下，点击“Add more shots”（增加更多任意球）按钮。

一旦这一系列操作结束，就到了选择制胜球的时间：

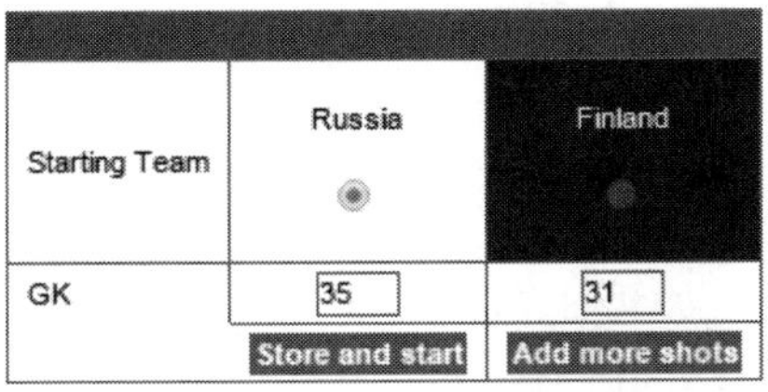

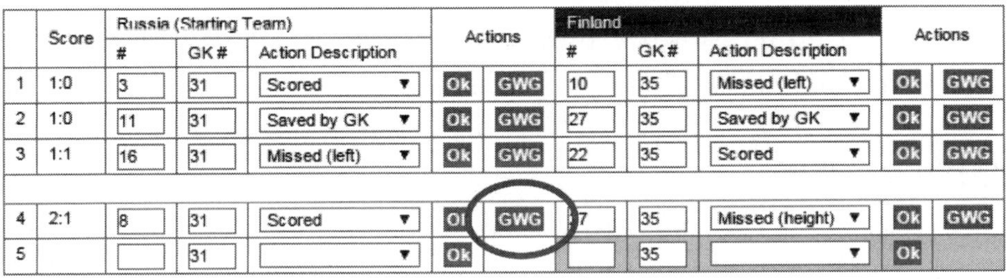

某个进球必须是被认定的比赛制胜球，在该条记录旁边点击小的“GWG”按钮。在这个例子中，是俄罗斯队 8 号的进球，使俄罗斯队领先芬兰队 1 分。

制胜球是被作为一个进球自动录入 Orion 的。

现在可以关闭 PSS 窗口，并且继续进行结束比赛的相关程序。

4 在 Orion 中结束比赛

当比赛结束，Orion 操作员应该与每个岗位交流，他准备关闭最后一局 / 加时赛 / 射门比赛和整场比赛。如果比赛在第 3 局或者加时赛之后已经结束，一旦 Gemini 操作员完成全部数据录入，应该立即让 Orion 操作员知晓。这是 Orion 操作员关闭该局和比赛的信号。如果比赛在射门比赛后结束，不需要从 Gemini 处获得确认，因为射门比赛过程只通过 Orion 进行记录。

结束比赛的程序：

—— 宣布“Orion 已经准备关闭该局和比赛”。

· 除非比赛已经进入射门比赛，Orion 可以宣布只有他进入射门比赛。

—— 在比赛状态中结束一局 / 加时赛 / 射门比赛，并按“Update”（更新）。

—— 标记每支队伍的最佳队员。

—— 标记观众人数，如果还没有在第 3 局过程中完成标记。

—— 在比赛状态中标记比赛结束，并按“Update”（更新）。

—— 宣布“Orion 已经完成比赛”。

—— 同时通知国际冰联成绩经理，您已经完成比赛。

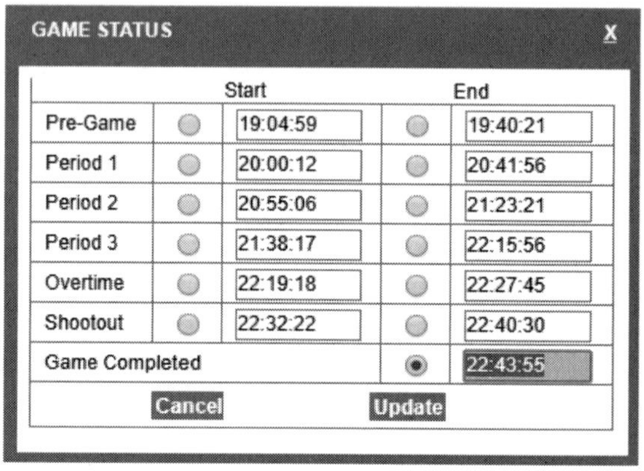

5 常见问题解答

Orion 操作员一旦面临困难或问题，应该毫不犹豫地联系记录员、地方统计协调员或者国际冰联成绩经理寻求帮助。以下为问题清单，可能有所帮助。

—— 如何在进球时在场队员统计中增加第 6 名队员？

- 如果进球时守门员被换下或者因为犯规缓判有第 6 名队员在场，Orion 操作员需要填写守门员号码的一栏标记第 6 名队员的号码。

—— 如何改变判罚的时长？

- 打开判罚窗口并点击原有的判罚时长一栏。例如，Minor（小罚）。这时，可以通过键盘的向上或向下键寻找该判罚对应的其他时长，并按“Update”（更新）。

—— 如何改变已经录入的比赛进程？

- 双击您想调整或删除的进程。
- 如果您想调整，按需要调整并点击“Update”（更新）。
- 如果您想删除一些进程，点击“Delete”（删除）。

—— 是否可以更改密码？

- 不可以更改密码。

—— 如何为每支队伍选择最佳队员（BP）？

- 选中一支队伍的队员，然后点击队伍名称下面的“Best Player”（最佳队员）按钮。一旦点击了按钮，最佳队员名字后将标有“（BP）”。

Zeytinburnu Istanbul			
Home		red	Best Player
#		Pos	Name
1		GK	BOZACI Tolga
65	S	GK	RAKHNO ILIA (BP)
8		D	OZGUN Baris
22		D	DIMITROVICI Maximilian
38	S	D	RYABENKO Kostyantyn

—— 进球和判罚必须使用什么时间？

- Orion 操作员必须使用计时钟上的时间记录进球和判罚。通常时间将是倒计时。

—— 一支队伍有超过 2 个判罚，应如何录入开始时间？

· 如果每队已经有超过 2 名队员在受罚席中，对于额外的判罚，将被记录的是进行判罚的时间 [在 “Time”（时间）一栏录入]，但是该判罚的开始时间 [“Start”（开始）一栏] 将为最早的判罚（最早进入受罚席的队员）结束的时间。

A 队 30 号	时间 15:20	开始 15:20	结束 13:20
A 队 30 号	时间 14:52	开始 14:52	结束 12:52
A 队 30 号	时间 14:36	开始 13:20	结束 11:20

Hydra Gemini 使用手册

（9.3.1）

1 Gemini 定义和用途

Gemini 是 Hydra 中的一个模块，用于记录所有的射门和争球。Gemini 和 Orion 操作员密切合作，通过有线或无线电通信系统以及 Hydra 即时通讯工具沟通，也可仅通过 Hydra 即时通讯工具沟通。第 226 页提供了更多关于 Hydra 即时通讯工具的信息。

在 Orion 打开相应的一局比赛之前，Gemini 不应该添加任何射门或争球，也不可以在 Orion 确认了进球已录入 Hydra 之前添加得分队员的射门。

如在锦标赛中遇到任何问题或困难，直接联系地方统计协调员或国际冰联成绩经理获取更多信息。

2　登录界面

首先确认电脑已连接到互联网，使用国际冰联成绩经理提供的 Hydra 网址登录到 Gemini。建议使用谷歌 Chrome 浏览器，避免使用微软 edge 浏览器。

一旦打开 Hydra 网页，就会出现下列登录窗口。

您的用户名和密码由国际冰联成绩经理（RM）提供。如果您无法登录，首先确认已连接到互联网，正确输入您的用户名和密码。如果还不能登录，请告知地方统计协调员或国际冰联成绩经理。

3 Gemini 概述

3.1 选择赛事和读取比赛界面

一旦登录 Hydra，会弹出下列窗口。

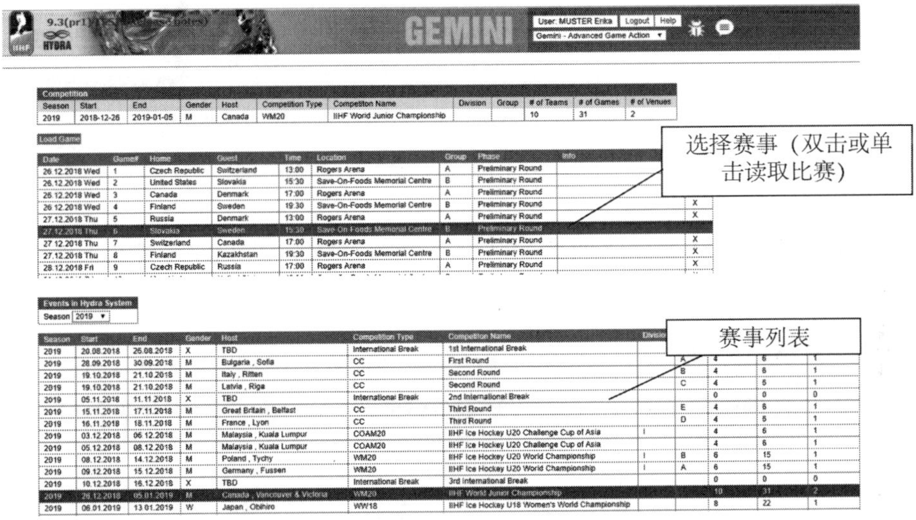

—— 在赛事列表中双击选择所需的赛事。列表将会更新出现所选赛事的比赛。

—— 在赛事列表中上下滑动寻找所需比赛。

—— 在比赛选项中所需比赛上双击，或者在比赛上单击一次，再单击读取比赛。

3.2 Gemini 初始界面

一旦选择了比赛，将在屏幕上出现以下 Gemini 界面。

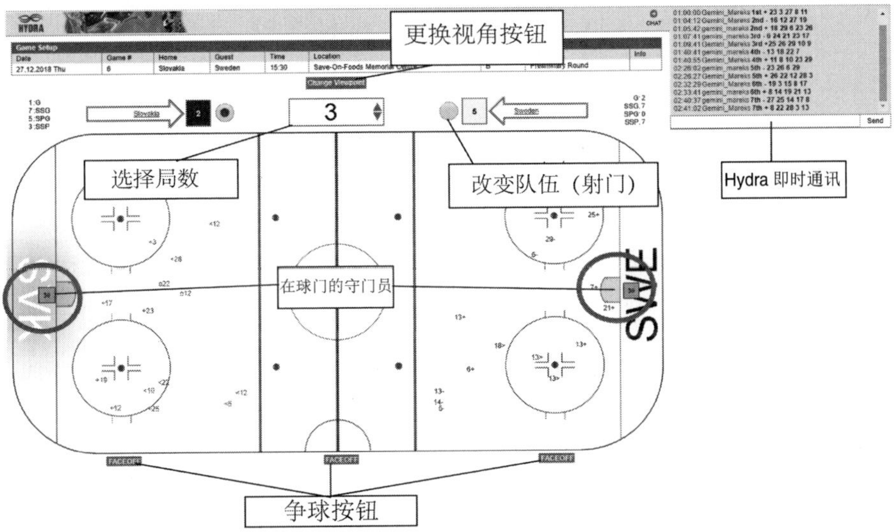

在这个初始界面上，Gemini 可以上传不同种类的射门和争球，以及沟通进球协助和进球时上场队员的信息。

更换视角：

单击更换视角按钮，就会显示右图界面。您有三个选项：

—— 交换队伍。

—— 交换场地。

—— 双方队伍。

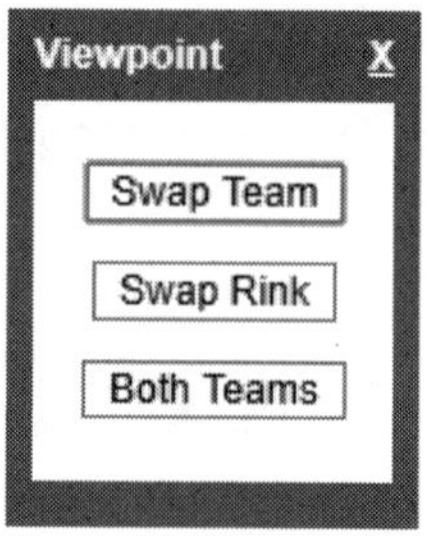

交换队伍：

将交换双方队伍的队员席（前提是队伍名字与其队员席在同一侧）。这将决定进攻的方向。

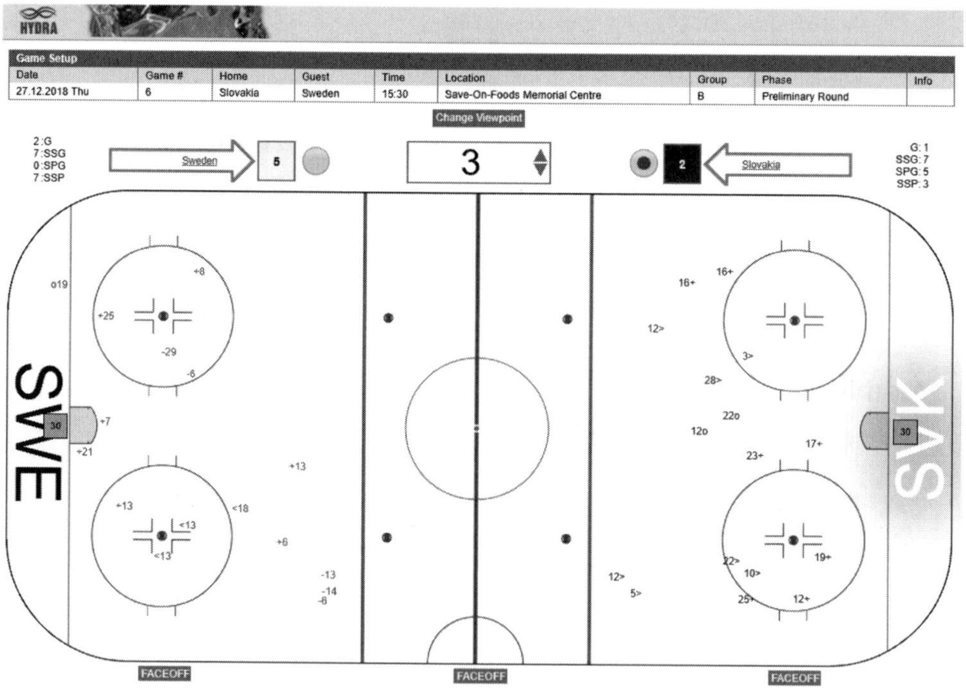

交换场地：

通常 Gemini 的位置在队员席的对面（和场外裁判席同侧）。然而，如果 Gemini 设备被安置在队员席的同侧，那么，单击交换场地，会改变冰场的观察视角，将队员席移至屏幕的底部。

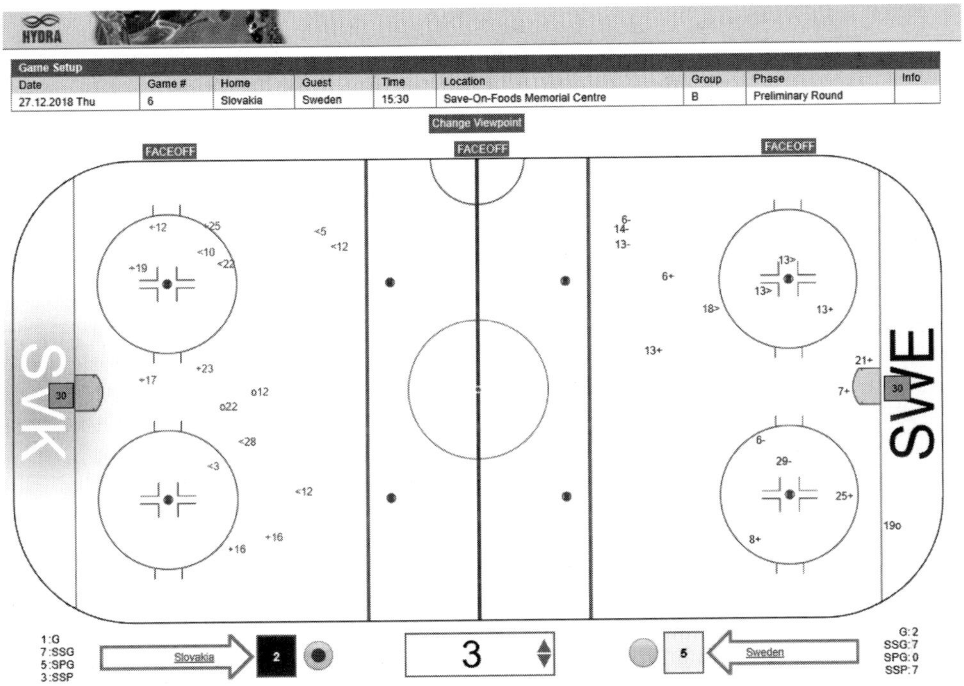

双方队伍：

该功能可以用来记录双方队伍的射门。以红线为界，在红线其中一侧发生的射门，将记给以该半场为攻区半场的队伍。在红线后发生的射门，必须记录在攻区一侧，再拖拽至想要选择的位置。

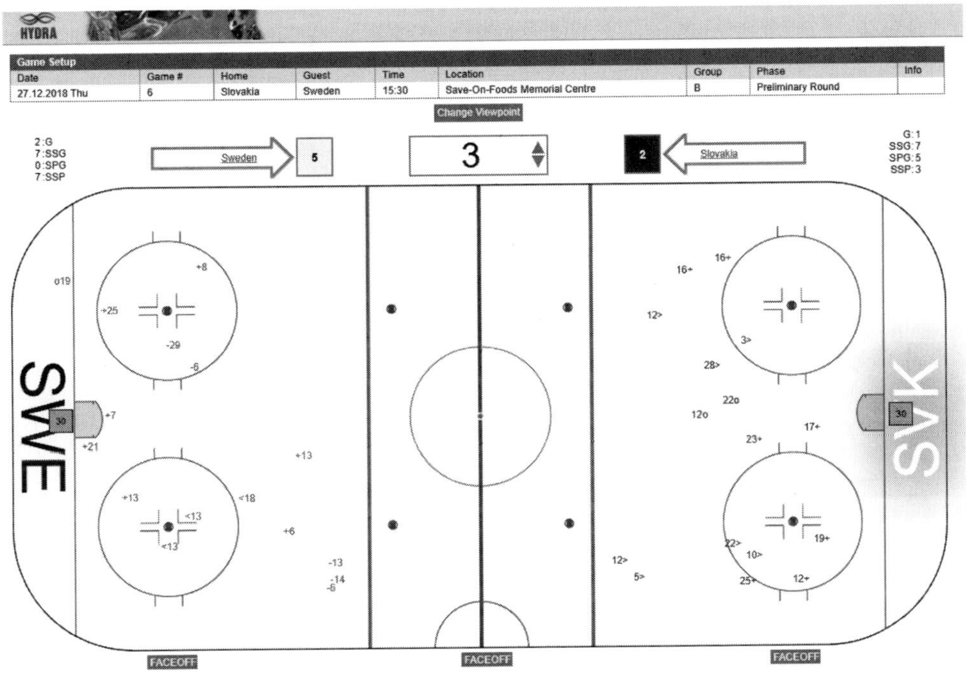

3.3 Hydra 即时通讯

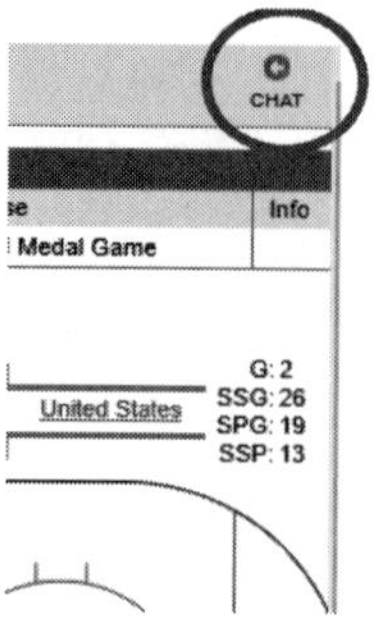

Hydra 即时通讯是一款简易的沟通工具，当无法使用有线或无线电通信时，统计团队能够按照规定程序相互沟通。

单击 Hydra Gemini 窗口右上角“CHAT”（对话）箭头即可开启对话。

Hydra 即时通讯只能用于沟通：

—— 当 Gemini 已经打开本局比赛，准备开始录入射门和争球时。

—— 确认 Orion 已经录入守门员替换后，刷新 Gemini 界面。

—— 确认 Gemini 准备关闭本局比赛时（沟通后不允许再录入）。

—— 如果适用，告知进球协助。

—— 进球时上场队员信息。

进球时上场队员的信息必须在 Hydra 即时通讯中用以下范例信息的格式发送：“一些文本 +12 23 34 12 52 –18 1 24 12”。

加号后的号码应该用空格分开，并将被视为进球队伍的上场队员号码。同样，减号后的号码将被视为失球队伍的上场队员号码。

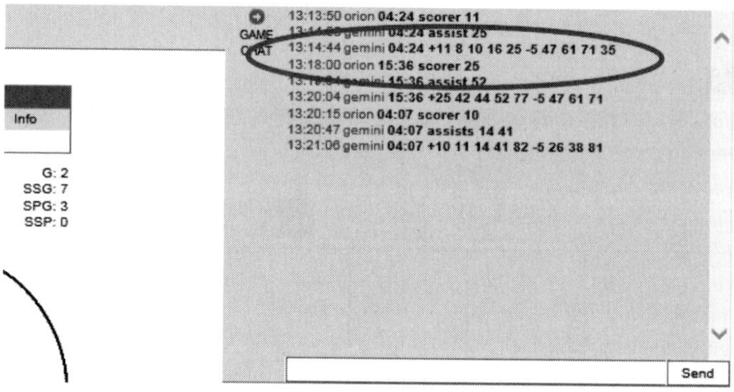

注意：

—— 极其重要的是，在每局或整场比赛结束后，Gemini 操作员必须让 Orion 操作员知晓他已准备好。

—— 完成比赛后，Gemini 操作员必须等成绩经理指示后方可离开统计席。例如，当需要在 Gemini 里修正的时候，成绩经理能够联系到 Gemini 操作员进行更正。

—— 当 Gemini 操作员接到指示可以离开席位的时候，出于安全原因，他必须退出 Hydra。

4　录入射门和争球

4.1　记录射门（被守门员救挡、射偏、被队员封挡、进球）

—— 在冰面上单击发生射门的位置。

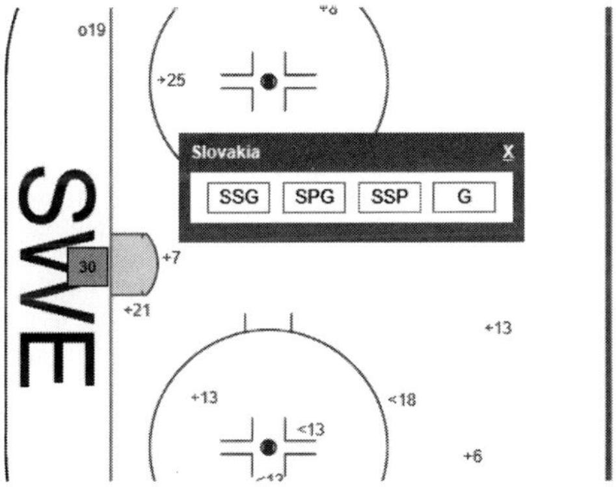

—— 选择射门的种类。

- **SSG（被守门员救挡）：** 统计中主要发生的一种射门，射在球门范围内但被守门员挡下。谨记如果守门员没有守住，是否会进球？如果守门员不扑救，射门就不会进球的话，则被看作射偏（上传为 SPG，而不是 SSG）。
- **SPG（射偏）：** 队员试图射向球门但射偏了（因此不是一个打向底板或者没有接到的传球）。这包括球打中门柱或横梁。
- **SSP（被队员封挡）：** 队员试图射向球门但是球被封挡，或者弹到对方队员，如果没有被封挡，球将进入球门。
- **G （进球）：** 被判定为得分的射门。

—— 单击完成射门队员的队服号码。

—— 若是生效，确认得到的守门员正确，并单击“Save”保存。注意：选择 SPG 或 SSP 的时候，不会显示守门员队服号码。

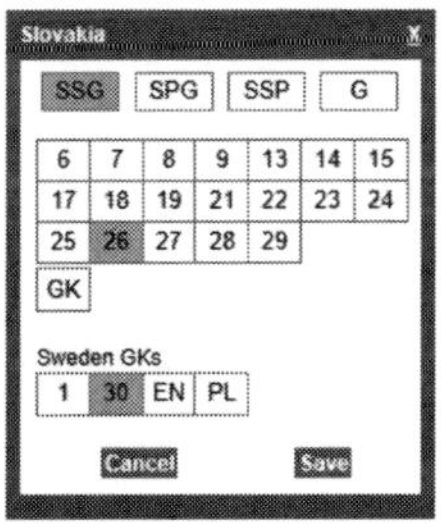

—— 得分（G）的时候选择射中队员的号码，并在球门内单击越过线的位置（见下图“+”标志）。

—— 在队服号码上面，您能看到 Orion 已经在相应局中录入的进球。下图显示斯洛伐克队 19 号在此局中 08:57 的时间进了第一个球。如果该进球不是您想要添加或者调整的射门，用下图圈中的箭头进行更换。

—— 确认被进球的守门员是正确的。选择相应的队服号码，或者 EN（空门）。之后单击“Save”保存进球信息。

记录进球的步骤：

—— 等待 Orion 操作员宣布进球已被录入。

—— 在冰面示意图上单击射门的位置。

—— 单击“G”表示进球。

—— 单击进球队员的队服号码。

—— 在球门内单击球越过球门线进入球门的近似区域。

—— 确认被进球的守门员（一般不需要调整，守门员记录表总是显示当前的守门员）。

—— 单击“Save”保存进球。

4.1.1 在记入 Orion 系统之前录入进球的射门数据

如果 Orion 操作员在 Hydra 内录入进球之前，Gemini 操作员添加了一条射门的得分队员，Gemini 窗口将在队服号码上显示一个圆圈，表示这个射门没有被 Orion

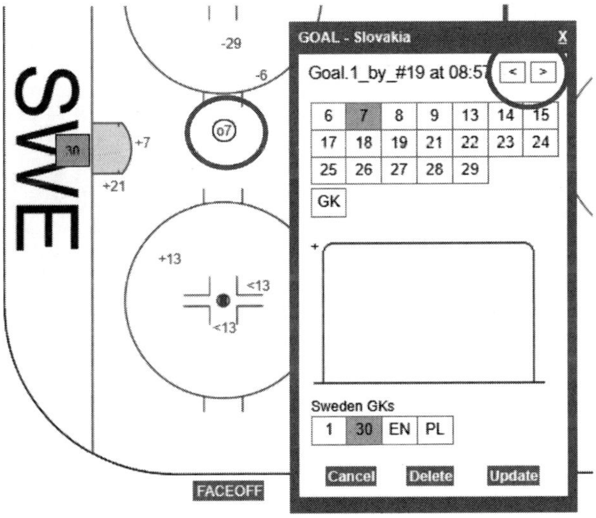

记录。

在这种情况下，在 Orion 操作员宣布进球后，Gemini 操作员应该重新打开射门（双击被圈出来的相应进球射门），并且用 <> 箭头选择相应的进球。当找到正确的进球，单击“Update”更新。以上步骤应当消除进球队员上的圆圈。如果没有消除，联系国际冰联成绩经理。

4.1.2 瞩目——功能

如果在场地的同一区域发生很多射门，您希望更清楚地看到射门，将光标移动到您想要观察的位置，然后在键盘上按下“Ctrl”。

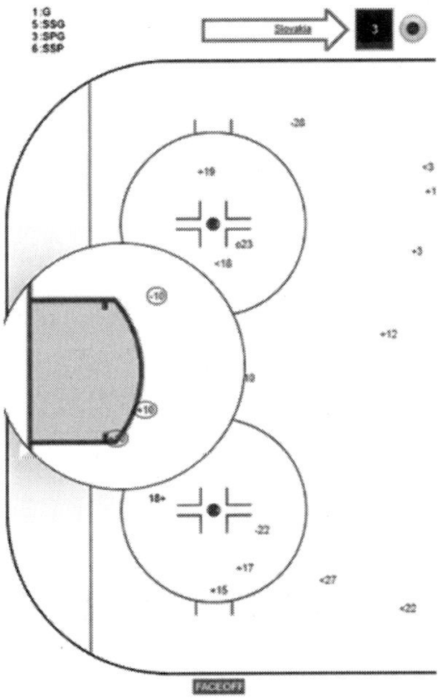

4.2 记录争球

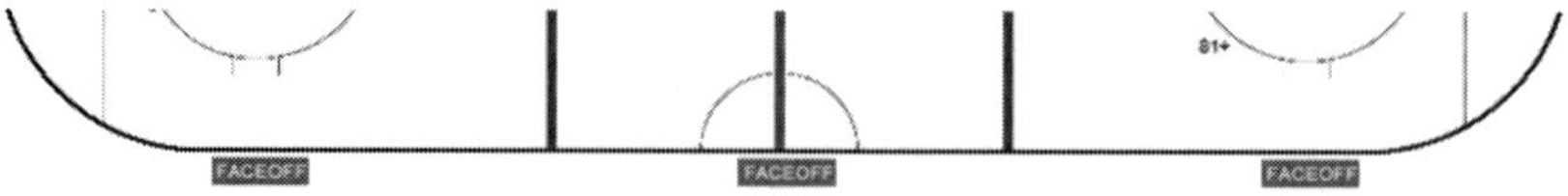

4.2.1 录入争球

——3 个争球按钮将按区划分发生争球的位置。

- DZ（守区）：从蓝线到防守队伍的球门。这是对方队伍的攻区。
- MZ（中区）：在 2 条蓝线中间（中区）。
- AZ（攻区）：攻区的位置是从蓝线到队伍试图得分的球门。对于对方队伍是守区。

——单击发生争球区域的相应“FACE-OFF”（争球）按钮，如下图所示会跳出记录争球的窗口。

——单击两队争球时的队服号码。双击争球成功的队员。

- 争球成功是指队员为他的队伍创造优势以及从争球中获得了控制权。因此，根据定义，队员能够将球传给自己队伍的其他队员，或者控制球向前行进。

——屏幕将闪动并且显示记录在表中的争球。

——重要提示：记得单击右上角的 X，以关闭相应的争球窗口，避免将下一个争球录入错误的区域。

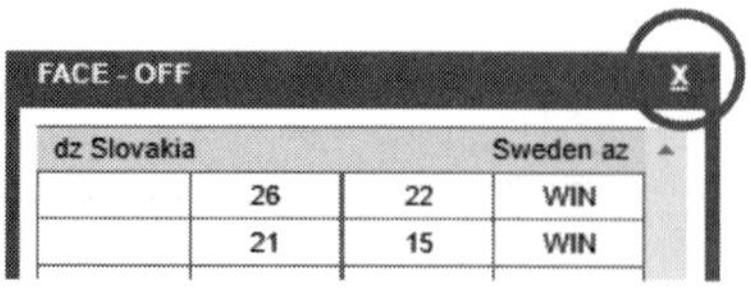

—— 记住，争球记录的顺序不重要，只与队服号码和争球获胜方有关。

4.2.2 编辑 / 删除争球

—— 在您希望编辑的争球所发生的区域单击争球按钮。

—— 单击相应行进行编辑（上方黄色高亮部分）。单击不同号码以更改原来的队服号码，双击争球成功的队员。

—— 删除已记录的争球，单击您想要移除的那一行，再单击删除。

5 在新的一局比赛开始或者守门员替换后刷新窗口

在 Orion 操作员打开了新一局比赛后，Gemini 操作员应当重新打开 Gemini 或者刷新窗口。当 Orion 操作员打开了一局比赛，Gemini 操作员应当从 Hydra 即时通讯中获得信息。

在开始录入任何射门或者争球之前，确保局数是正确的。

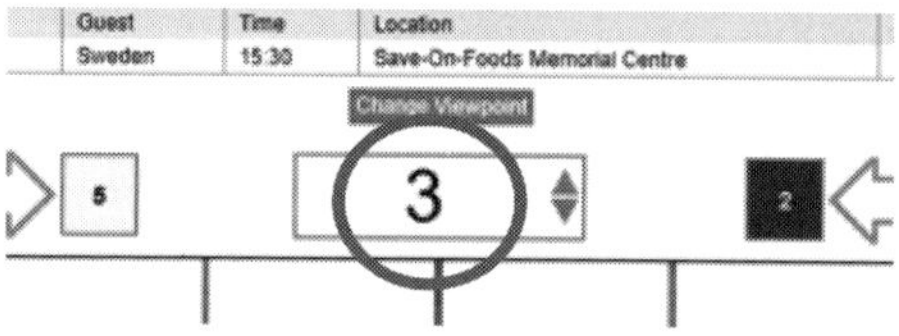

同时，当 Orion 操作员已完成守门员替换或者换下守门员，他应该让 Gemini 操作员知晓守门员下场或者被替换。之后，Gemini 操作员应该刷新 Gemini 窗口。

您可以直接按 F5 刷新，并确保在 Gemini 窗口正确显示守门员号码（新号码或者空门显示 ENG）。

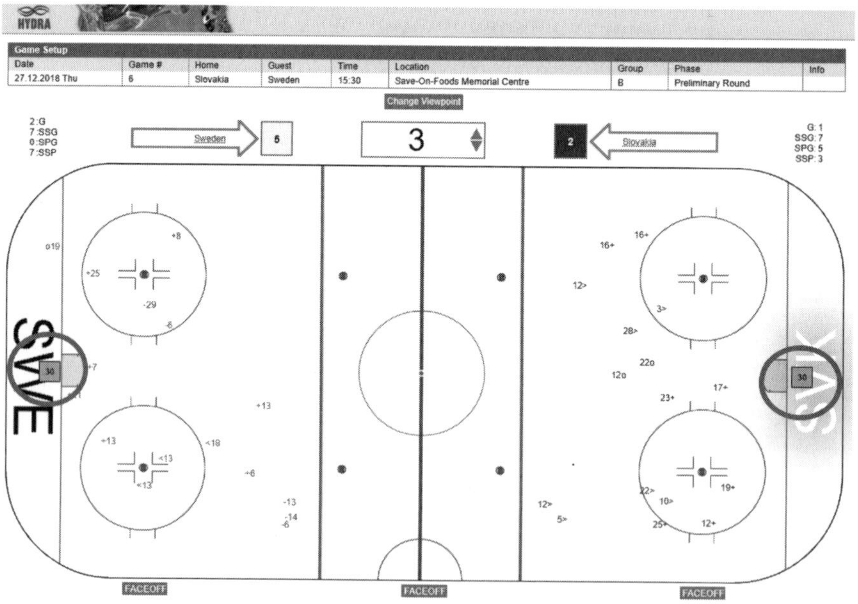

6 退出

一旦 Gemini 操作员离开电脑，或者当比赛结束后，国际冰联成绩经理允许其离开，必须谨记从 Hydra 退出。 只要按下右上角的“Logout”，就可以退出。

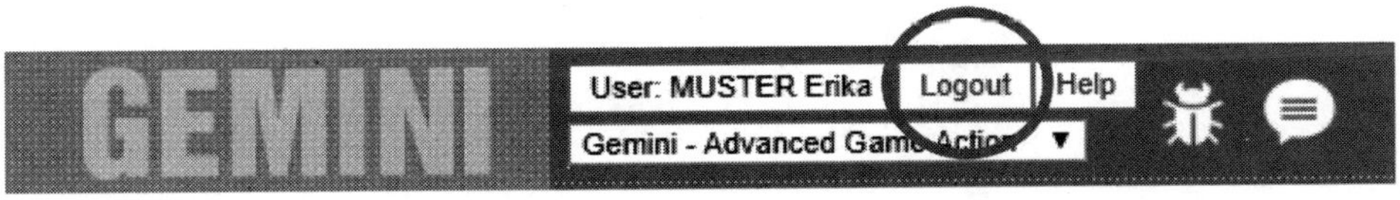

7 常见问题

—— **在 Orion 操作员还没有在系统中录入进球的时候，能否录入进球队员的射门？**

· 可以，但是并不建议这样操作，因为之后会产生双倍工作。

① 如果之前已经录入了射门，在 Orion 操作员录入了进球后，必须重新打开射门，使用 <> 符号将射门和对应的进球匹配，之后再按下 “ Update” 更新。

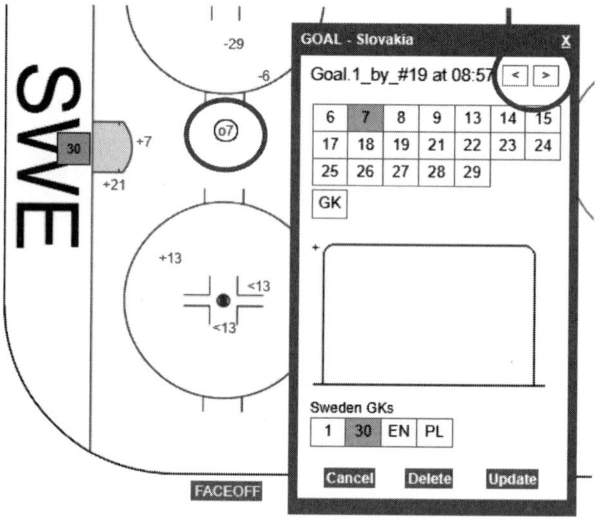

—— **如何调整或删除射门？**

· 只需在想要调整或删除的射门上双击。

① 需要调整，进行调整后按 “Update” 更新。

② 需要删除，按 “Delete” 删除。

—— **如何移动已发生射门的位置？**

· 移动光标，并按在您想要移动的射门上，拖动射门到想要的位置上。

—— **如何调整或删除争球？**

· 在要调整的区域打开争球窗口，单击需要调整的争球。

① 如果需要调整，调整这组争球队员，并双击争球成功的队员。在 “闪动” 之后，新的一组争球队员和争球成功的队员信息将会出现在列表中。

② 如果要删除争球，请按 “Delete” 删除。

—— 在 Hydra 即时通讯中，Gemini 操作员需要让 Orion 操作员知道些什么?

- 每个进球得分时的上场队员（除非没有其他人致力于发送该信息）。
- 在某局比赛结束后完成数据录入。

  ① 只有当Orion操作员收到Gemini操作员完成数据录入的信息后，才能够关闭本局或者本场比赛。

—— 为什么当 Orion 操作员打开某局比赛或替换球队守门员后，Gemini 操作员必须刷新窗口?

- 如果在某局比赛打开后没有刷新，很可能是将射门和争球录入前一局比赛中。
- 如果在 Orion 操作员进行替换守门员后没有刷新，将会把射门录入错误的守门员上。

Hydra 上场时间操作手册

2018 世界锦标赛赛季版（9.3.1）

预连接

打开上场时间操作界面。

第 1 步： 按“Setup”（设置）按钮。

第 2 步： 键入服务器地址，在屏幕中间的对话框中输入用户名和密码。

第 3 步： 按“Login”（登录）按钮。

赛事和比赛的选择

第 4 步： 按“Tours”（赛事）按钮获取赛事列表。如果您在左侧的下拉列表里找到赛事名称，说明您连接到了 Hydra 服务器。

第 5 步： 在下拉列表中选择赛事。

第 6 步： 按“Games”（比赛）按钮在右侧下拉列表里选择可用的比赛。

第 7 步： 选择比赛。

第 8 步： 按“Home”（主队）或“Guest”（客队）按钮选择队伍，并载入比赛。

成功载入后，队员队服号码会被显示出来。

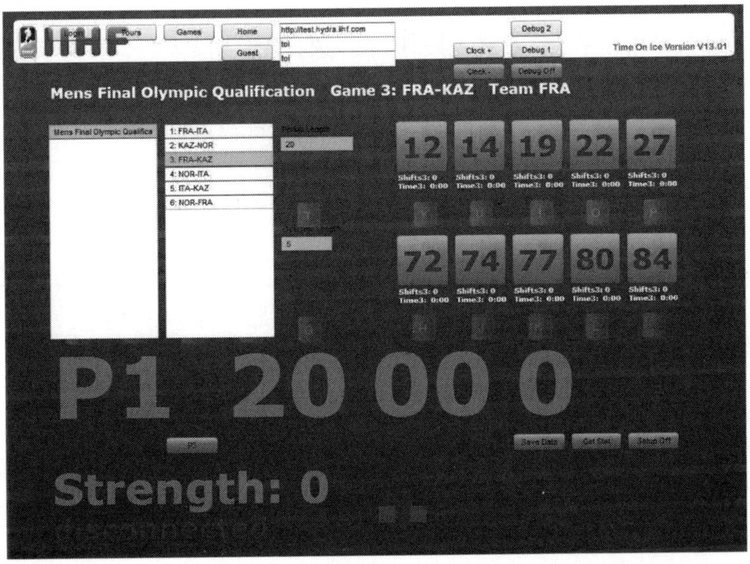

第 9 步： 按“Save Data”（保存数据）按钮，比赛和链接的信息会被保存在本地，当您下次再打开上场时间界面时，会直接连接到服务器，以及这场比赛和队伍。

第 10 步： 按“Setup Off”（设置完成）按钮，为开始比赛做好准备。

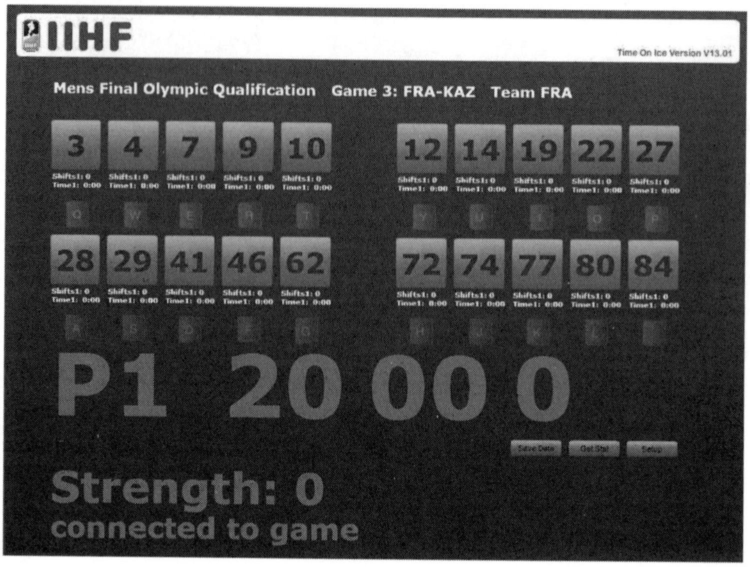

计时方式

您能通过按“Setup”（设置）按钮，然后选择 Clock + 或者 Clock – 调整计时方式是正计时还是倒计时，按“Setup Off”（设置完成）按钮返回比赛。

选择局

通过按“Setup”（设置）按钮可以选择 P1 到 P4。重要事项：当您选择某一局时，被选中这局的所有信息都将被删除。注意，当您要切换到 P4 的时候，可能需要按 2 次 P4 按钮，确保显示的比赛时间为加时赛的时间（5 分钟、10 分钟、20 分钟）。

获得数据

通过按“Get Stat”（获得数据）按钮从服务器获取当前的数据。如果服务器的信息相比本地存储的信息有更新，只要和服务器保持连接，上场时间界面就会获取数据，自动更新界面。

纠错模式

在设置过程中，可以通过按“Debug Off”（关闭纠错模式），Debug 1（纠错模式 1），Debug2（纠错模式 2），切换不同的纠错模式。

—— 纠错模式 1 显示队员和队员上场次数的信息。

—— 纠错模式 2 显示两队队员和队员上场次数的信息以及服务器信息。

比赛操作

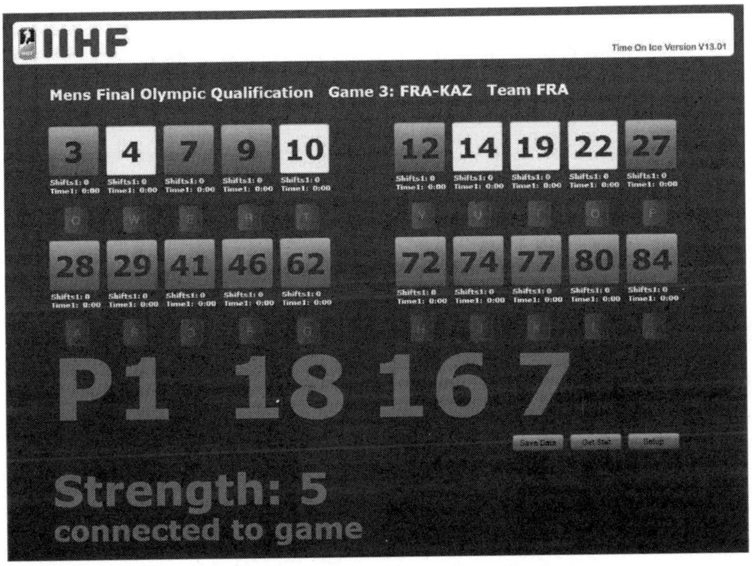

您可以使用下列键操作上场时间：

空格	关 / 开计时钟
数字键盘 *	关 / 开计时钟
数字键盘 –	调整计时钟减 1 秒（也可以用美式键盘中的 <）
数字键盘 +	调整计时钟加 1 秒（也可以用美式键盘中的 >）
数字键盘 /	清除所有上场队员（也可以用 Backspace 退格键）

数字键盘输入：

用数字键盘输入队服号码然后按“Enter”输入替换队员上场或者下场。黄色显示的队员是上场的。少于 3 秒的上场时间将会被忽略，允许您立刻修改错误。

当您输入一个数字，在按“Enter”输入确认之前，数字会在界面底部以浅蓝色显示。如果您输入错误的号码，只要继续按正确的号码而不要点回车键，直到正确的号码出现。

队员切换与选择：

您还可以通过敲击对应的字母键或用鼠标点击队服号码或者直接触摸界面完成队员切换。

最佳操练：

为了达到效果，您可以等待在比赛被中断后在重新开始时点开计时钟，点上所有上场队员并且在已经根据场上人员实力添加所有队员之后点开计时钟。然后使用加秒按钮将计时钟调整为比赛计时钟上的时间。

紧急情况处理

客户端出错关闭：

重启客户端，最后的场上情况会在几秒钟内被保存，所有的队员都显示下场。

网络中断：

继续正常工作，只要网络恢复，上场时间系统会自动重连。

服务器故障：

如果服务器需要重启，操作界面就会失效，在左下角会显示“ Disconnected”（失去连接）字样。要重新连接服务器，您可能需要在“ Setup”（设置）菜单界面点“Login”（登录）按钮。

服务器数据更正：

界面会从服务器自动更新最新的版本，所有的队员会切换到下场。

局数出错：

如果您要选择的局数不可选，点击“Setup”（设置）按钮，点“Debug2”（纠错模式 2），点“Setup Off”（设置完成），再点“Setup”（设置），再点“Debug Off”（关闭纠错模式），您将能看到所有 4 局的按钮了。

在选择球队后没有队服号码显示：

如果队服号码不是按升序排列的，则连接到旧的服务器软件版本。

已知的问题

Flash 安全性设置：

—— 打开文件。

—— 鼠标右键。

—— 选择设置。

—— 选第二标签页（Folders 文件）。

—— 设置为“unlimited”（不限制），然后关闭。

脚本运行慢：

如果有对话框弹出“there is a script running which could slow down your computer”（正有一个脚本运行导致您的电脑运行速度慢），然后要求您关闭这个程序时，选“NO”（不）。

附录——国际冰联冰球比赛测试赛规程 / 核对表

在国际冰联世界锦标赛开始前的官方测试赛中，国际冰联及其商业伙伴、主办转播公司、当地组织者，应当在比赛状态中测试、审查，并在必要时调整以下所列各项，确保所有的赛事在实际比赛中顺利进行。所有项目必须每次在 2 个场馆中同时进行的测试赛中进行操作。各方应积极参与，根据国际冰联的规程安排各岗位必要的人员和流程进行模拟比赛。测试赛的日期和时间必须提交国际冰联办公室，并获得所有参与方的同意（顶级赛事）。

当地组织者还将负责组织 2 支球队，在比赛前至少 1 小时到达每个场馆。球员的最佳年龄为 14~15 岁，每支球队应有至少 15 名球员和 2 名守门员。

每支球队所穿队服的颜色应由承办方提前指定（一支球队穿深色赛服，另一支球队穿浅色赛服）。每名球员的号码和姓名都要提前制作成名单，并在比赛前至少 48 小时提供给指派的国际冰联数据经理。

承办方应为每场测试赛安排 1 名裁判员和 2 名边线裁判员，并提供裁判服。国际冰联也将指派执裁教练到现场，测试视频监门系统以及与场外裁判席的通信系统。因此，操作视频监门系统的技术人员也必须到场。

总之，赛前将进行 10 分钟的热身，2 局比赛各 10 分钟净时，局间休息 15 分钟。2 局比赛之后休息 3 分钟，将进行 5 分钟突然胜利法的 3 对 3 加时赛。在 5 分钟后或第 1 个进球后，将进行射门比赛，结束测试赛。

测试赛规程如下：

比赛计时钟时间	项目	备注
–90:00	发放队伍阵容表	队伍阵容由球队或者组织者组建
–60:00	计时钟开始赛前倒计时	队伍阵容表提交记录员
–40:00	赛前准备活动	测试赛准备活动只有 10 分钟，鸣汽笛后球队离开冰面，在过道等待。10 分钟热身后计时钟重设到 –02:45
	首发 6 位队员录入系统	记录员向客队索取首发 6 人和队长 / 副队长信息，再向主队索取相同的信息

续表

比赛计时钟时间	项目	备注
–02:45	场内裁判结束赛前准备活动后，上冰站在裁判区	宣告员介绍赛事场内裁判
–02:30	主队进入冰面，直接站到蓝线	播放国际冰联音乐“Teams on Ice”（队伍上冰）
–02:15	客队进入冰面，直接站到蓝线	播放国际冰联音乐“Teams on Ice”（队伍上冰）
–02:00	裁判员吹哨，两队在各自蓝线上站好，向观众致敬	
–01:45	两队队长到裁判区，向裁判员和边线裁判员致意	
–01:45	宣告员介绍两队的首发阵容	
–01:30	两队队长到裁判区，向裁判员和边线裁判员致意	
–00:45	两队结束赛前礼仪，前往队员席	
–00:15	主裁判召唤两队到冰场中央准备开球	
–00:00	掷球 / 比赛计时钟重设至 10:00	
10:00	第 1 局比赛	开球，第 1 局比赛开始
	球队应该做出一些可供记录的比赛行为	技术统计人员测试操作与收集数据
08:00 之后	商业暂停	测试各岗位相应的体育条例
	球门和队员席处的清冰服务	测试
06:00 或更少	裁判员请求视频监门回放	测试各岗位相应体育规则 技术人员和视频监门测试系统，以及与裁判席的通信
04:00 或更少	队伍请求暂停	测试
02:00 或更少（或者在任何进球之后）	进球后的休息	根据各岗位的规则进行测试
00:00	第 1 局比赛结束	比赛计时钟上显示 15 分钟，并开始局间休息倒计时
–15:00	局间休息	测试数据的打印和发放

续表

比赛计时钟时间	项目	备注
–15:00	局间休息	为了能按时冻冰或准备好冰面应按既定时间浇冰
		在局间休息时，根据裁判员 / 球队需求，记录员使用视频监门测试确认进球得分和协助信息的程序
–10:00	赞助商循环开始	
–04:36	赞助商循环结束	
–03:00	提示场内裁判还有 1 分钟准备上冰	
–02:45	提示队伍还有 1 分钟准备上冰	
–02:00	场内裁判离开更衣室，准备上冰	
	球队离开更衣室，准备上冰	
–01:45	球队进入冰面（主队在先，客队随后）	播放国际冰联音乐“Teams on Ice”（队伍上冰）
–00:15	裁判员召唤球队到冰场中心争球	
00:00	比赛计时钟重新设置到 10:00	
10:00	第 2 局	开球，第 2 局比赛开始
	球队应做出一些可供记录的比赛行为	数据工作人员测试操作和收集数据
09:00	从冰面上救离一位失去意识的队员	场馆医疗人员
08:00 或更少	商业暂停	测试如上
	球门及队员席处的清冰服务	测试
06:00 或更少	视频监门回放	测试如上
04:00 或更少	球队请求暂停	测试
00:00	第 2 局比赛结束	比赛计时钟显示 03:00，并立刻开始倒计时
–03:00	局间休息	队伍在队员席

续表

比赛计时钟时间	项目	备注
–00:15	裁判员召唤队伍到冰场中心争球	
00:00	比赛计时钟重新设置到 05:00	
05:00	加时赛（3 对 3）	加时赛开球
		数据人员测试操作和收集数据
00:00 或第一个进球	加时赛结束	球队返回队员席就座
	干刮冰面，为射门比赛做准备	使用浇冰车测试时间
	射门比赛流程测试	测试运动条例 8 相应的各岗位
+00:00	比赛结束	测试地毯的铺置
+01:15	两队站在各自蓝线上	
+01:30	宣告员提示比赛最佳运动员的颁奖。嘉宾到颁奖地点	测试颁奖仪式
+02:00	宣告员宣布两队的最佳运动员	
+03:00	奏获胜球队国歌，升获胜球队国旗	测试升旗仪式
+06:00	球队列队握手后，失利队伍在先，获胜队伍随后离开冰面	测试球队离场列队通过混合区
+10:00	比赛结束后的数据发放	

下列各项由各部门进行测试：

——**电视制作**

· 正式比赛时间的操作（20 分钟倒计时）。

· 停电应急灯系统的操作（可视性、持续时间和操作员意见）。

· 监门灯系统的操作（可视性、持续时间和操作员意见）。

· 球门内置摄像头的功能和位置。例如，视频监门系统出现故障。

· 评论员指南。

· 场馆灯光对演播室灯光和观众被拍摄位置的干扰。

· 认证区（工作人员进入工作岗位）。
· 快速采访区的功能。
· 混合采访区的功能。
· 关于官方比赛 USB 发放的 USB 复制事务。

—— **视频监门系统**

· 分析视频监门系统所有可用的摄像头，如网络摄像头、球门外置摄像头、世界信号源以及额外的摄像头。
· 从视频监门室链接记录席专线电话的操作。
· 从视频监门室链接电视导演的专线电话的操作。
· 电视楼层经理与电视导演联络的操作。
· 由地方组委会指定的专业技术人员对视频监门系统进行操作。
· 记录席专线电话上信号灯的操作。
· 对视频监门系统包括在 USB 上录制测试赛、慢镜头回放以及额外的摄像头角度的全面测试。

—— **Hydra 赛事统计系统**

· 在比赛前、比赛中及比赛结束后，对比赛记录表的填写以及向参赛队伍、比赛官员和国际冰联医务监督分发程序进行审核。
· 在赛前和局间休息时，统计比赛数据，并向以下各个区域发放复印件：转播综合区、转播车、评论区、球队、贵宾区、记者采访区等。

—— **体育技术方面**

· 测定比赛局间和比赛结束后，球队从更衣室到达冰面的移动以及流程所需的时间。
· 比赛计时钟操作——得分、判罚、暂停。
· 信息屏操作——显示进球得分和协助、射门比赛球员名单、观众信息。
· 商业暂停和流程。
· 商业暂停期间的清冰流程。
· 边线裁判员重置球门的流程。

—— **市场营销和赛事方面**

· 赛前介绍时间节点和协作的流程（时间节点）。

· 赛后最佳运动员颁奖仪式（铺设地毯，时间节点）。

· 国际冰联音乐的准确时长。

· 正确使用国歌。

· 正确使用国际冰联立方体大屏幕指南。

· 立方体大屏幕的通用程序：记分板功能、广告、娱乐片段等。

· 使用英语和承办国官方语言全面测评宣告员宣告词。

· 宣告员、立方体大屏幕和音乐的音量。

· 赛事仪式的话筒功能 。

测试赛结束后，地方组委会、电视盈方、承办方制作人和国际冰联应组织汇报会，讨论以上几点的操作和运行。

国际冰联视频监门系统指南

（2019.9）

1 技术规范

以下内容仅适用于下列国际冰联赛事：男子世锦赛、男子世锦赛甲级 A 组、女子世锦赛、男子世锦赛 U20 组、男子世锦赛 U18 组及冬奥会比赛。如果承办以上赛事的场馆没有视频监门（VGJ）系统或者已经永久性地安装了不是完全符合国际冰联规定的系统，此类情况必须在锦标赛开始前 6 个月以书面形式报告给国际冰联，这种情况下，国际冰联将提供视频监门（VGJ）系统，由组委会承担费用。

对于使用视频监门系统的锦标赛，不需要在 2 个球门后设置实物监门席及红灯。需要绿灯表示时间正在运行。

1.1 视频监门席

视频监门席将设置在限定并有安保的区域，位于场馆上层，最好在冰场中间位置。视频监门席应该与观众和媒体区域隔离并有安保。

监门席必须对整个冰面有极好的视野，包括队员席，以便于随时跟踪队员。监门席应该足够大，可以提供充足的工作空间，包括容纳 6~7 人的桌椅以及该规范中列出的全部技术设备。监门席应有暖风或空调以提供舒适的环境，并且提供饮品和水果。通过适当授权认证或者安全设备（钥匙、门卡）不受限制地进入监门席需要安保保护，包括任何电梯 / 楼梯间，为到达冰面层提供最短通道。

1.2 设备和技术设置

摄像机：

—— 所有承办方转播摄像机（高清 HB）必须提供给视频监门员，并且在视频监门系统中录像。

—— 2 台高清摄像机在球门上方固定位置（每个球门上 1 台）。每台摄像机应该适当安装于冰面以上，在比赛区域以外（场馆顶棚或者猫道），在每个球门上方可以获得整个球门和球门区的全部视野。摄像机应安装在比每个球门略靠前的位置，提供球门线的清晰画面（球门横梁在球门线后），整个画面覆盖球门内侧 8~10 厘米的冰面。摄像机的位置应确保球门区附近的比赛，视频监门员对于球门线的视角无遮挡。摄像机必须生成高清晰度镜头（至少 1080i，每秒 50 帧）。

—— 2 台高清摄像机在球门后固定位置（每个球门后 1 台）。每台摄像机应该安装在球门后正对的界墙后面。摄像机应该安装在高于界墙上方 20~40 厘米的位置，提供球门以及球门前的清晰画面。摄像机必须生成高清晰度镜头（至少 1080i，每秒 50 帧）。视角应该清晰并且不受防护玻璃上的污点、凝结的水珠、球门框以及球门网的遮挡。

摄像机必须由一个独立的安全系统保护，防止掉落在冰面上。

—— 2 台高清摄像机在球门内固定位置（每个球门内 1 台）。每台摄像机应该安装在球门内被一个防震外壳包裹，并且对球门线有清晰视野。摄像机必须生成高清晰度镜头（至少 1080i，每秒 50 帧）。

—— 2 台摄像机在球门一侧的球门线上（每个球门 1 台）。摄像头应该提供“槽”区（守门员前面于争球圈之间的区域）的清晰画面。

—— 如果采用教练员挑战，应有 4 台摄像机（每条蓝线 2 台），对球越过蓝线有清晰的视野。摄像机应安装在视野盲点最少，并且被队员遮挡住摄像机蓝线视野可能性最小的地方。

电视图像：

如果比赛被制作成电视转播，直播画面（国际信号）必须由视频监门席中的一台显示器提供并持续录像。

此外，必须提供承办方转播视频用来查看额外的摄像机角度，这些摄像机布置于场馆内各个位置。视频源由承办方转播商控制，为视频监门提供额外的摄像机角度并且集成到视频监门系统中。该视频源也应该持续录像并且一直可以查看。所有视频应为高清。

如果需要，承办转播方必须提供有多个 HD-SDI 连接的直播画面（国际信号）。

比赛时间：

实际比赛时间必须从场馆官方比赛计时钟的计时控制器以直接数据连接获得。比赛时间必须清晰地显示在视频显示器上，并且必须与比赛计时钟上显示的实际比赛时间同步。视频监门系统中的比赛时间必须与每个屏幕上显示的实际比赛时间精确匹配。与场地计时一样，视频监门系统必须在最后一分钟倒计时中显示 1/10 秒。

录制装置和动作回放控制器：

每台视频监门摄像机和承办方转播（高清 HB）摄像机的信号必须在一台配备硬盘的录制装置上持续录像。录制的视频必须在回放时同步，并且在单个用户界面上回放时可用，不能分割存储在多个视频录制装置。录制装置必须提供高质量的回放功能，包括使用慢放 / 搜索轮控制器标记、快进、快退、倒放、慢动作、数码变焦、定格以及在放大的同时逐格观看。以上全部功能必须在使用的同时可以持续录像，以确保在比赛进行中的任何时候，比赛继续进行的同时可以回看比赛情况。根据国际冰联的需要，系统必须能够剪辑和共享视频监门员用于做出裁定的场景。

显示器：

—— 在视频监门席内，至少有 1 台高清显示器（分辨率 1920 × 1080 或者更高）连接至存储装置，最小为 30 英寸。显示器应该用以上方式播放比赛实况或者在比赛复核时进行比赛回放。

—— 在视频监门席内，有 1 台最小 42 英寸的高清电视（分辨率 1920 × 1080 或者更高）显示直播画面（国际信号）。

—— 在记录席内，有 1 台最小 19 英寸的显示器。

该显示器应同步显示视频监门席中操作员回放的视频，以允许场内裁判无妨碍地观看。

沟通：

为了与记录席和场内裁判高效、安全地沟通，必须使用双向线（有线）设备连接到视频监门席，配备额外的可视警报（橙色灯），以及国际冰联场内裁判和视频监门员佩戴的头戴式耳机。

根据需要，第 2 条双向线（有线）连接了在承办转播方的电视制作转播车中的视频回放导演。

闪灯应安装在记录席内、比赛区域可见的范围内。闪灯由视频监门员操作，并与视频监门席相连。

1.3 人员配置

视频技术员：

在每场比赛期间，有一名会说英语的视频技术员在现场操作系统。该人员必须经过国际冰联认证，完全熟悉系统，掌握冰球知识，并且能够无瑕疵、迅速地操作系统。该岗位应由视频监门供应商提供，该人员以及其合格的替补由组委会负责。视频技术员应能够在每场比赛结束后向指派的视频监门员提供电子的比赛和视频监门镜头。

视频监门员：

将由国际冰联逐场指派并提供视频监门员以及执裁教练。

2 操作——教练员挑战

在当前《国际冰联运动条例》中描述了教练员挑战的程序。场内裁判获得的回放视频与国际冰联视频监门席操作流程中使用的相同。

某队只可能在下列情况提出教练员挑战：

—— “越位”导致的进球。（国际冰联规则第 78、第 79、第 81、第 82、第 84 条）

—— 得分的比赛过程涉及潜在的“干扰守门员”。（国际冰联规则第 150 条）

—— 由国际冰联视频监门员发起的回看。（《国际冰联运动条例》）

3 操作——视频监门员

经国际冰联许可对有争议的进球使用视频回放，并且已包含在规则中。比赛监督应该熟悉视频监门回放系统的政策和程序。以下情况已在国际冰联规则第 99、第 45、第 63 条和第 94 条中说明，并且仅用于视频监门回看的情况，书写本文件时，以上提到的条款为：

—— 球越过球门线。

—— 球门被移动前，球进入球门。

—— 球在局比赛结束的时候进入球门。

—— 球被进攻球员的身体任何部位导入球门。

—— 球从场内裁判身上弹入球门。

—— 球被进攻球员用高于球门横梁的球杆击入球门。

—— 在进攻球员干扰守门员之后，球进入球门。

—— 依照国际冰联规则第 45 条，场内裁判可以和视频监门员商议，对计时钟可能多走的时间进行必要的调整。

—— 依照国际冰联规则第 63 条第 15 款，在射门比赛期间，只有在对球是否越过球门线有疑问时，裁判员才允许与视频监门员商议。

—— 依照国际冰联规则第 94 条第 13 款，如果计时钟不能正常工作，可以与视频监门员商议，以确定球是否在局比赛结束前越过球门线。

程序：

—— 当裁判员要求对争议进球视频回看时，裁判员将使用专门为此目的安装的通信系统，从官方记录席上与视频监门员联系。

—— 当视频监门员要求视频回看时，视频监门员将在争议发生后的第 1 次比赛停止时，使用通信系统联系官方记录席，以便通知裁判员比赛正在被回看。

—— 如果裁判员或视频监门员任意一人要求视频回看，宣告员将进行以下宣告：“比赛正在被回看。”

—— 如果视频回看没有确定的结果，视频监门员将向裁判员报告，由裁判员进行最终裁定。

—— 经过视频回看，随后做出裁定，以下的两条宣告词中的一条将被宣告：

“（时间）……，进球得分。”

“进球无效，由于（原因）……。”

—— 队伍没有权利要求对任意一段比赛进行视频回看。

—— 如果球进入球门并且比赛停止，裁判员或视频监门员在这次比赛停止期间可以要求视频回看。如果这次比赛停止期间没有回看，那么该判罚结果是最终的，并且之后不允许回看这段比赛。

—— 如果球进入球门并且比赛继续，那么在这之后的第 1 次比赛停止期间可以要求回看。如果这次比赛停止期间没有回看，那么之后不允许回看这段比赛。

—— 当裁判员或视频监门员表示将进行视频回看时，所有队员必须回到各自的队员席。

—— 在视频回看过程中，场馆内不能播放任何音乐。

—— 即使在这之后的第 1 次比赛停止是一局结束或一场比赛结束，也可以要求进行视频回看。

—— 视频回看的最终裁定和对裁定的说明，必须被宣告员通过公共宣告系统或者场内裁判通过无线宣告系统宣告。

在宣告了最后裁定之后，如果可以，视频监门员在这个情况下，用来做出裁定的比赛视频，必须在立方体大屏幕上播放给场馆内观众。

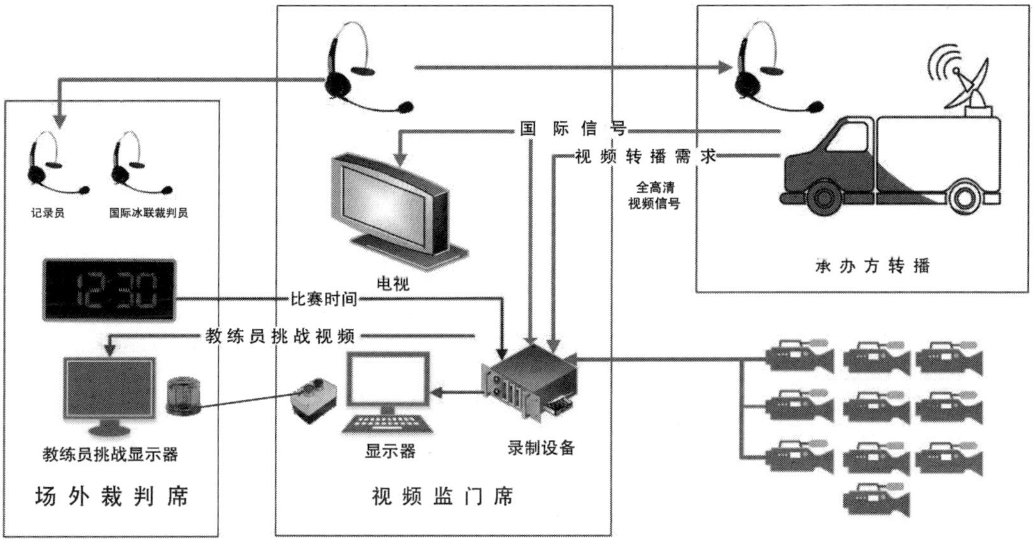

相关文件：

《国际冰联运动条例》

《2018—2022 年国际冰球联合会官方冰球规则（第 2 版）》

《2022 年国际冰联公共宣告员范文》

国际冰联成绩经理手册

前 言

《国际冰联成绩经理手册》概述了国际冰联技术部指派给所有国际冰联锦标赛中成绩经理的职责。

注释：更多的信息可能适用于任何世界顶级锦标赛，如果这样，将由国际冰联技术部沟通和处理。

成绩经理应遵循本手册中的指南，以便为其被指派的赛事做好准备并开展工作。

有关组织国际冰联锦标赛技术部分的法规，可以在《国际冰联锦标赛条例》和《国际冰联运动条例》中找到。

有关国际队员转会、纪律、医疗兴奋剂管控和实际比赛规则的规定见国际冰联相关的规则和条例文件。

如对本手册的任何资料或对未涵盖的议题有疑问，请直接与国际冰联技术部联络。

通用信息

成绩经理必须能够独立执行管理工作，具有代表性的品质和专业的冰球运动知识，包括熟悉国际冰联的规则和条例。该职位要求具有良好的英语听、说、读、写能力，以及计算机操作的一般知识和经验。

为确保统计服务的顺利进行，国际冰联可指派1名或多名成绩经理参加任何一项国际冰联锦标赛或授权的活动。这包括对不同录入活动的必要程序的管理，如在护照管控会议之后和整个赛事期间的队员注册，根据国际冰联规范检验、生成和汇编比赛的统计输出。

成绩经理在国际冰联赛事期间向竞赛委员会主席汇报，并与国际冰联保持密切联系。

在赛事中，成绩经理将代表国际冰联，并且期望其行为举止得体，同时保持中立。

成绩经理应每年参加成绩经理周末培训或打电话保持与他人的知识交流。

统计人员的职责和责任

国际冰联成绩经理

赛事前：

—— 确保在合理的时间内从国际冰联技术部收到比赛之前的所有相关数据和信息。

—— 与地方统计协调员联系，针对所有统计志愿者制订全部流程和时间表。

—— 与地方统计协调员联系，与所有统计志愿者组织一次会议，并在可能的情况下安排和进行志愿者培训或测试比赛。

—— 组织或确保地方组织者提供两个活页夹和透明文件夹，用于归档所有正式文件，如队伍参赛大名单、队伍官员注册表、签名的队员报名表、未成年的豁免声明和护照复印件以及所有与比赛相关的签名文件，如队伍阵容表、比赛首发阵容表和官方比赛记录表。

—— 通过使用手册、特殊文件、操作手册、规则和条例来更新知识。

—— 必须通过国际冰联的法规与细则的制度进行自我学习，其中规定了各自锦标赛的队伍组成（队员资格和最多队员名单）。

—— 必须打印并携带相关的成绩经理 Hydra 操作清单到赛场。

—— 如果需要使用 Hydra 测试环境，需要提前并在合理的时间内通知国际冰联技术部。

—— 必须尽可能地在第 1 次竞赛委员会会议之前打印出 Hydra 的队伍参赛大名单。

到达日：

—— 到达指定机场后，必须准备好路线图（由国际冰联技术部提供），以防组织委员会无人到机场接机。

—— 在入住酒店后，必须告知（他 / 她）指定的赛事主席检查冰场设置的行动计划，以及与组织者、地方统计人员等任何计划的会议。

—— 通知国际冰联技术部他已到达。

—— 与地方负责冰场的 IT 人员会面，以核实所有符合国际冰联官方文件的硬件要求。

—— 测试并确保互联网的连接，检查计算机、打印机和复印机的设置方式是否正确，并确保其在成绩经理办公室以及记录席和统计席中准备就绪并可以运行。

—— 会见地方统计人员进行培训和 / 或测试比赛。

—— 需要地方统计协调员制订一份工作计划，显示每天的工作日程，并为整个比赛分配所有相关地方统计人员的姓名。

—— 需要所有统计人员的联系方式，包括姓名和详细联系方式。

—— 参加护照检查会议以及第 1 次竞赛委员会会议。按照国际冰联规定注册所有队员，并在队员注册完成后立即更新国际冰联网站、App 应用程序和小程序。

—— 将所有与活页夹中注册有关的文件归档，并确保将活页夹带回酒店（以应对国际冰联主席或国际冰联技术部出现任何问题）。

—— 将任何问题或延误通知国际冰联技术部。

—— 通知地方组织委员会，在比赛结束后，将按照承办国合同的规定将所有正式文件移交给国际冰联办公室。

赛事期间：

—— 代表国际冰联处理赛事中的统计问题。

—— 无投票权的竞赛委员会成员，需要参加所有竞赛委员会会议。

—— 必须在每场比赛开始前至少 3 小时到达比赛场馆。

—— 将包含所有团队相关文档的资料夹存储在成绩经理办公室。

—— 管理记录席并监督场外裁判相关的职责。

—— 监控所有 Hydra 操作。

—— 监控和负责国际冰联网站、App 应用程序和小程序的输出 / 更新。

—— 通过维护队伍组成现状的概述文件，来管理和监督整个赛事中的队员注册过程。

—— 确保所有统计输入和输出正确，并符合国际冰联规则和条例。

—— 负责每局和比赛后正确输出 / 统计的分发。

—— 及时向竞赛委员会提供所需的统计。

—— 在最后一次竞赛委员会会议之前向赛事主席提供队员个人统计，作为明确队员奖励的额外辅助工具。

—— 收集最后一场比赛的冰球，并将其全部用文字记录下来，包括比赛、比赛编号和比分。比赛结束后，确保指定的人得到冰球。

赛事的最后一场比赛后：

—— 确保只有在宣布奖项之后，才能制作和发布有关队员奖项的其他报道。

—— 确保国际冰联网站、App 应用程序和小程序上的所有统计 / 报告和链接均显示正确。

—— 将带有所有与统计相关的签名文件以及所有与队伍 / 队员注册相关的文件的活页夹移交给地方组织委员会，并运送到国际冰联办公室。

—— 亲自撕碎所有队员的护照复印件。

—— 完成后通知赛事主席和国际冰联技术部。

—— 生成正式成绩册并将其发送给所有竞赛委员会成员以及国际冰联技术部。

—— 向国际冰联技术部发送一份简短的总结，包括 Orion 操作员和优秀志愿者的联系方式，以及场馆的照片。

地方统计协调员

该职位在国际冰联比赛期间协助国际冰联成绩经理和地方组织委员会。

—— 必须能够讲英语。

—— 是国际冰联成绩经理的联络人。

—— 最迟需在第一场比赛开始前 2 小时到达场馆，并告知国际冰联成绩经理。

—— 是地方组织委员会和国际冰联成绩经理之间的联系人。

—— 为地方统计人员制订工作计划。

—— 在记录员无法执行的情况下，协调统计输出的发放。

—— 是国际冰联成绩经理的主要联系人，以备志愿者意外遇到需要解决的问题。

Hydra Orion 操作员（每场比赛 1 名）

该职位在国际冰联比赛期间协助国际冰联成绩经理。

—— 至少需要在比赛开始前 60 分钟到场。

—— 必须能够讲英语。

—— 必须出现在记录员的替补席上，开始准备活动，并检查冰上的队伍队员阵容，向成绩经理报告任何差异，并在准备活动结束时结束赛前准备。

—— 必须能够实时操作 Hydra 系统（Orion）比赛动作。例如，比赛状态（比赛时间条）、进球、助攻、罚球、效率值、任意球、射门比赛、守门员替换、观众、暂停和每场比赛的最佳队员。

——必须在比赛开始时和每局开始时检查球门内的守门员，以确保其与 Hydra 中的数据相符。

——在每局比赛之后，将 Gemini 确认后输入的所有数据告知国际冰联成绩经理。

——当每局开始和守门员替换输入 Orion 中时与 Gemini 操作员沟通。

Hydra Gemini 操作员（每场比赛 2 名）

该职位在国际冰联比赛期间协助国际冰联成绩经理。

——至少需要在比赛前 60 分钟到场。

——必须能够讲英语。

——必须能够实时操作 Hydra 系统（Gemini）不同类型的射门。

——在 Orion 操作员新开局并更换守门员后刷新系统，确认射门时记录正确的守门员或空门。

——当每局比赛结束时，所有数据录入完成后，与 Orion 操作员进行沟通。

射门观察员（每场比赛 2 名）

该职位在国际冰联比赛期间协助国际冰联成绩经理。

——需要在比赛前 60 分钟到场。

——在正式的射门统计表上手动记录所有射门（注意每个进球和在比赛期间的任意球都算 1 次射门）。

——立即将每一个队员的射门情况传达给 Gemini 操作员。

——每场比赛后立即将所有手写完成的文件交付给成绩经理。

——守门员替换后将射门记录在新的表格上。

——在射门比赛（PSS）中无需记录任何射门。

上场时间观察员（每场比赛 2 名）

该职位在国际冰联比赛期间协助国际冰联成绩经理。

——需要在比赛前 40 分钟到场。

——使用官方的上场时间统计表收集所有进球的上场时间统计信息（人数相等，多打少、无协助以及少打多的进球）。

——使用 Hydra 即时通讯在每个进球之后立即向 Hydra Orion 操作员传达上场时间。

注意：如果由于任何原因改变了进球得分队员，国际冰联成绩经理和 Gemini 操作员应从先前提供的队员中扣除 1 次射门，然后将射门奖励给新的射手。

争球操作员（每场比赛 1 名）

该职位在国际冰联比赛期间协助国际冰联成绩经理。

—— 需要在比赛前 60 分钟到场。

—— 必须能够操作 Hydra 系统（Gemini）录入全部比赛的争球。

—— 在每局比赛结束时，所有数据录入完成后，与 Orion 操作员进行沟通。

—— 使用官方的争球统计表收集每一个队员的争球统计信息。

—— 每场比赛后立即将所有手写完成的文件交付给成绩经理。

记录员（每场比赛 1 名）

该职位在国际冰联比赛期间协助国际冰联成绩经理。记录员必须能够讲英语，具有专业的冰球比赛和规则知识。

—— 必须在每场比赛开始前 2 小时到场，并出现国际冰联成绩经理面前。

—— 确保在记录席上有必要的设备，如各种备用表、便签纸和笔。

—— 向 / 从队伍和场内裁判提供 / 收集所有与上场比赛相关的文件。当收集赛前文件时，如果队伍阵容有任何不符，应及时通知国际冰联成绩经理。

—— 支持 Hydra Orion 操作员，以确保准确收集比赛情况。

—— 只填写打印的比赛记录表；进球、协助、判罚、守门员替换、暂停、观众、最佳队员和射门比赛的射门。

—— 在每个局间向队伍提供所有与比赛相关的统计输出。

—— 将生成的电子官方比赛报告提交给裁判员签字，并确保其安全地送回给国际冰联成绩经理。

—— 经国际冰联成绩经理核实后，将所有打印完毕的赛后输出发送给各参赛队伍。

计时员

计时员必须遵守最新版《国际冰球联合会官方冰球规则》和《国际冰联运动条例》的规定。

计罚员（每场比赛 2 名）

计罚员的职责概述在最新版的《国际冰球联合会官方冰球规则》和《国际冰联运动条例》中。

基础设施 / 硬件需要

一般来说，需要下列基础设施 / 硬件。

护照检查会议

—— 快速的互联网连接。

—— 1 台运行在最新微软 Windows 版本上的谷歌 Chrome 的电脑，已安装所有当前更新、补丁和服务包，英文版本。

—— 1 台彩色复印机。

—— 由承办方指派 1 名人员，在护照检查会议期间协助国际冰联成绩经理，随后进行队伍注册过程。

国际冰联成绩经理办公室（各场馆）

成绩经理办公室（成绩室）应位于比赛场馆中，以便在成绩室和比赛场中的其他设施之间容易移动。房间的布置应符合国际冰联相关规定。

此外，这个房间要用钥匙完全锁好，只有指定的人员(国际冰联成绩经理、赛事主席、国际冰联办公室工作人员)有权使用。

—— 网线快速互联网连接。

—— 1 部可在比赛场馆内拨打国际长途的手机。

—— 1 台运行在最新微软 Windows 版本上的谷歌 Chrome 的电脑，已安装所有当前更新、补丁和服务包，英文版本。

—— 1 台打印机。

—— 1 台复印机。

—— 1 台电视机，用于持续关注比赛（实时转播），仅在适用的情况下。

记录席（各场馆）

需要按照以下要求设置 2 个工作点（紧邻记录员）。

—— 网线快速互联网连接。

—— 计时系统。

——宣告系统。

——1 台运行在最新微软 Windows 版本下的谷歌 Chrome 的笔记本电脑，已安装所有当前更新、补丁和服务包，英文版本，USB 鼠标。

——Adobe Reader 软件最新版本（可在互联网免费下载）。

——1 部可以在比赛场馆内通话的手机，如联系成绩经理或视频监门员。

——备用秒表（至少 2 块）。

——信号装置。

——测量工具。

统计席（每个场馆）

最少 5 个工作席位，位于场馆的上部，最好在队员席后方，可以清楚地看到比赛场地。

——3 台运行在最新微软 Windows 版本上的谷歌 Chrome 的笔记本电脑，已安装所有当前更新、补丁和服务包，英文版本，USB 鼠标。

——Adobe Reader 软件最新版本（可在互联网免费下载）。

——网线快速互联网连接。

——1 部可以在场内通话的手机，如联系成绩经理。

旅行之前

旅行安排

国际冰联技术部将安排往返赛事的行程，但也可要求成绩经理提供一份旅行计划书，其中应包括交通方式、航空公司、抵离日期和时间以及旅行的总费用。如果成绩经理的方案总成本明显低于国际冰联技术部的方案，则国际冰联可以要求成绩经理自己安排行程。

国际冰联技术部将决定由国际冰联还是成绩经理自己完成行程安排。如果成绩经理需要自己预订并支付差旅费，则应将差旅费收据发送到国际冰联 support@foreward.com 邮箱。

护照、签证和其他文件

如果您没有护照，或者必须更新现有护照，建议您在旅行日期之前进行申请。检查护照的失效日期，以确保在您离开时护照不会失效。大多数国家要求护照的有效期从您入境之日算起至少为 6 个月。建议您向大使馆咨询一下是否需要签证才能入境。

承办锦标赛的国家协会负责发送邀请函，使您能够获得比赛的入境签证。并且，请与国际冰联技术部联系，以获取邀请函和签证方面的帮助。如果您打算在国外驾驶汽车，请联系地方汽车协会以便获得国际驾驶执照。

行李限额

出发前请与您的旅行社或航空公司联系，以确认行李限额。如超出限制，托运费用可能会非常昂贵，国际冰联不会报销您的任何超重费用。任何超重费用将由成绩经理本人负责。

在赛事中

服装和设备指南

由于成绩经理代表国际冰联参加赛事，并出席竞赛委员会会议，因此强烈建议成绩经理穿着得体。根据赛事主席着装要求可能会有所调整——请您与指定的赛事主席直接在现场讨论此事。

建议在非比赛日穿着整洁、休闲的服装。要求所有成绩经理遵守国际冰联的赞助商标签指示，并隐藏任何非赞助商的广告。

国际冰联政策严禁在赛事期间穿戴任何带有国家协会的徽章、徽标或标识的衣物。成绩经理不属于他的国家队的一部分。

就餐计划

赛事组织委员会必须在成绩经理所在的酒店提供全部食宿。由于日常工作流程的不断进行，成绩经理可能无法返回酒店吃午餐，甚至无法按时回来吃晚餐。建议成绩经理事先与国际冰联竞赛委员会主席讨论此事，向组织委员会提出此问题，以便找到合适的解决方案。

交通

组织委员会将安排往返于比赛以及其他预定日程的交通。

保险（BJD 最高等级援助）

成绩经理在前往国际冰联比赛时，已进行了以下风险的保险。

个人援助：
援助和回国（实际费用保险范围）。

医疗费用：
给每个人及每次赛事保险 100 万瑞士法郎 。

行李延误：
若被保险人所搭乘的航空公司运送的行李在被保险人到达目的地后超过 12 小时才到达目的地，则本保险对被保险人每延误 1 次购买衣服和必要的盥洗用品给予最高 1000 瑞士法郎的赔偿。

行李丢失 / 被盗：

承保被保险人的个人行李。已保险的行李是指个人需要在旅途中携带的物品，或交给货运代理托运的物品。保险金额 3000 瑞士法郎。

飞机延误：

延误时间超过 6 小时，每延误 1 次赔偿 500 瑞士法郎。

—— 因意外而导致的死亡和伤残赔偿金为 50 万瑞士法郎。

—— 事故发生时的每日津贴为 250 瑞士法郎。

—— 私人法律责任每宗案件 100 万瑞士法郎。

—— 法律援助。

—— 欧洲国家的律师费和保释金为 10 万瑞士法郎，其他国家的为 5 万瑞士法郎。

期待的行为举止

国际冰联期望所有成绩经理在工作期间，不论在冰场任何地方，都能表现出专业的态度与相应的行为和举止。成绩经理总是保持中立。

国际冰联办公室费用的报销

国际冰联预计将对成绩经理因参加赛事而产生的差旅费用进行补偿。例如，

—— 签证费用 / 签证筹备。

—— 从家到最近的机场往返的交通费用。

—— 根据事先与国际冰联办公室协调同意的国际冰联财务规定，由本人开车到国际冰联比赛场地往返的费用。

比赛结束后的 1 周内，成绩经理将通过电子邮件收到其费用报告。费用报告必须得到管理、电子签名并发送回国际冰联技术部。如果成绩经理在比赛结束后 1 周内仍未收到国际冰联技术部的费用报告，必须立即与国际冰联技术部联系。所有额外费用的原始收据（由国际冰联技术部事先批准）必须最晚在国际冰联锦标赛结束的回家之日发送至国际冰联 support@foreward.com 邮箱。国际冰联办公室审核费用报告并通过后，将转账给成绩经理。

国际冰联财务条例

有关更多详细信息，请查阅最新的国际冰联成绩经理财务条例。

每日津贴

每日津贴（在岗）	150 瑞士法郎
每场比赛津贴（离线赛事）	50 瑞士法郎
每场比赛日津贴（赛事支持）	50 瑞士法郎

每日津贴只会在成绩经理有正式任务或邀请时发放。任务或邀请必须事先得到主席和 / 或秘书长的批准。

旅行费用

飞机：

成绩经理有乘坐经济舱的权利。航班将由国际冰联办公室安排。

汽车：

每公里报销	0.70 瑞士法郎

对于驾车出行的成绩经理，最大报销额将等于前往同一目的地的火车或飞机经济舱的费用。

火车：

乘坐火车时，成绩经理有乘坐二等车厢的权利。

住宿：

必须选择住宿中等级别酒店。

文娱活动和招待：

在费用由国际冰联承担的情况下，成绩经理无权将其合作伙伴带到任何国际冰联官方赛事。

国际冰联世锦赛的特殊条例：

如果成绩经理没有被正式邀请参加国际冰联世锦赛，但是自费参加，国际冰联将根据订购和空余情况为他们每场比赛最多提供 2 张赠票。

解释和指南

在线队员注册流程

国际冰联为所有国际冰联赛事提供在线队员注册（OPR）服务。在线队员注册门户在每个赛事开始前4周开放，并将授权证书直接发送给每支队伍的负责人。在线队员注册流程确保所有队伍都在规定时间内注册了参赛名单，没有出现错误。

运动员迟到报名流程

如果队伍希望在《国际冰联运动条例》规定的14天期限后将1名运动员加入其参赛名单中，则必须使用“运动员迟到报名申请表”，必须将其填写完成并连同队员护照复印件一起发送到国际冰联技术部。该流程可能需要花费24小时来确认迟到运动员的资格，并在队伍参赛名单中注册该队员。在整个比赛期间，各队均可随时提交“运动员迟到报名申请表”。

护照检查会议

成绩经理需要参加护照检查会议。赛事开始之前，有关地点和时间的信息可以在国际冰联技术部发的路线手册中找到。

成绩经理：

—— 检查每支队伍的报名大名单（TELL）、队员报名表以及每支参赛队伍的护照复印件。

—— 需要收集所有已完成并签名的文件，并将其归档在活页夹中，这些文件包括：
- 队伍报名大名单。
- 队员报名表，包括第2页和第3页（其他公民身份和队员的个人数据整理）。按字母顺序排列。
- 未成年人豁免 。
- 队伍正式注册表格（签名后）。
- 护照复印件。

—— 告知赛事主席每支参赛队伍的注册队员、守门员和队伍官员的人数。

—— 将活页夹与官方文件保存在一起，并应主席的要求随时提供。

第1次竞赛委员会会议

成绩经理：

—— 是竞赛委员会成员（无投票权），因此需要在整个赛事期间参加所有竞赛委员会会议。

—— 需要告知竞赛委员会统计项目服务——成绩管理（议程第 11 点）。

—— 需要告知竞赛委员会每支参赛队伍的注册队员和守门员的实际人数。

—— 在第 1 次竞赛委员会会议之后，需要根据国际冰联法规和细则，在 Hydra 系统中注册所有队伍和队伍官员，然后在个人计算机上校正时区。为确保所有队伍都在同一日期注册，所有参赛队伍必须在午夜前登记，并在午夜前通过队员名单。

—— 需要确认完成经讨论并同意的比赛准备（如赛服颜色和队员席的选择）。另外，成绩经理必须添加场外裁判任务分配，并确认队伍官员完成比赛准备。报告 C58，场内裁判任务分配在每场比赛前 6 小时自动被批准。

—— 需要检查并确认所有国际冰联网站、App 应用程序和小程序都已更新。

随后的竞赛委员会会议

成绩经理：

—— 是竞赛委员会成员（无投票权），因此需要在整个赛事期间参加所有竞赛委员会会议。

—— 需要在每次竞赛委员会会议开始时向所有竞赛委员会成员提供实际比赛进程的复印件。

—— 需要根据竞赛委员会主席的要求对议程中比赛成绩和排名的批准发表评论。

—— 需要根据竞赛委员会主席的要求告知竞赛委员会每支参赛队伍的实际或注册的队员和守门员人数。

—— 需要录入从裁判监督上交的比赛裁判任务分配，批准并出示场内裁判任务分配报告 C58。对于高级别赛事，场内裁判任务分配将由裁判监督录入。另外，在某些顶级赛事中，例如男子世锦赛，报告 C58 会在每场比赛前 6 小时自动获得批准。

最后一次竞赛委员会会议

成绩经理：

—— 需要向所有竞赛委员会成员提供实际比赛进程的复印件。

—— 如果竞赛委员会主席需要，应提供以下队员个人统计：

- 守门员排名 85A。
- 得分榜 85B。
- 进球得分榜 85C。
- 协助榜 85D。
- 后卫榜 85E。

· 效率值榜 85G。
· 队员受罚时间排名 85H。
· 每场最佳队员 85K。

注意： 这些报告可能用于确定队员奖项。

赛事结束

成绩经理需要做出以下报告（除每日标准程序外）：
—— 最终排名。

—— 竞赛委员会 85I 评选的最佳队员名单。

—— 教练 85J 评选的每队 3 名最佳队员。

—— 媒体全明星 98。

成绩经理另外：
—— 需要在 Mensa 赛事中添加升级和降级文本。

—— 需要仔细检查国际冰联网站、App 应用程序和小程序上的所有链接是否正常。

—— 需要验证所有报告和信息在国际冰联网站、App 应用程序和小程序上是否正确显示。

—— 需要通知赛事主席一切都已完成并显示正确。

—— 需要通知国际冰联技术部（专门的支持人员）一切都已完成并显示正确。

—— 需要将所有参赛队伍的报名表 (按字母顺序排列的队员报名表、参赛队伍大名单、未成年人豁免、参赛队伍官方报名表) 的资料夹交给地方组委会办公室，由地方组委会办公室转交国际冰联办公室。

—— 生成官方成绩册并将其发送给所有竞赛委员会成员以及国际冰联技术部。

—— 需要将包含所有比赛相关的签署文件 (官方比赛记录表、官方比赛报告、签名的队伍阵容表和首发阵容表) 的活页夹移交给地方组委会办公室，以便于交付给国际冰联办公室。

注意： 在赛事最后一个比赛日，成绩经理需要在将统计表交给地方组委会之前，将手动填写的统计表 (如射门表、效率值表和争球表) 处理掉。此外，护照复印件需要由成绩经理亲自粉碎。